KB070263

민란의 시대

민란의 시대 - 조선의 마지막 100년

ⓒ 이이화 2017

초판 1쇄 발행 2017년 1월 25일
초판 3쇄 발행 2017년 3월 1일

지은이 이이화
펴낸이 이기섭
편집인 김수영
기획편집 정회엽 김남희
마케팅 조재성 정윤성 한성진 정영은 박신영
경영지원 김미란 장혜정

펴낸곳 한겨레출판(주) www.hanibook.co.kr
등록 2006년 1월 4일 제313-2006-00003호
주소 121-750 서울시 마포구 효창목길6(공덕동) 한겨레신문사 4층
전화 02) 6383-1602~3 **팩스** 02) 6383-1610
대표메일 book@hanibook.co.kr

ISBN 979-11-6040-036-6   03910

민란의 시대

조선의 마지막 100년

이이화 지음

한겨레출판

19세기는 민란의 시대

역사학자들은 한국의 19세기를 곧잘 '민란의 시대'였다고 진단한다. 무법과 혼란으로 얼룩진 과도기로 보는 한편, 민중 봉기의 에너지가 분출된 '역동의 시대'라고 규정하기도 한다.

1801년 일부 관아 소속의 노비가 해방된 뒤 명화적(明火賊)을 포함해 크고 작은 민중 봉기가 골골마다 일어났다. 마침내 1862년 삼남을 중심으로 농민 봉기가 세차게 전개되었다. 이 무렵 사람이 많이 몰려 있는 모습을 보면 '민란 떼 같다'고 표현하는 새 조어가 생겨났다. 한편 이런 시대 배경에는 살반계(殺班契) 등 비밀결사의 활동도 있었고, 놀이와 연희를 통해 민중 의식이 고양되는 현상도 있었다.

이 시기 민중 봉기의 실상을 제대로 분석하거나 정리한 저술은 드물다. 이보다 앞선 영조와 정조 시대의 개혁 정치를 정리하고 19세기에 들어 전개된 문벌 정치의 과정을 정치사의 관점에서 분석한 저술들이 있을 뿐이다. 이런 민중 봉기는 조선 후기의 다양한 모순이 뒤얽혀 전개되었지만 직접적 동기는 안동 김씨 중심의 문벌 정치 아래에서 자행된 수탈 체제에 그 원인이 있었다.

그동안 역사학자들은 민중 봉기의 원인과 결과에 대해 소략하게 다루어왔다. 그 이유는 사료의 빈약에도 있다. 관찬 사료인 《조선왕조실록(朝鮮王朝實錄)》, 《승정원일기(承政院日記)》, 《일성록(日省錄)》 등에서는 이 사실을 간단하게만 기재하고 민중의 고통을 제대로 전달해주지 않고 있다. 또 하나 주요한 직접 사료인 《추안급국안(推案及鞫案)》과 《포도청등록(捕盜廳謄錄)》 등은 죄인 신문 기록이 중심이 되어 있지만 그들의 처지를 거의 기록하지 않았다. 또한 가장 핍박받았던 노비나 백정이 쓴 기록은 전해지지도 않고 발견되지도 않았다.

그러므로 이 작업에는 많은 어려움이 따랐다. 그 윤곽을 파악하기 위해 단편적 기록을 모아 짜깁기를 해야 했다. 집을 지을 때 흙과 돌과 목재 등 기본 재료를 갖추고 다른 소재와 소도구를 사용해 조립해야 주택이란 작품이 된다. 참고할 만한 사료를 최대한 망라해 새 작품으로 만들었지만 아쉬움도 작지 않다.

18세기 후반 일본 제국주의자들의 강압에 따라 이루어진 개항은 새로운 변수를 제공했다. 이 시기에는 안동 김씨를 대신한 여흥 민씨의 문벌 정치가 등장해 지난날보다 더 심한 부정부패와 수탈 체제로 이권이 일부 기득권 세력에만 몰렸고 미국·러시아 등 강대국과 일본은 광산 개발권과 철도 부설권 등의 이권을 거머쥐었으며 특히 일본은 개항장을 통해 자원을 빼앗아가고 있었다.

이런 새 변수는 전국적 규모의 동학 농민전쟁을 유발했다. 이 전쟁은 우리 역사에서 최초로 농민 세력이 중심이 되어 전국적 규모로 일시에 봉기한 저항 운동이었다. 전통적 신분 질서의 모순과 지주-전호 체제의 수탈을 타파한다는 목표를 뚜렷이 했고 청일전쟁이 일어난 뒤 일본 침략 세력에 대한 저항으로 전개되었다. 그리해 이를 반봉건·반외세 운동이라 부르기도 하고 혁명으로 규정하기도 한다.

이어 러시아의 한반도 진출에 따른 충돌로 러일전쟁이 일어나 일본이 승리하자 또 다른 변수가 제공되었다. 일제는 대한제국의 외교권을 박탈하고 내정을 하나씩 앗아갔으며 마침내 껍데기만 남은 대한제국을 전쟁도 치르지 않고 '한일 병합'이라는 이름으로 접수했다. 이 과정에서 몇 차례 의병 봉기가 있었다. 이 의병 봉기는 민중 운동이 구국 운동으로 전환하는 계기가 되었다.

19세기 조선의 역사는 두 시기로 구분된다. 1801년부터 1876년 이전까지와 1876년 이후부터 1910년까지다. 후반기에는 새로운 변수에 따라 반외세·반침략 운동이 그 중심을 이루었다. 의병 항쟁의 초기에는 전통 유림과 기득권을 누리는 양반이 참여해 민중 운동의 변화를 가져왔다. 여기에 등장하는 민중은 마르크스가 정의한 계급 투쟁적 도식(圖式)이 아니라 다양한 계층의 생존권 추구라는 의미를 지닌다 하겠다.

이 책은 더러 새로운 사료를 발굴하기도 했으나 지난날 쓴 글을 토대로 정리한 것이다. 전체 구성에 필요한 내용이라 빼거나 요약할 수 없는 부분도 있었다. 특히 동학 농민혁명에 관한 기술에는 앞서 발표한 내용이 다수 담겨 있다. 독자의 양해를 구하는 바다. 또한 2부에서 봉기 계획과 항쟁 사례를 서술한 부분은 이야기가 겹치면서 혼란스럽고 딱딱한 추리소설을 읽는 느낌이 들 것이다. 참고 보아주기를 바랄 뿐이다.

끝으로 덧붙이면, 민중 봉기의 시대에 조상 대대로 온갖 특권을 누리던 문벌 양반과 전통 유림은 낙조를 바라보면서 한탄과 회의에 빠져들었다. 그들은 민중의 에너지에 의해 기득권을 내려놓았고 역사의 뒤안길로 사라지면서 할 말을 잃었다. 그렇게 민중 운동은 근대를 열어가는 기본 동력이 되었다.

프랑스의 혁명과 레지스탕스는 세계 혁명을 이끄는 동력이 되어 인권의 역사를 다시 쓰게 했다. 19세기 한국 민중의 저항 운동은 기존 양반 사회를 재편하는 데 기여했다. 하지만 일제에 의해 좌절의 과정을 걸은 탓으로 그 역사적 의미가 퇴색되고 분단의 원인(遠因)이 되었다. 하지만 오늘날 동학 농민혁명을 단초로 3·1 운동, 4·19 혁명, 6월 민주항쟁으로 이어지는 저항 운동이 태동했다는 평가를 받고 있다.

지금 전국의 거리에서는 민주 운동을 왜곡하고 민주 질서를 파괴하는 정권에 맞서 '촛불 시민혁명'이 세차게 전개되고 있다. 시대 상황은 다르지만 19세기 민중 운동사는 분명히 오늘날의 거울이 될 것이다.

통일로 가는 길,
임진강 가의 헤이리 서재에서

*** 차례

제1부

문벌 정치의 등장과 관서 농민전쟁

정조가 죽고 난 뒤 그동안 이룩했던 개혁은 한두 가지를 빼고는 거의 빛을 잃었다. 너무나 허망하게도 반동의 시대가 온 것이다. 먼저 정순대비가 이끈 수렴청정 기간, 이미 계획되어 있던 노비 해방을 빼고는 모든 개혁이 중지되었다. 이어 안동 김씨 중심의 문벌 정치가 들어선 뒤에는 더욱 보수 반동의 길로 돌아갔다. 이들은 모든 이권을 독점했으며 기호(畿湖) 지방에 뙤리를 틀고 있는 노론 중심의 붕당정치를 강화했다. 그리하여 영남과 호남, 그리고 서북 지방의 불만은 높아졌다.

이런 과정에서 홍경래(洪景來)가 주도한 관서 농민 전쟁이 일어났다. 이 전쟁은 무엇보다 지역 차별에서 유발되었지만 실제로는 문벌 정치의 독점과 비리에 저항한 것이다. 서북 지방 중심으로 전개된 이 전쟁은 이른바 '민란의 시대'를 여는 신호탄이 되었다.

정조의 개혁 정치와 의문의 죽음

18세기 조선 사회는 겉으로는 비교적 안정된 것처럼 보였다. 이 시기 왕위에 오른 영조·정조는 각기 긴 재위 기간을 적절하게 구사해 당파 간 세력균형을 시도하면서 탕평책(蕩平策) 등으로 왕권 강화에 힘을 쏟았다. 아울러 척족 세력의 등장을 막기 위해 다양한 조처들을 취했다.

정조는 규장각을 설치해 명망 있는 문신들을 근위 세력으로 길렀다. 이들을 당파와 척족 세력의 등장을 막는 방파제로 삼기도 했다. 특히 정조의 조처 중 몇 가지 정책적 시도는 주목을 끈다. 첫째는 신분제도와 관련된 것이다. 정조는 몇몇 양반 문벌가의 관료 사회 독점을 막기 위해 채제공(蔡濟恭) 등 남인을 중용하는 안배 정책을 폈고 양반 출신 서얼에게 출사의 길을 열어주었다. 둘째로, 도망친 노비의 추쇄(推刷)를 막는 등 새로운 조처를 취했다. 또 죄인을 다스릴 적에 심한 인권 유린을 막고 그 규정을 엄격하게 시행하도록 하는 정책을 폈다. 셋째로, 토지제도의 개혁에 관심을 기울였다. 정조는 벼슬아치 따위 부재지주들의 토지 확보와 토호의 독점적 대토지 소유에 우려를 표명하고 그 시정과 개혁에 관심을 기울여 현지 수령 및 재야 실학자들의 의견을 수집했다. 넷째, 수령들의 부정부패를 막고자 노력했다. 정조는 수령들에게 '응지소(應旨疏)'라는 이름의 상소문을 내게 해 지방 실정을 알고 수령들의 개선책을 받아들였다. 또 그 방지책의 하나로 암행어사 제도를 활용해 틈틈이 현지에서 수령들을 엄하게 감시하고 처벌했다. 나들잇길에는 격쟁(擊錚, 원통한 일을 당한 사람이 임금이 거둥하는 길에서 징이나 꽹과리를 쳐서 하소연하는 일)의 방법으로 백성의 고통을 풀어주려고 했다. 다섯째, 수원에 화성을 건설하고 장위영(壯衛營)을 설치해 새로운 기풍을 진작시키려 했다. 이는 국방을 튼튼히 하고 노론과 척족 등 기득권 세력을 견제하려는 정책의 일환이었다. 마지막으로는 현실 개혁을 추구한 실학파의 이론에 귀를 기울였다. 정조는 정치·사회·경제 제도의 개혁을 주장하는 실학 운동에 관심을 기울이면서 대책을 세웠다. 또 실학자들이 제시한 개혁책을 현실 정치에 활용하고자 하는 의지를 지니고 있었다. 서학의 전파에도 처벌을 최소한도로 하며 유화책을 썼다. 다만 주자학파의 벽이숭정(闢異崇正, 유교를 숭상하고 이단을 배격하는 일)이나 척사위정(斥邪衛正, 외국 세력 및 문물을 배척하고 유교 정통을 지키는 일), 그리고 존명배청(尊明排淸, 명에 대한 의리를 내세우고 청을 배척하는 일) 등 전통적 이념과 청나라의 새 문물을 수용하려는 새 사조 틈새에서 부분적으로 수용하거나 적절하게 대처하여 한쪽으로 기울지 않았을 뿐이다.

정조는 꿈을 다 이루지 못하고 재위 24년 만인 1800년에 종기를 앓다가 죽었다. 19세기의 여명이 열리는 시기였지만 모처럼 일어난

문예부흥기는 정조의 죽음과 함께 종언을 알렸다. 당시 독살설이 파다하게 퍼져 민심을 충동질했다. 그 장본인의 하나로 지목된 인물이 영조의 계비인 정순대비 김씨였다. 정순대비는 정조가 자신의 친정 붙이인 경주 김씨를 견제하자 늘 앙앙불락하면서 정조에게 불만을 드러냈다. 그러니 세상인심이 정순대비를 의심하는 것도 무리는 아니었다. 또 정조의 죽음에 개혁 정치를 반대한 노론 벽파들이 얽혀 있다는 소문도 그럴듯하게 떠돌았다.

정순대비와 안동 김씨의 등장

열한 살짜리 새 임금(순조)이 왕위에 오르자 정순대비가 왕실의 관례에 따라 수렴청정을 하게 되었다. 노회한 정순대비는 3년 동안 수렴청정을 하면서 주로 정조의 개혁을 중단시키거나 방해하는 정책을 폈다. 정순대비를 감싸고도는 원로대신들이 뒤에서 조종하고 있었는데 바로 노론 벽파에 드는 정조 반대 세력이었다.

앞으로 풍파를 일으키게 될 김조순(金祖淳)은 일단 뒷전으로 밀려났다. 안동 김씨의 후예로 노론 계열의 촉망받는 벼슬아치이자 정조의 정책을 따르는 시파 계열에 속했던 김조순은 뒷전에서 정순대비와 벽파가 주무르는 조정을 바라보면서 귀추를 엿보고 있었다. 곧 그는 가문을 위한 큰일을 해냈다. 정순대비를 설득해 자신의 딸을 왕비로 간택하도록 한 것이다. 노회한 정순대비도 이 선택이 새로운 척족 정치를 이룩하고 조선 말기의 역사를 뒤엎는 일이 되리라고는 상상하지 못했을 것이다. 정순대비는 3년간 수렴청정을 한 뒤 순조가 성년이 되자 발을 걷고 물러났다. 순조는 재위 기간 내내 장인의 위세에 눌려 꼼짝할 수 없었다. 이렇게 안동 김씨의 세도정치가 들어서게 되었다.

안동 김씨는 자신들의 세도정치에 당쟁을 적절히 이용했다. 그들의 전횡에 몇몇 문벌이 끼어들면서 '문벌 정치'로 불리기도 했다. 여기에 휩쓸린 현실 개혁 세력, 곧 실학자들은 죽임을 당하거나 유배되거나 파직되었다. 정약용(丁若鏞) 또한 18년간 유배 생활을 하게 된다.

안동 김씨는 군사권·재정권·인사권을 모조리 거머쥐었다. 또 재부(財富)도 차지해, 당시 전국에서 10만 석의 도조(賭租, 남의 논밭을 빌려서 부치고 그 대가로 해마다 내는 벼)를 받는 10대 대지주 중에서 안동 김씨가 일고여덟을 헤아렸다고 한다. 이들을 서민형 지주와 구별해 관료형 지주라 부른다. 서민형 지주는 열심히 도조를 받거나 생산물의 이문을 내서 지주가 되었지만 관료형 지주는 불로소득으로 재산을 모았으니 더 악성이라 할 수 있을 것이다. 관료형 지주들이 떼를 지어 사는 서울 북촌의 골목에는 곳간에서 고기와 생선 썩는 냄새가 진동해 지나는 사람들이 코를 막고 다닌다는 말이 떠돌았다.

아무튼 순조의 아들인 효명세자(뒤에 익종으로 추존)의 왕비를 제외하고는 순조·헌종·철종의 왕비가 모두 안동 김씨 가문의 딸이었다. 세자빈을 고르는 '간택(揀擇)'이라는 형식은 허울뿐이었다. 그리해 안동 김씨는 1804년부터 1862년까지 60여 년 동안 세도를 누렸다.

이런 정치적 비리에 따라 사회·경제적 모순이 첨예화되어갔다. 세도정치 아래에서 태어난 일문일족의 독점적 지배 체제는 매관매직을 통한 부정, 매관매직으로 배출된 수령들의 삼정(三政)을 통한 수탈, 여기에서 파생된 부의 편재를 야기했다. 특수층의 대토지 소유가 심화되고 영세농민에게는 과중한 지대가 부과되었다.

그러면 세도정치란 무엇일까? 안동 김씨는 나름대로 정치 기술을 발휘해 권력을 유지했다. 겉보기로는 다른 세력을 적절하게 참여시켜 연립 정권의 형식을 빌리려 했다. 이들이 참여시킨 문벌은 한양 조씨, 풍양 조씨, 반남 박씨, 연안 이씨, 동래 정씨 등 이른바 노론 귀족 집단이었다. 그 대신 소론과 남인은 배제되었다.

그런 가운데 파탄으로 치닫는 국가재정을 보전하려 전세(田稅)를 거두어들이고 공명첩(空名帖, 관아에서 돈이나 곡식 따위를 받고 형식상의 관직을 부여하기 위해 발급해주는 백지 임명장)을 발행했다. 이에 과중한 수취 체제로 농민 부담이 더해졌다. 또 공명첩의 발행이 증대하면서 상공업자를 중심으로 한 평민들의 신분 상승이 확대되고 관리의 부정이 더해갔다. 이로 인해 잔반(殘班, 몰락 양반) 및 농민을 중심으로 한 소외 세력의 사회적 불만은 더욱 심화되어갔다. 양반에 대한 모욕과 구타가 곳곳에서 일어나고 관리와 아전에 대한 항거, 봉건 정부와 지주에 대한 항조(抗租, 소작인이 소작료를 내지 않거나 깎으려고 지주와 맞서는 일) 운동이 번졌다. 기뇨(起鬧, 관문 앞에서 소란을 피우는 일)가 곳곳에서 일어나고 명화적·수적(水賊)·산적이 출몰했다.

이어 국가 소속의 노비가 해방된 뒤 민중은 더욱 역동적인 모습을 보였다. 끊임없이 비밀결사를 이루어 활동했고, 곳곳에 봉기를 선동하는 글을 붙였다. 관아를 방화하거나 습격하기도 하고 떼를 지어 출몰하기도 했다. 1812년 관서 농민전쟁을 비롯해 1862년 삼남 농민 봉기에 이르기까지 민중의 활동은 멈추지 않았다.

이런 움직임은 조선 후기 사회를 역동적으로 이끌었다. 정치사의 관점에서 보면 혼란되거나 정체된 시기였으나 민중사에 입각해서 풀면 새로운 사회변동이 일어난 시대였다고 볼 수 있을 것이다. 그래서 '민란의 시대'라고 불렀다.(한국역사연구회 편,《조선정치사: 1800~ 1863》상, 청년사, 1990)

어쨌든 문벌 정치는 몇몇 양반을 중심으로 한 기득권 세력의 광기라 볼 수 있다. 이들은 극심한 도덕 불감증을 지닌 부류였다. 정치적 덕목은 더불어 사는 것이요, 서로 공감하는 것일 텐데 이들이 추구한 것은 불공정·불평등·불균형이었다. 이는 빈익빈 부익부의 편중 현상을 빚으며 역사의 반동성을 보여주었던 것이다.

노비 해방, 피할 수 없는 시대적 요구

《경국대전(經國大典)》형조(刑曹)에는 노비의 지위가 규정돼 있는데, 노비는 상전이 역모를 꾸미는 일만 빼고는 무슨 일도 고발할 수 없고 상전은 노비를 죽이는 일만 빼고는 무슨 일이든지 허용되었다. 노비는 고대부터 존재해왔다. 처음에는 죄를 지은 자나 전쟁 포로를 종으로 삼았고, 뒤에는 역모를 꾀한 자와 그 자식들을 종으로 삼았다.

종은 세습 체제로 굳어졌다. 한번 노비안(奴婢案, 중앙의 장례원과 지방의 수령이 작성하던 노비의 호적)에 들면 자손 대대로 종으로 묶였다. 또 노비는 부계 중심의 여느 신분제와는 달리 종모법(從母法)의 규정에 따라 아버지가 양인이라도 어머니가 종이면 어머니의 신분을 따르게 했다. 그래야 노비의 숫자를 늘릴 수 있었던 것이다. 이들은 외거노비와 내거노비로 구분되었는데, 주인집에 거주하며 노동력을 제공하는 내거노비와는 달리 외거노비는 신공(身貢)이란 이름으로 1년에 한 번씩 면포를 바치면서 그 대가로 독립된 가정을 이루며 자신의 생업을 꾸릴 수 있었다.

노비 신분을 벗어나는 길은 두어 가지뿐이었다. 하나는 나라를 위해 큰 공로를 세우는 것, 다른 하나는 곡식 따위 재산을 나라에 바쳐 굴레에서 풀려나는 것이다. 상전의 역모를 고발한 경우는 말할 나위도 없었다. 조일전쟁 당시에는 납속(納粟, 나라에 곡식을 바치면 그 대가로 노비 신분을 면하게 해주는 일) 제도를 만들어 활용했다. 노비들이 군역을 면제받은 것은 순전히 소유주의 이익을 보장하기 위해서였지만 특별한 경우에는 전쟁에 동원되기도 했다. 조일전쟁 당시 여기저기에서 의병이 일어났는데 그 군졸의 상당수는 사내종들이었다. 소유주들이 사내종을 의병으로 내보냈던 것이다.

한편 노비는 상전이 자신의 어린 딸을 첩으로 삼아도 아무 말 못 했으며, 일곱 살 된 상전의 아들이 두들겨 패거나 욕설을 해도 일흔 살 노비는 '도련님'을 연달아 부르면서 참아야 했다. 상전이 나들이 할 적에는 견마잡이를 하면서 담뱃대와 재떨이를 들고 따라다니기도 했다. 인권이라고는 개미 다리에 붙은 때만치도 없었다. 이렇게 마음대로 부릴 수 있는 노비를 두고 '말을 하는 재산'이라고 해서 소나 말, 땅보다 가치 있는 재산 1호로 꼽았다.

물론 시혜를 받는 경우도 있었다. 선비 중에는 노비도 사람이니 함부로 다루거나 욕설을 하지 말고 잘 먹이고 입혀야 한다고 가훈을 남기는 경우가 있었다. 이게 종 다루는 방법이자 시혜였다. 그러니까 종들은 좋은 상전을 만나는 게 큰 행운이었다. 이런 종들의 처지를 정조는 누구보다도 잘 알고 있었다.

조선 후기에는 종들이 너도나도 도망을 쳐서 신분의 굴레에서 벗어나기도 하고 몸값인 신공을 바치지 않는 경우도 점점 늘어났다. 국가정책에 있어서는 큰 고민거리였다. 그리하여 내수사(內需司)나 포도청 따위 관가와 상전들이 도망친 노비를 잡아들이는 데 온 힘을 바쳤다. 이게 노비추쇄법이다. 때로는 몸값을 사내종은 절반, 계집종은 3분의 1을 탕감해주었지만 근본적 해결책은 못 되었다.

정조는 끊임없이 개선 방안을 고민하고 모색했다. 1778년에는 내수사 추쇄관의 동원을 중지시키고 도망 노비에 관한 업무를 각 도와 고을에 맡겼다. 이어 도망 노비의 몸값을 이웃이나 일가붙이에 물리는 짓을 금지시켰다. 그런 뒤 관사(官司) 노비를 폐지하고 그 대신 양정(良丁)으로 보충하자는 논의를 벌였다. 양정에게 보수를 주고 일을 시키는 정책으로 바꾸자는 것이었다. 하지만 이는 조선의 기본 질서인 신분 질서를 무너뜨린다는 반대 의견이 만만치 않게 일어났다. 노비를 해방시키면 신분제도의 골간(骨幹)이 무너진다는 것이었다.

그 대안으로 노비라는 용어를 폐지하고 보인(保人)·역인(役人)으로 부르며 환갑이 되면 양민으로 바꾸어주자는 건의도 있었다. 정조는 이런 미봉책으로는 근본적인 해결이 되지 못한다고 판단해 일단 보류했다. 그러면서 먼저 관사 노비의 전면적 폐지를 진행시켜나갔다. 그런데 관사 노비의 몸값이 8만 냥에 이르러 이를 충당할 재원이 문젯거리였다.

이에 반대하던 노론 벽파들은 정조가 죽고 난 뒤 민심의 이반을 보고는 꾀를 짜냈다. 벽파들은 정조의 모든 정책을 뒤집어놓았으나 노비 문제만은 달랐다. 도망 노비를 잡으려면 경비가 더 많이 들어가고 관사 노비는 자꾸 줄어가는 현실에서 인심을 한번 써서 인기를 얻어보려는 전술적 측면이 작용했다. 결국 관사 노비의 해방이 결정되었다.

1801년 정월 28일, 대제학 윤행임(尹行恁)이 밤을 새워 쓴 노비윤음이 창덕궁 정전에서 순조의 어린 목소리로 발표됐다. 아주 논리 정연한 내용으로 채워져 있었다. 노비의 처지를 말하고 역대 노비 정책을 설명했으며 정조의 뜻을 받들어 관사 노비를 자유민으로 만드니 인간답게 살기를 바란다고도 했다. 앞부분에 이런 구절이 있다.

> 근래에 이른바 노비 제도는 관청에서 지우는 부담이 지극히 가혹하고 사람들을 지극히 천하게 다루고 있다. 그 족속을 처벌하고 그들끼리 마을을 이루어 살게 하며 늙어 죽을 때까지 시집·장가를 못 가고 있으니 이는 곧 말세의 정사이다.《순조실록(純祖實錄)》

그러면서 여러 폐단을 지적하고 정조의 참뜻을 받든다고 했다. 이 윤음은 명문으로 쓰여 있고 논리도 정연하다. 벼슬아치들은 그저 묵묵히 듣기만 했다. 자신들의 기득권이 날아갔지만 대세에는 따를 수밖에 없다고 판단한 것이다. 사노비 해방 문제는 다루지 않았으니 다행이라면 다행이었다.

이날 낮, 임금의 지시를 받은 승정원의 승지들과 벼슬아치들이 창덕궁 돈화문 앞마당에서 문서를 언덕처럼 쌓아놓고 기름을 뿌리고 불을 댕겼다. 연기는 겨울바람을 타고 연달아 자욱하게 피어올랐다. 길 가던 사람들은 처음에 무슨 영문인지 모른 채 불구경을 했다. 연기와 불길은 하루 종일 꺼지지 않았다. 장부책은 모두 1,369권으로, 질이 좋은 두꺼운 종이로 엮여 있었다. 이 소식은 금방 북촌의 양반 집과 종로 거리의 상인들에게 알려졌고 이어 노비들의 귀에도 들어갔다. 관시(官寺) 노비들이 춤을 추었을 것 같지만 처음에는 그렇지 않았다. 그 사정은 뒤에서 설명하기로 하자.

아무튼 임금의 분부로 내수사 소속의 노비들, 곧 각 도에 딸린 노비와 일곱 군데 궁방(宮房, 왕실의 일부인 궁실과 왕실에서 분가해 독립한 대원군·왕자군·공주·옹주가 살던 집을 통틀어 이르는 말)의 노비 3만 6,974구, 종묘서·사직서·기로소·종친부·의정부·의금부·장례원·성균관 그리고 각 조의 노비 2만 9,093구가 해방되었다. 조일전쟁 시기, 임금과 벼슬아치들이 북쪽으로 도망을 칠 적에 노비들이 장례원으로 몰려가 노비 문서를 불태운 일이 있었는데 이때는 조정에서 없애버렸으니 사정이 달랐다고 할 수 있다.

이해 2월 24일에는 이 노비윤음이 언문으로 번역되어 전국에 반포되었다. 지방의 관아 앞과 거리에 방문이 나붙었다. 이어 강화도에 보관되어 있던 노비 문서를 모두 불태웠다. 하지만 예외를 두어 중앙의 병조(兵曹)·공조(工曹) 등 일부 기구와 전국에 널려 있던 역(驛)에 딸린 노비는 그대로 두었다. 한편 개인에 소속된 사노비는 제외되었다. 노비 소유주의 반발을 억누를 수 없었기 때문이다. 이들 소유주는 벼슬아치와 양반과 지주 들이어서 왕조 사회를 받치는 중추 집단이었다.

그러니까 이 노비 해방은 노비윤음에서 보이는 거창한 '인도주의적 배려'라는 내용과는 달리 반 쪼가리였다. 17세기부터 일어난 유럽과 미국의 노예 해방과 비교될 수 있겠다. 그래도 그 대상이 된 노비들은 춤을 추며 이제 세상을 살아볼 만하다고 여겼다. 그런데 여기에 사회적 모순이 개재되어 있었다. 노비들은 생존을 위한 자산이 거의 없었고 과거 등 벼슬자리에 나갈 통로도 봉쇄되어 있었다. 사

회적 천대가 사라진 것도 아니었다. 한편 남아 있는 관아 노비들과
사노비들의 불만은 더욱 고조되었다.

해방된 노비들은 가장 밑바닥에서 허덕이는 기층민으로 전락해
사회 밑바닥에 도사리며 틈을 엿보고 있었다. 이러한 불만 세력이
조선 후기 사회를 흔들어놓은 집단으로 성장한 것이다.

흉흉해져만 가는 민심

조선 후기에는 미륵 신앙과 비기가 크게 유행하며 인심을 충동질
했다. 또 여러 집단으로 얽힌 비밀결사가 도시를 중심으로 활동을
확대해갔다. 이를 하나씩 살펴보자.

미륵도와 땡추

17~18세기 가난한 소규모 사찰에서는 〈미륵경(彌勒經)〉을 자주 찍
어 돌렸다. 신도들은 〈미륵경〉을 봉송하면서 미래불인 미륵이 현세
에 도래해 빈부와 신분의 차별이 없고 질병으로 고통을 받는 자가
없는 이상(理想) 세계가 열릴 것을 열망했다. 일부 거사 패는 미륵 신
앙을 부추겨 민심을 충동질했다. 양주 땅에 근거를 튼 떠돌이 여환
(呂環)은 "석가의 시대는 가고 미륵의 시대가 도래했다"고 떠들며 변
혁을 도모했다.

작은 암자마다 미륵불을 조성하기에 바빴다. 이미 미륵불을 조성
한 김제의 금산사(金山寺), 보은의 법주사(法住寺), 논산의 관촉사(灌燭
寺)는 기도하는 사람들로 들끓었다. 변혁 세력은 이 미륵 신앙을 이

용해 새 세상의 도래를 외쳤다. 이 무렵의 사정을 두고 이긍익(李肯翊)은 이렇게 썼다.

> 일이 없는 평민이 마음 내키는 대로 비구, 비구니 또는 우바새, 우바이가 되는 것을 조금도 어렵지 않게 여긴다. 아침에는 평민이 되고 저녁에는 거사, 처사가 되는 것이다. 따라서 세상에 죽을죄를 저지르고 도망친 자들이 절을 목숨 보전하는 소굴로 여기고, 머리를 깎고 모양을 바꾸어서 먹물 옷을 입으니 알아볼 수가 없다. 팔도에 널려 있는 수많은 절이 나라에 죄를 저지르고 도망친 무리가 숨는 곳이 되고, 그 무리가 어찌나 많은지 호미를 찬 농부나 창을 멘 군졸보다 많다.(《연려실기술(燃藜室記述)》 숙종조 고사본말(故事本末))

절을 무위도식하는 무리나 도망친 죄인들의 소굴로 본 것이다. 거기에 또 다른 무리가 끼어들었다. 바로 '땡추'이다. 땡추는 떼 지어 모인다는 뜻의 한자어 '당취(黨聚)'에서 나온 말이다. 이들은 작은 암자나 도시 주변의 절을 중심으로 모여 여염에 출몰했으며 비밀조직을 만들어 처사나 거사와 손을 잡았다. 땡추들은 동료가 어려운 일을 당하면 도와주고 핍박을 받으면 복수를 해주기도 하면서 단결된 힘을 과시했다. 또한 자기네 조직원끼리 알아볼 수 있는 옷이나 신표를 입거나 달고 산과 들을 돌아다녔다. 이들은 전국을 떠돌면서 변혁 세력과 손을 잡고 때로는 민심을 충동하는 유언비어를 만들어 퍼뜨렸다.(이이화, 《역사 속의 한국 불교》, 역사비평사, 2002) 미륵 신앙을 믿는 무리와 사이비 승려인 땡추가 바로 불만 세력이었다.

민심을 요동치게 만든 《정감록》

고려 말기에 이씨 왕조 예정설이 떠돌았는데 조선 중·후기에 접어들면서 정씨 왕조설로 변형되었다. 원래 조선 개국의 일등 공신인 정도전(鄭道傳)이 역적으로 몰려 죽자 그의 후손과 세력들이 이를 애도해 정씨 왕조설을 퍼뜨렸다고도 하고 정도전을 죽인 이방원(李芳遠)이 정도전을 모함하기 위해 정씨 왕조설을 퍼뜨렸다는 설도 있다. 하나 확실한 근거가 없다.

그 당시 비기를 남겼다는 인물은 대개 이적을 보이거나 신비스러운 삶을 산 사람들이었다. 남사고(南師古), 정염(鄭磏), 이지함(李之菡) 등이다. 명망가인 이들은 민중과 호흡을 같이했다. 그리해 《남사고비결(南師古祕訣)》, 《정북창비결(鄭北窓祕訣)》, 《토정가장결(土亭家藏訣)》, 《서산대사비결(西山大師秘訣)》 등이 유행했고 심지어 유학자 이황(李滉)이 지었다는 《퇴계결(退溪訣)》도 나돌았다. 모두 유명 인사의 이름을 빌린 위작일 것이다. 정씨 왕조설을 담은 비기는 조선 후기에 들어 다른 비기들을 압도하며 유행을 탔다. 본격적으로 등장한 것은 조선 후기인 숙종 시기였다.

한편 조일전쟁 직전 정여립(鄭汝立) 모반 사건에 연루되어 1,000여 명이 죽었다. 정여립이 지리산에 묻힌 옥판을 찾아냈는데 여기에 정씨 왕조설과 계룡산이 도읍지라는 얘기가 적혀 있었다고 한다. 또 인조반정 뒤 역적의 누명을 쓰고 죽은 정인홍(鄭仁弘)을 둘러싸고 정씨들이 정씨 왕조설에 동조하면서 소문을 퍼뜨렸다고도 한다. 당시 항간에 떠돌던 '목자망 전읍흥(木子亡 奠邑興)', 곧 '이씨는 망하고 정씨가 일어난다'는 말은 새 왕조 출현을 직접적으로 표현하는 메시지였다.

이와 함께 정진인(鄭眞人) 또는 정도령(鄭道令)이 나타난다는 설이 꾸준하게 나돌았다. 진인과 도령이 새로운 민중 지도자로 제시된 것이다. 그리해 정씨 성 위에 태을(太乙) 등 다른 접두사를 붙인 '진인 도령'이 등장하기도 했다. 남인과 북인 등 정치적으로 소외되었던 세력들도 이를 이용했다.

숙종과 영조 시기까지도 《정감록(鄭鑑錄)》이란 책명은 공식 기록에 나타나지 않다가 18세기 말엽인 정조 말년에야 나타난다. 《일성록》에 의하면 정조는 《정감록》이 "요서(妖書)와 방서(方書)를 섞어 모은 책"이라 하고 이어 "영조 연간에 이루어졌을 것"이라고 말했다. 19세기 문벌 정치 시기에 들어와 《정감록》은 크게 유행을 탔다.

그러면 《정감록》의 기본 내용을 살펴보자. 어느 날 정감(鄭鑑)이란 사람과 이심(李沁)이란 사람이 금강산 비로봉에 올라 은밀하게 대화를 나누었는데 그때 정감이 했다는 말의 요지는 이러하다.

첫째, 중국 곤륜산의 운수가 평양으로 오고 이어 송악산을 거쳐 한양으로 와서 400년 운수를 다한다. 다음 계룡산으로 와서 정씨 왕조 800년의 도읍지가 된다.

둘째, 말세에 전쟁이 일어나면 10승지(勝地)로 피난해 살아남아야 한다. 그 10승지는 공주의 마곡사(麻谷寺)나 상주의 우복동 언저리 등 열 곳이다.

셋째, 난리가 나면 양반·부호는 모두 죽고 서자·상인·노비가 득세하며 여자들이 새 세상을 만난다. 그때 아들이 아버지를 죽이고 동생이 형을 죽인다.

넷째, 그 뒤 집집마다 벼슬을 하며 사람마다 진사가 된다. 열 여자가 지아비 하나를 두며 집집마다 인삼을 가지게 된다.

이 비기의 요지는 말세에 전쟁이 나면 승지로 피난해야 한다는 것, 말세를 거치고 나면 정씨 왕조가 성립되어 존비귀천(尊卑貴賤, 사회적 지위나 신분의 높고 낮음, 귀함과 천함)과 관존민비(官尊民卑, 벼슬아치는 우러러보고 일반 백성은 낮추어봄)가 사라지고 여성 지위가 높아지면서 신분이 평등한 사회가 이룩된다는 것이다. 기존 질서가 모조리 엎어지고 새 세상이 열린다는 강력한 메시지가 담겨 있다.

《정감록》은 예전 비기와 같이 금서가 되었으나 많은 사람들이 숨어서 읽었으며 책 장사들은 몰래 찍어 은밀히 팔았다. 이는 예전의 비기와 도참설을 모으고, 시대적 필요에 따라 중간중간 첨삭을 가한 책이다. 다시 말해 새로운 시대 사정이 생겨나면 그때그때 첨가하고는 예전에 쓰인 것처럼 위장하기도 했다. 그래서 같은 이름의 비결이 적어도 수십 종 나돌았다.(안춘근,《정감록집성》, 아세아문화사, 1973)

《정감록》의 내용은 민심을 요동치게 만들었다. 특히 변혁 세력은 이 내용을 적절하게 이용했다. 18세기 이영창(李榮昌)은 정씨 왕조설을 치켜들고 운부대사 및 의적 우두머리인 장길산(張吉山)과 연합해 봉기를 서둘렀고, 19세기 후반 변혁 운동을 줄기차게 전개했던 이필제(李弼濟)는 정씨 성을 가진 사람을 유인해 모주(謀主)로 추대하고 변혁 음모를 꾸몄으며, 19세기 말 전봉준(全琫準)은 농민군을 이끌고 행진하면서 정씨 성을 가진 어린애를 대열의 전면에 내세우고 전진했다.

이어 후천개벽설도 뒤따랐다. 후천개벽 사상은 조선 말기에 배태되어 널리 유행을 탔다. 이는 신라 말기의 미륵 신앙, 고려와 조선 전기의 비기 도참설, 조선 후기의 정씨 왕조설, 그리고 유불선 합일 사상이 착종되어 새로이 하나의 변혁 사상으로 굳어진 것이다.《주역(周易)》의 이론을 빌려 차별로 가득 찬 선천의 시대가 가고 누구나 평등한 후천의 시대가 온다고 주장했으며 후에 김일부(金一夫)와 이야산(李也山)이 이론을 제시했다.

퍼져가는 비밀결사

조선 후기부터 여러 형태의 비밀결사가 전국에 걸쳐 활동을 벌였다. 다음과 같은 기록이 있다.

한성에서 오래전부터 한 무리의 무뢰배들이 서로 모여 부르기를 검계(劍契)라 했다. 계(契)는 우리나라에서 사람을 모으는 조직에 붙이는 이름이다. 검계에 드는 사람들은 옷을 벗어보아서 칼자국이 보이지 않으면 들어갈 수 없었다. 낮에는 잠을 자고 밤에는 돌아다녔으며 속에는 비단옷을 입고 바깥에는 낡고 해어진 옷을 걸쳤다. 맑은 날에는 나막신을 신고 비가 올 적에는 가죽신을 끌고 다녔다. 갓 위에 구멍을 뚫고 깊숙하게 눌러쓴 뒤 그 구멍으로 사람들을 내려다보았다. 어떤 자는 스스로 왈자(曰者)라 칭했다. 이들은 도박장과 유곽을 어슬렁거렸으며 용돈이 다 떨어지면 사람을 죽이고 돈을 빼앗았다. 양가의 여자들이 모두 이들을 보고 겁을 집어먹었지만 대개가 권세가의 자식들이어서 오랫동안 이들을 막을 수 없었다. 장대장(張大將)이 포도대장으로 있을 때 검계 사람들을 모조리 잡아 없애고 발꿈치를 뽑아 조리를 돌렸다.(이규상(李圭象), 《장대장전(張大將傳)》)

검계는 조선 후기부터 여러 기록에 나타난다. 이들만이 아니었다. 양반을 죽이자는 살반계(殺班契), 상전을 죽이자는 살주계(殺主契), 부자를 죽이고 재물을 빼앗자는 살약계(殺掠契), 술 먹는 무리라는 주도(酒徒), 떠돌이 무리라는 유단(流團)과 채단(綵團) 등 다양한 이름의 비밀결사가 횡행했다. 이들은 자기네만 아는 표지로 죽음을 같이하자는 맹세를 하고 집단을 이루어 도시와 향촌과 산골을 누볐다. 조정에서는 다음과 같이 개탄하면서 당시의 사정을 알리고 있다.

문무가 제 맡은 일을 게을리하니 법망이 해이해져 '검계'라는 이름이 나오기에 이르렀다. 이들이 풍속을 어지럽히고 세상을 무너뜨리고 있다. 일종 무뢰지배가 소와 송아지를 몰아가면서도 하늘을 두려워하지 않고 개와 돼지를 잡아 술에 취하지 않는 날이 없다. 이토록 생겁(生怯, 괜한 겁을 내는 일)을 가계로 삼고 능범(凌犯, 무리하게 침범하는 일)을 장기로 삼으면서 심하면 주문(朱門, 높은 벼슬아치의 집)에 횡행하고 재상을 욕보이고 규방에 들이닥쳐 부녀자를 구타하니 분수를 못 차리고 기강을 어지럽힘이 거의 여지가 없다.(《숙종실록(肅宗實錄)》)

이들 무리는 바로 무과에 급제하고 임관되지 못한 한량·선달이거나 도망 노비들이었다. 1809년 6월 개성에서 '주도'라는 이름의 무리가 소동을 일으킨 사건이 있었다. 개성 유수 한치응(韓致應)은 이렇게 조정에 알렸다.

우리 고을은 큰 도회이기 때문에 무뢰잡배가 사방에서 몰려오는데 주도라고 일컫는 무리가 마을에서 소란을 일으킨 게 한두 번이 아니어서 계속 징치하는 데도 근절되지 않았다. 마침 그 무리가 반인(泮人, 성균관에 쇠고기를 공급하는 사람)의 농간으로 도한(屠漢, 백정)이 쫓겨났다고 의심하면서 오랫동안 감정을 품고 있다가 반인을 쫓아낼 계책을 세우고 백 몇십 명이 무리를 지어 그 집을 파괴했다. 또 단체로 상소를 올리겠다며 시끄럽게 떠들기에 동헌 뜰로 불러들여 그 사정을 힐문하고 엄한 말로 타일러 보냈다. 문 바깥으로 몰아 냈을 적에 돌을 던지며 나졸들과 싸움을 해 관에 대항하는 기세가 있었다.(《순조실록》)

이들은 천인인 백정의 일에 끼어들어 관권과 결탁한 반인을 압박하고 관정에 들이닥쳤다. 단순한 집단행동만이 아니라 하나의 조직체를 만들어 관가와 양반집, 그리고 관가의 끄나풀에 대항했던 것이다.

잇따른 봉기들

19세기에 들어 전국에는 조정과 수령을 지탄하고 민심을 선동하는 괘서(掛書)와 방서(榜書)가 나붙었다. 또 《정감록》 등 비기를 끌어대 새롭게 정씨 왕조가 일어난다거나 아무 차별이 없는 후천개벽의 세상이 도래한다는 말을 퍼뜨려 민심을 선동하기도 했다. 포도청 등 관아에서는 그 유포자를 잡는 데 온 힘을 기울였지만 노비추쇄와 마찬가지로 성과를 낼 수 없었다. 크고 작은 봉기 모의와 민란도 연달아 일어나서 봉건 질서를 뒤흔들었다. 주요 사건을 연대순으로 알아보자.

* **인동 민란**: 1800년(순조 즉위년) 8월, 경상도 인동 신촌의 백성 60여 명이 관아에 들이닥쳐 인동 부사를 결박하려다가 실패한 뒤 도주했다. 이 고을에 사는 장시경(張時景)은 동생 시욱(時昱), 시호(時皥)와 함께 마을 장정들을 규합한 뒤 노비 5명을 주축으로 먼저 인동부 관

아를 습격해 부사를 결박하고 관곡과 병기를 탈취하고 나서 차례로 이웃 고을을 장악하려는 계획을 세웠다. 그리고 봉기대로는 위의 장정들이 수하에 각각 10명을 거느리게 했다. 이런 계획으로 우선 인동 관아에 돌입했지만 나졸들에게 쫓겨 흩어지는 바람에 봉기는 실패로 끝났다. 장시경 등 3형제와 주모자들은 묘강산에 숨어 있다가 자살했고 그 아들 장현경(張玄慶) 등 6명은 도주했다. 조정에서 안핵사(按覈使, 지방에서 사건이 발생했을 때 처리를 위해 파견하는 임시 관직)로 파견된 이서구(李書九)의 장계에 의하면 장시경은 "노론은 득세하고 남인은 남김없이 사라졌다. 민생이 날로 곤궁하니 군사를 거느리고 상경해 국가의 위급을 구하려 한다"《순조실록》고 말했다 한다.

당시는 정순대비가 수렴청정을 시작한 지 한 달이 채 되지 않은 시기였다. 장시경의 말은 민심을 충동하기 위한 것으로 보인다. 도망갔던 장현경은 10여 년 뒤에 함경도 경원 월명사(月明寺)에 숨어 있다가 붙잡혔다.

* **하동 괘서**: 1801년 8월, 경상도 하동 두치장(斗峙場)의 장날에 괘서가 내걸렸다. 괘서에는 '왕험내신 운거경복(往驗來信 運去傾覆)' 따위의 말이 있었다. 곧 '지난 징험은 오는 일을 알려준다. 운이 가서 엎어질 것이다'라는 뜻이었다. 진주 사람 정봉양(鄭鳳陽)의 고발로 이 사건의 범인이 잡혔다. 범인인 이호춘(李好春)은 역괘(易卦)와 참위(讖緯)에 능해 많은 사람들이 믿고 따르자 '난리를 일으키고 화를 꾸밀 것'을 계획한다. 그리해 인심을 선동하고 요언(妖言)을 퍼뜨려 도당을 모아들였다. 그러나 괘서 사건이 일어나 관아에서 범인을 수색하자 도당의 한 사람인 정봉양의 고변으로 전모가 탄로 난 것이다. 이와

때를 같이해 창원에서도 괘서 사건이 일어났다.

＊ 장연 작변: 1804년 황해도 장연 등곡천(等谷川) 주위를 중심으로
이달우(李達宇) 등이 일대 변란을 꾸몄다. 이곳에 사는 선달 장의강(張
義綱)의 집에 많은 사람이 출입하자 포교의 기찰(譏察, 범인을 체포하고자
수소문하고 염탐하고 검문하는 일)에 의해 모의자들이 체포되었다.

이달우는 1798년에 상경한 뒤 무과에 응시했다가 낙방했다. 그는
사회 현실에 불만을 품고 조정의 비리를 폭로하는 가사를 지어 전파
하는 등 자신의 재간으로 인심을 선동해 변란을 꾀했다. 이 가사의
내용은 온전히 기록되어 있지 않으나 1799년 무과에 낙방한 뒤 지
었다고 한다. '나라에서는 인재를 거둘 생각을 하지 않고 소인배들
이 총애를 받아 주색과 안락에 빠지고 있다'는 내용을 담았다고 하
며 추국청의 보고에 따르면 "그 흉측한 계획을 품고 화의 기미를 기
른 지가 오래되었는데 처음에는 가사를 지어 인심을 선동했다. 그중
흉패한 구절을 읽으면 자기도 모르게 마음이 떨리고 뼈에 사무친다"
(《추안급국안》)고 했다. 그 공초의 내용을 좀 더 알아보자.

공(供): 내가 가사를 지은 데에는 뜻이 있다. 이 가사가 전파되어 조가(朝
家)에서 듣게 하고자 함이다. 이때 잡혀가서 국가를 유익하게 하는 방책을 전
달하려는 것이다.
문(問): 그 방책이 어떤 것인가?
공: 근래 민생이 더욱 어렵고 인심이 흉흉하다. 부자는 토지를 모조리 차
지해 이익을 취하는데, 빈자는 먹을 것이 없고 혹 빚 때문에 거지가 되기도 하
며 심하면 도둑이 될 지경에 이르렀다. 이는 모두 위에서 민생 경영을 잘못한

데 말미암은 것이다. 내 생각에 주나라에서는 정전(井田)의 법을 써서 훌륭한 치적을 불러왔고 당나라에서는 균전(均田)의 제도를 써서 빛나는 교화를 이루었다. 이제 이 제도를 모방해서 호마다 밭 70부(負)를 주고 밭머리에 집을 지어 농사를 짓게 한다면 네댓 식구의 집에 양식이 넉넉할 것이다.

자신의 방책을 밝힌 것이지만 반역에 따른 책임을 회피하고자 하는 변명으로도 보인다. 이달우는 장의강과 결탁해 황해도 일대의 인사를 끌어모았고 구체적으로 봉기를 짜나갔다. 그 방법은 두 가지로 나누어 살펴볼 수 있다.

첫째는 1,000여 명의 소인(疏人)을 모아 복궐(伏闕, 임금에게 상소하기 위해 대궐 앞에 엎드리는 일) 상소를 하다가 들어주지 않으면 곧바로 대궐에 돌입해 조정을 차지하고 조관들은 "죽일 자는 죽이고 쫓을 자는 쫓아내고 벼슬을 줄 자는 벼슬을 준다"(可殺者殺之 可逐者逐之 可爵者爵之)는 계획이었다. 그러나 이것은 계획의 일부에 지나지 않았다.

둘째는 군사를 모으고 군량미를 확보해 정면으로 봉기한다는 계획이었다. 모병의 책임은 평양은 장의강이 맡고 해서(海西, 황해도)는 최광언(崔光彦)이 맡아 실제 행동으로 옮겼다. 최광언은 서흥, 풍천, 해주, 신계, 송화 등지에서 40명을 모아 그 협조를 받기로 했다. 그리고 고백령도(古白翎島)와 울릉도에 병영을 마련해 군량미 1,000여 석을 저장하고 병기를 만들기로 했다. 또 백령도 일대에서 농민의 협조를 얻어 그곳에 주점을 차리고 자금을 확보하기로 했다.

이에 대해 "이달우 등은 고백령도와 울릉도에서 병기를 만들고 군량미를 저장한다는 따위의 말을 하고 또 상소를 핑계로 평안도와 황해도에서 사람을 모집해 등곡천 냇가에 모이기로 약속했다"고 《추안급국안》에 기록되어 있다. 겉으로는 소인을 모으는 것처럼 꾸미고 장연에 있는 장의강의 집에서 모의를 진행시켰던 것이다. 주요 연루자는 다음과 같다.

조직의 주요 인물

이름	나이	거주지	출신	역할
장의강	36	장연	선비	평양 모집책
이달우	31	서흥	무인	주모자
최광언	41	장연	선비	서해 모집책
곽헌의	35	장연	선비	미상
이한원	35	송학	선비	미상
이종국	25	신천	미상	미상
박효원	58	장연	포수	수종
백봉규	31	장연	농민	훈련 책임

＊ 선비는 몰락 양반을 뜻함

이 장연 작변은 황해도를 중심으로 진행되었다. 따라서 지역 차별에 대한 이곳 인사들의 누적된 불만을 근거로 이달우의 방책대로 영세농민층을 대변하며 나타난 것으로 볼 수 있다. 뒤에 관서를 중심으로 일어난 홍경래 주도의 관서 농민전쟁과 그 동기와 과정이 너무나 비슷하다 하겠다.

＊ **북청·단천 작뇨**: 1808년 함경도 북청과 단천에서 민인들이 야로를 부린 일이 있었다. 북청의 아전인 전치정(全致貞) 등은 작당해 향

청에 들어가서 좌수와 풍헌을 불태워 죽이고 부사 심후진(沈厚鎭)을 모해했다. 같은 시기에 단천의 향인 김형대(金亨大) 등은 몽둥이를 들고 관에 난입해 좌수와 부사를 몰아내고 동헌을 차지했다. 그 원인에 대한 기록은 없으나 주모자들은 모두 난민(亂民)으로 몰려 효수형에 처해졌다.

＊곡산 작변: 1811년 황해도 곡산 북면의 민인 박명홍(朴明洪), 장진(張進) 등 수백 명이 몽둥이를 들고 곡산부 관아에 들이닥쳤다. 이들은 아전을 두들겨 패고 관아의 직인에 해당하는 인신(印信)을 빼앗고 부사 박종신(朴宗臣)을 멍석말이해 30리 바깥에 내동댕이쳤다. 이어 관원의 부녀자들을 몰아내고 감옥에 갇혀 있는 각 창고의 감색(監色, 관청에서 회계를 맡아보는 감관과 관리 업무를 담당하던 색리)들을 풀어주었다. 부사는 엉뚱하게도 감색들이 곡식을 축냈다는 누명을 씌워 가두었던 것이다. 또한 관아의 인신을 이웃 고을인 수안군에 전해주면서 "곡산 고을의 백성이 모두 본관에게 원망을 품고 있으므로 인신을 빼앗아 가져왔다"고 했다. 부사의 가렴주구가 극도에 이르자 주모자 한극일(韓極一), 심낙화(沈洛化) 등은 부사를 몰아내기로 계획하고 고을 사람들을 모아 변란을 일으켰다. 여기에 수백 명이 동조했던 것이다. 연루자로 130여 명이 체포될 정도였다. 그런데도 부사 박종신에 대해서는 아무런 조처도 취하지 않은 것으로 나타난다. 이렇게 늘 미봉으로 그쳤다.(《순조실록》)

홍경래와 관서 농민전쟁

마침내 1811년 12월 18일, 홍경래와 우군칙(禹君則) 등은 이른바 '관서의 난'을 일으켰다. 당시 이 난리는 평안도 일대를 석권했기 때문에 현대에 들어 '관서 농민전쟁'이라 부르기도 한다. 먼저 홍경래의 내력부터 살펴보자.

10년의 준비

홍경래는 평안도 용강 출신이다. 그의 아버지는 진사라 했으나 어떻게 그 칭호를 얻었는지는 모른다. 아무튼 그는 어릴 때부터 외숙인 유학권(柳學權)에게 글을 배웠다. 그런 끝에 뜻을 품고 서울로 와 과거에 응시했다. 서북 출신들이 비록 등용은 되지 않으나 문과는 진사, 무과는 출신(出身, 무과 합격자)이라도 되기 위해 과거를 보는 일이 종종 있었다. 홍경래는 몇 차례 과거를 보았지만 번번이 낙방했고 자신보다 형편없는 글재주와 학식을 가진 남쪽 출신의 양반붙이들이 합격하는 모습을 자주 목격했다. 20대의 혈기 왕성한 나이에 문벌 집단이 벌이는 차별과 부정을 직접 눈으로 보고 피부로 접한 홍경래는 과거 합격을 단념했다. 그리고 절로, 산으로 떠돌며 유랑 생활을 했다. 그는 길흉을 점치는 술수를 익히기도 하고 풍수를 배워 지사(地師) 노릇을 하기도 했다.

이렇게 떠돌이 생활을 하는 중에 평안도 박천의 청룡사(靑龍寺)에서 자신보다 다섯 살 아래로 서자 출신인 우군칙을 만났다. 이 만남이야말로 큰 의미를 지니는 것이었다. 두 청년은 의기투합해 현실의 비리를 지적하고 돌아가는 시국을 토론했다. 그러던 중에 여진 땅에서 마적을 지휘하던 정민시(鄭民始)를 만나게 된다. 정민시는 만주의 혼란한 사정을 일러주었다. 이때부터 세상을 한번 엎자며 변란을 모의하면서 군사와 전술 등을 논의하고 새 세상을 만들려는 꿈을 꾸고 있었다.

홍경래와 우군칙은 모두 키가 작고 용력이 뛰어났다. 특히 홍경래는 새끼줄을 세 발쯤 높게 쳐놓고 그 위를 뛰어넘으면서 재주를 부렸다고 한다. 그뿐만 아니라 날쌔서 걸음을 잘 걸었다. 이 두 사람은 차력술·축지법을 동원하고 풍수쟁이를 자처하면서 사람들을 모았다. 홍경래는 훈장 등 지식층, 우군칙은 주로 돈 많은 상인들을 포섭했다. 그리하여 가산의 이희저(李禧著, 역노 출신으로 무과에 합격한 부호), 곽산의 홍총각(洪總角, 힘센 장사), 곽산의 김창시(金昌始, 소과에 합격한 인물), 태천의 김사용(金士用, 저명인사로 모사) 등을 끌어모았다.

홍경래는 때로 인삼 장수로 가장해 이곳저곳을 돌아다녔고, 우군칙은 이희저를 자신의 수하로 끌어들이기 위해 그 부친의 묏자리를 봐주며 "당대에 귀하게 될 터"라고 꼬였다. 이들은 이희저가 사는 가산·박천 사이의 다복동을 근거지로 삼아 본격적인 준비를 서둘렀다. 홍경래는 다복동에 머물면서 때로는 산에 올라가 천문을 보며 세상을 점치기도 하고 때로는 차림새를 갖추고 장터에 나타나 신사(神師)라고 하면서 인심을 선동했다.

다복동 앞에 있는 진두(津頭)는 대정강의 중류에 있는 삼각주의 나루로, 양쪽으로 큰길이 뻗쳐 있었다. 상류인 태천·운산의 물자가 이곳에 와 닿았다. 이 나루를 통해 분지인 다복동으로 들어오면 감쪽같이 숨을 수 있었다. 그래서 이 두 곳을 자신들의 거점으로 정한 것이다.

홍경래는 준비 초기에 서울의 유력자 김재찬(金載瓚)을 찾아갔다.

김재찬은 한때 평안도 관찰사를 지낸 적이 있고 당시 좌의정을 지낸 고관이었다. 하지만 문벌 정치에 협조하지 않아 눈 밖에 나면서 황해도 재령에 유배된 적이 있어서 안동 김씨에 불만을 지니고 있던 처지였다. 홍경래가 김재찬을 어떤 경로로 알게 되었는지는 알 수 없으나 김재찬이 그의 사람됨을 알아주고 있었던 것만은 사실인 듯하다. 홍경래는 "기왕에 벼슬할 수는 없으니 장사 밑천을 대달라"고 부탁했다. 이에 김재찬은 평안 감영에 보내는 편지를 써주었다. 홍경래는 이 편지를 들고 평안 감영에 가서 공납금 2,000냥을 차용했다. 이 돈은 귀중한 거사 자금이 되었다.

또한 홍경래는 부상(富商)들을 협조자로 점찍어 물색했다. 평안도 의주의 인삼 상인 임상옥(林尙沃)과도 연결되어 자금을 끌어냈다. 그가 한때 임상옥의 서기로 있었다는 말이 전해진다. 또 평안도 정주의 부호 김약하(金若河)에게도 적극적 호응을 다짐받았다. 이어 송상(松商, 개성상인)에게도 손을 뻗쳤다. 그들이 얼마만큼 자금을 댔는지는 확실하지 않으나 상당한 협조를 아끼지 않았던 것만은 분명하다.

홍경래 일당은 운산 촉대봉에 광산을 개설하고 유랑민을 대상으로 광산 노동자를 모집했다. 당시 금광 채굴은 금지되어 있었지만 운산 군수 등에게 뇌물을 써서 금광을 개설하고 몰려온 노동자들에게 임금을 주었다. 또 추도(楸島)에 염전을 개설하고 수하의 일꾼을 보내 살게 하면서 거점 또는 자금을 융통하는 수단으로 삼았다. 추도에 굴을 파놓고 그 속에서 위조 화폐를 만들어내 자금의 통로로 삼기도 했다. 한편 활 잘 쏘는 자, 총 잘 쏘는 자들을 모으고 각 고을의 구실아치들과 내통해 관가의 정보를 빼냈다. 다음과 같은 기록이 남아 있다.

의주에서 개성까지 부호와 큰 상인들이 거의 그 무리에 가담했으며, 황해도·평안도 두 도의 파락호와 무뢰배들이 모두 그들의 하수인이 되었고, 떠돌이와 주린 백성들 또한 많이 의탁했다. 그들은 서울에까지 염탐꾼을 박아놓고 정보를 입수했다.(《진중일기(陣中日記)》)

이런 기록도 있다.

유한순(兪漢淳)은 본래 영유 땅 사람인데 경향(京鄉)에 출입하면서 하는 짓이나 행동이 무뢰배와 같아서, 혹 중들 속에 자취를 감추기도 하고 혹 향리(鄉吏)라고 거짓 핑계를 대기도 하다가 간사한 형상이 탄로 나서 백령도에 충군(充軍, 귀양의 일종으로 일정 기간 군대에 복무하는 일)되었다. 거기서 풀려나서는 적괴 김사룡(金士龍)을 영유 땅에서 만나 서로 어우러져 역적모의를 하고 그의 종용을 받았다. 김사룡의 자금을 받아서 서울에 잠입해 사람을 속여 아내를 얻고 도독(都督)의 하수인이 되어 사정을 남몰래 정탐했다. 혹 방문을 남대문 돌기둥에 붙이기도 하고 옛 장위영 대문에 선동하는 글을 붙이기도 하며 민심을 선동하는 계책으로 삼았다. 또 관군의 소식을 염탐해 선천의 도둑 소굴에 전해주고 다시 김사룡의 지시를 받아 두 번째로 서울 근방에 들어와서 궁성에 출몰했다.(《진중일기》)

궁극적으로 서울로 쳐들어올 계획이었기에 서울의 소식은 물론 민심을 충동질했던 것이다. 또 자금이 닿는 대로 호피·철·대나무 등을 사들였고, 각지에서 만들거나 입수한 칼·창·조총 그리고 갖가지 색의 깃발을 다복동으로 실어 날랐다.

일이 진척되어가자 홍경래 일당은 금광 노동자를 모집한다는 핑계로 장정들을 모아들였다. 그리고 미리 파놓은 구덩이를 건너뛰게 해서 힘을 시험하고, 새끼줄을 높게 매어놓고 뛰어넘게 해서 날램을 견주었다. 여기서 뽑히면 돈과 옷감을 주어 무리에 들게 했다. 이렇게 해서 10명이 되면 표지를 나누어주고 각 고을로 잠입시키며 거병할 때 내응하라고 일러 보냈다. 또 김창시를 시켜 다음과 같은 요언을 퍼뜨리며 민심을 선동했다.

일사횡관 귀신탈의 십필가일척 소구유양족
一士橫冠 鬼神脫衣 十疋加一尺 小丘有兩足

이 열여덟 글자가 떠돌자 사람들은 이리저리 궁리하며 그 뜻을 궁금해했다. 그러면 홍경래 일당이 슬쩍 이렇게 풀어주었다.

일사횡관은 임(壬)의 파자인데 임은 사(士) 위에 일(一)을 삐딱하게 썼다는 뜻이다. 귀신탈의는 신(申)의 파자인데 신은 변의 시(示)를 떼냈다는 뜻이다. 십필가일척은 기(起)의 파자인데 기는 십필(十疋)에 기(己)를 더했다는 뜻이다. 소구유양족은 병(兵)으로 풀었다. 병은 구(丘) 아래 팔(八)이 붙어 있다는 뜻이다.

이 풀이대로라면 '임신기병(壬申起兵)'이 되는 것이다. 1812년(순조 12)이 임신년이니, 이해에 병사들이 일어난다는 뜻이다. 그리하여 평안도·황해도·함경도 일대의 민심은 요동쳤다. 이렇게 오랜 준비 끝에 거사일은 12월 15일로 정했다.

신속하고 치밀했지만

홍경래는 먼저 봉기의 명분과 시대 사정을 밝힌 격문을 띄웠다. 이 내용은 세 가지로 요약할 수 있다.

첫째, 서북 지방에 대한 조정의 차별 정책을 말했다. 나라에 일이 있을 적에는 언제나 이들을 동원해 이용하면서 벼슬길은 터주지 않았다. 이 차별 정책은 조선조 초에 시작되어 18세기 이후에는 더욱 엄격하게 시행되었다. 법제화된 것은 아니지만 관례 또는 불문율로 시행되어왔던 것이다.

둘째, 당시 노론 계열인 안동 김씨의 세도정치에 의해 일문일당이 온갖 권력을 독점하고 있는 정치 현실을 지적했다. 격문에서 안동 김씨의 우두머리 김조순과 이에 빌붙어 있는 박종경(朴宗慶, 세자의 외숙)을 지탄의 대상으로 지목했다. 이들 세력은 권력과 이권을 독점하고 매관매직으로 온갖 부정을 저지르며 토지와 상권을 독점하고 있었다. 그리하여 나라의 재정은 이들의 손아귀에서 놀아났고 빈부의 격차는 심화되었다.

셋째, 이런 현실에서 삼정을 통한 가혹한 조세와 수탈로 인해 민생이 도탄에 처해 있다고 말했다. 특히 홍경래 일당이 봉기하던 해 함경도에 큰 흉년이 들었는데도 현지 관리들과 짠 서울의 방납(防納), 곧 대행업자는 강제로 곡식에 높은 값을 매겨 팔았다.

이 세 가지 문제가 봉기의 동기라고 일단 분석할 수 있다. 홍경래는 구원자로서 홍의도에 있는 정진인을 받들며 구민의기(救民義旗)를 들었다고 주장했다. 또한 수령과 노비들까지 모두 봉기에 참여할 것을 호소했다. 이 격문에는 적어도 백성을 구제한다는 목표를 내걸고 관서 지방의 모든 계층이 참여해 역량을 집결하자는 의지가 깔려 있다.

이들은 첫 행동 목표로 평양 대동관(大同館)에 불을 지르기로 했다. 불을 끄느라고 법석을 떨 때 내응 세력의 호응을 얻어 밤중에 평양성을 차지한다는 계획이었다. 그리하여 화약을 묻고 불을 붙여놓았는데 화선과 약통이 눈 녹은 물에 젖어 다음 날 오후에야 불이 옮겨 붙으면서 이 계획은 실패로 돌아갔다.

12월 18일, 이들은 마침내 전면적 봉기를 단행했다. 다복동을 시발지로 해서 남진(南進)과 북진(北進) 2대로 나누어 봉기했다. 주요 연루자는 다음과 같다.

조직의 주요 인물

이름	출신지	출신	역할
홍경래	용강	평민	도원수
우군칙	가산	서얼	참모
김사용	태천	평민	부원수
홍총각	곽산	평민	선봉장
윤후검	봉산	평민	후군장
이제초	개천	평민	선봉장
이희저	가산	역노	자금
김창시	곽산	진사	참모
김사롱	영유	평민	연락
김약하	정주	부호	자금
임상옥	의주	부호	자금
유한순	영유	평민	정탐

위의 표는 해당 부서와 역할 등을 위주로 작성했으나 각 군의 내응 세력 또한 규모가 컸다. 홍경래가 남진, 김사용이 북진을 나누어 맡아 남진군은 가산, 북진군은 곽산에 맨 먼저 들이쳐서 함락했다. 이때 도원수 홍경래 앞에는 구민의기를 내걸었고, 우군칙은 제갈량을 흉내 내어 학창의(鶴氅衣)를 입고 부채를 손에 들었다. 또 군졸들에게는 검은 옷(푸른 옷이라는 설도 있음)을 입히고 푸른 수건(붉은 수건이라는 설도 있음)을 머리에 동이게 했다.

거병 이후 곳곳의 향리들이 호응해 관아를 속속 접수했다. 봉기군은 청천강 이북의 10여 개 고을을 접수했으나 박천 등지에서 관군과 향병의 공격을 받았다. 이후 서울로 진격을 서두르는 동안 관군의 공격에 패전을 거듭해 정주성으로 퇴각했다. 끈질기게 버텼으나 넉 달 만에 성이 함락되어 봉기는 실패로 돌아갔다. 정주성에 있던 1,917명이 잡혀 아무 절차도 없이 참수되었다. 봉기군의 가족과 성안에 살고 있던 민간인도 포함되어 있었다. 말할 것도 없이 '제노사이드'였다.

그러나 봉기군은 5개월 동안 평안도 일대의 10여 개 고을을 접수해서 행정권을 발동했으며, 자기들 손으로 새로운 수령을 임명하기도 했다. 그뿐 아니라 굶주린 백성들에게 관곡을 나누어주었고 농민층을 지지 세력으로 광범위하게 흡수했다. 가담자 명단에서 보이는 대로 다양한 사회계층을 망라했고 자금·무기·훈련에 만전을 기했다. 유언비어를 퍼뜨리고 정진인 출현설을 내걸었으며 옷 색깔에도 상징적 의미를 담았다. 이처럼 치밀한 계획을 세웠는데도 실패한 이유는 무엇일까?

실패의 원인으로는 우선 힘의 분산을 지적할 수 있다. 봉기군을 남진과 북진으로 나눈 것은 후방의 적들을 분리해 분쇄한다는 전술이었으나 일단 총력으로 서울 진격을 도모했어야 할 것이다. 이것은 전술적인 차질이었다고 말할 수 있다. 다음으로 홍경래의 주장을 들 수 있다. 그는 자신을 '북영(北營)'이라고 표방하며 '남인(南人, 남쪽 사람)'을 도륙하겠다고 주장했다. 이 주장은 서북 지방의 인심을 충동했지만 서울과 그 아래 지역의 인사들에게 적대감을 불러일으켰다. 무엇보다 비록 상인 세력을 끌어들이기는 했으나 농민층의 적극적 참여를 이끌어내지 못했다.

이런 전술적·전략적 차질은 오랜 준비와 치밀한 계획에도 불구하고 실패를 가져오는 원인이 되었다. 홍경래는 정주성에서 버티면서 "호병(胡兵, 여진 군사)의 내원군(來援軍)이 온다"고 말했는데 봉기군의 용기를 북돋기 위한 전술이었는지는 몰라도 끝내 만주 지역에 있다는 군사가 오지 않았다. 허풍이었는지, 구체적 계획이 있었는지는 확인할 수 없다.

아무튼 조선 후기에 들어와 가장 큰 규모로 이루어진 봉기는 일단 끝을 맺었다. 이때 김재찬은 평안 감영에 보낸 편지를 재빨리 불살라버렸고, 선천 부사 김익순(金益淳, 김삿갓의 할아버지)은 봉기군에 끌려가서 벼슬을 받고 목숨을 부지했지만 역적이란 이름을 뒤집어썼다. 또 운산 군수 한상묵(韓象默)은 봉기군의 금광 채굴을 막지 못했다며 맨 먼저 파면당했고, 함경 감사 조덕윤(趙德潤)도 관곡을 비싼 값으로 팔아 백성의 원성을 샀다고 해서 파면당했다. 한편 서울의 문벌가와 남쪽의 양반붙이들은 한때 피난 보따리를 싸기에 바빴다. 이처럼 홍경래의 봉기는 서북 지방에 국한된 게 아니라 온 조정과 나라를 휘저었다.(《관서평란록(關西平亂錄)》)

타 지역의 호응

민중은 홍경래가 봉기할 때 각지에서 때를 같이해 호응했고, 홍경래가 죽고 난 뒤 그를 변혁의 상징으로 내세워 영웅으로 받들었다. 직업적 봉기꾼들은 홍경래의 계획을 본받기도 하고, 홍경래가 죽지 않고 살아 있으며 자신들의 봉기를 도우러 온다고 소문을 퍼뜨리기도 했다. 《순조실록》 등 관련 기록을 근거로 해서 몇 가지 사례를 들어보겠다.

해주에서 작은 규모의 봉기가 있었다. 홍경래가 이끄는 군사들이 가산·박천 등지를 한창 휩쓸고 있을 적에 해주 귀락방(龜洛坊)에서는 수백 명이 무리를 지어 창과 칼, 몽둥이를 들고 거리를 횡행했다. 이에 황해 감영군이 나가자 대항하면서 흩어지지 않았다. 그중 노인담(盧仁淡), 김여철(金汝喆) 등 네 사람은 우두머리를 자청하면서 봉기군을 지휘했다. 황해 병사의 장계에는 "관서의 적(홍경래)과 서로 연결될 염려가 없지 않다"고 기록되어 있다. 이 기록대로 홍경래군의 봉기를 보고 여기에 호응한 것으로 보인다.

황주에서도 작은 봉기가 있었다. 홍경래가 정주성에서 항전하고 있을 때 황주 효진포(炎陣浦)의 뱃사람들이 1812년 1월 마장리·용객리 등지에서 300여 호를 불 질러 태우고 4명을 죽이는 등 난을 일으켰다. 그 주모자로 뱃사람인 김덕춘(金德春), 김사옥(金思玉) 등이 잡혔다. 이 또한 홍경래군의 봉기에 호응하려 했던 것으로 보인다.

한성에서도 작변이 있었다. 홍경래의 군사가 평안도를 석권하고 있을 적에 서울에서는 김진채(金振採), 이종일(李鐘一) 등이 작당해 인심을 선동했다. 이들은 조정이 촉한(蜀漢, 중국의 유비가 세운 나라)처럼 홍경래군에 쫓겨 남쪽의 공주나 안동으로 피난 갈 것이며 성내의 포수군 300여 명이 호응해서 봉기하면 내응이 있을 것이라고 했다. 또 광주 분원(分院)의 군사가 돕고 전라 관찰사가 협조할 것이라며 동조자들을 모았다. "나라의 운수는 400년"이라고 하면서 비기·참위의 설을 들어 변혁이 있을 것이며 "중인·서자의 무리가 양반을 도륙하고 궁중의 무사들과 연결해서 내응한다"고도 했다. 이들은 '2월 화공(火攻), 3월 기병'의 계획을 세우고 군량미의 확보를 위해 미전(米廛)의 상인과 자산가들을 선동했다.

주모자는 홍주 출신의 김진채, 한성 출신의 이종일, 양주 출신의 서얼 광우(光友) 등이다. 중인·서얼이 주축이 되어 포수와 궁중의 종들을 모아 거사하려 했던 것으로 보인다. 결안(結案, 판결문)에서는 "편취재물지계(騙取財物之計, 재물을 갈취하려는 계획)"라 했고, 이들이 퍼뜨린 말은 계획된 것이라기보다 인심을 선동하기 위한 유언비어의 성격을 띠고 있었다.

그러나 관서와 해서의 소동을 틈타 평민층이 양반 및 관가를 타도하고 조정을 번복한다는 따위의 거사 계획은 어찌 보면 농민층의 봉기와 동기 면에서 통하는 바가 많다 하겠다. 또 서울의 평민층을 중심으로 변란을 일으킨 것이어서 농민을 주축으로 하는 일반적 사례와는 달리, 서울을 중심으로 한 또 다른 세력의 움직임을 알려주는 경우라 하겠다.

1813년 12월 제주도에서는 풍헌인 양제해(梁濟海)가 홍경래의 거병에 용기를 얻어 그 계획을 모방했다. 제주도 사람들은 '제주도 왕국설'을 내세워 주민을 선동했다. 조선왕조를 거부한 것이다. 1817년 4월에는 전주를 중심으로 한 변란 계획이 탄로 났다. 이들은 동조자를 모으면서 "홍경래가 죽지 않고 도망가 살아 있는데 배를 타고 와서 도와준다"며 선동했다.

1826년 5월에는 청주의 관아와 북문에 불온 문서가 걸려 수색 끝에 변란 모의자들을 잡아들였는데 이들 또한 "홍경래가 도우러 온다"고 동조자들을 설득했다. 이런 사례들은 모두 《순조실록》이나 《추안급국안》에 나오는 것이다. 이처럼 조선 말기에 등장한 홍경래는 홍길동, 임꺽정과 함께 새로운 영웅으로 민중들에게 부각되었다.

민중의 영웅, 실패한 혁명가

그러면 홍경래와 같은 혁명가는 어떻게 탄생했을까? 격문에서 밝힌 대로 조선왕조의 정치·사회적 모순이라는 풍토가 그를 만들어냈다. 더욱이 문벌 정치 아래에서 혹독한 지역 차별 정책이 재연되어 서북 지방에 대한 차별이 400년 동안 이어졌다. 홍경래를 두고 과거를 볼 수 있는 몰락 양반 또는 평민이었다고 하지만 기본적으로 그는 하층민의 편에 서 있었다고 봐야 할 것이다.

이른바 신분제도로 인해 평민 이하 사회계층은 벼슬자리뿐만 아니라 온갖 권리를 박탈당했다. 아무리 능력이 뛰어나더라도 하층민은 사회의 밑바닥에서 목숨을 부지해야 했다. 여기에 일문일당의 정치·경제적 독점 체제로 말미암아 빈부의 격차가 심화되고, 관리의 부정부패로 인해 농민들은 최소한의 생존권조차 누리지 못했다. 이러한 현실적 조건에서 19세기에 들어와 몰락 양반과 중인층을 중심으로 한 민중은 자기의 처지를 자각하게 되었으며, 이 자각이 곧 잦은 변란으로 연결되었던 것이다.

어쨌든 홍경래는 민중의 영웅이 되었지만, 체제를 근본적으로 개조하고자 한 그의 혁명가적 의지는 실현되지 않았다. 구체적인 변혁 지향의 이론이나 실천 운동이 민중에게 절실하게 부각되지 않았던 것이다. 역사에도 운수가 있을까? 뒤이어 나타난 전봉준은 이 한계를 극복하려 했다.

19세기 후반에 한문으로 쓰인 홍경래의 전기가 전해지는데 비록 소설이지만 그의 내력에 대해 알려준다. 역사학자 문일평(文一平)은 그를 두고 '민중혁명의 선구'라고 평가했으며 같은 고장 출신인 함석헌(咸錫憲)도 홍경래를 높이 평가했다. 현대에 들어 북한에서는 리유근의 소설 《홍경래》가 출간되었으며 남쪽에서는 최남백(崔南伯)이 홍경래에 대한 소설을 월간지 《신동아(新東亞)》에 연재했다. 최인호(崔仁浩)는 소설 《상도(商道)》에서 의주 상인인 임상옥과 연결시켜 주요 인물로 등장시키고 있다.

공노비를 해방시키노라

(원제: 노비윤음, 작자: 윤행임, 출전: 《순조실록》)

이렇게 말하노라. 내가 지금 《중용(中庸)》을 읽고 또 읽도다. 무릇 천하 국가에는 여섯 가지 기본이 있는데 그 여섯째에 말하되 '자식처럼 뭇 백성을 사랑하는 것'이라 했다. 주부자(朱夫子, 주자)가 이를 풀이하기를 '백성 돌보기를 내 자식과 같이 하는 것'이라 했다. 내가 책을 덮지도 않고 탄식한다. 자식은 부모를 섬기면서 슬픔이나 괴로움이 있으면 반드시 달려가고 부모는 자식을 기르면서 병이 들면 반드시 구해준다. 임금과 백성 사이에서 간절하게 보살피고 따르는 것도 이와 같다.

생각하건대 우리 숙종 대왕은 많은 사람들의 고통을 풀어주려고 조정의 벼슬아치들에게 물어 사내종이 신역(身役, 공노비와 사노비가 지는 납세의 의무)으로 무는 공납은 절반, 계집종이 신역으로 무는 공납은 3분의 1을 탕감해주셨고 우리 영조 대왕은 많은 사람들의 의견을 살펴서 계집종이 신역으로 무는 공납을 없애고 사내종이 바치는 공물은 절반으로 탕감해주셨다. 하지만 내수사에서 노비를 찾아내는 폐단은 예전과 같아서 겉가죽에 침을 놓는다는 것이 살까지 찌르고 실정을 모르면서 어머니의 젖을 보고 자식 사랑을 지레짐작하는 꼴이니 마을과 동네가 소란하고 닭도 개도 편안치 못하다.

많은 생명이 살길을 잃으면서 지아비는 지어미와 이별하고 어머니는 아들과 헤어지고 있다. 가슴을 치고 피눈물을 씻고 서로 돌아보며 허둥지둥하다가 차마 갑자기 갈라질 수 없어서 더러 절간에 들어가 중이 되어 스스로 큰 윤리를 끊고 있다. 그의 딸자식은 맨몸으로 머리를 늘어뜨린 채 저자에서 구걸하고 있다. 벼슬아치들은 날마다 문이 닳도록 찾아와 돈을 긁어가면서 때리고 차고 호랑이처럼 을러대고 있다. 멋대로 점검을 하게 되면 소 한 마리

값을 쓰게 되고 이웃에 물려 침노하게 되면 백 집의 세간을 긁어낸다. 그리하여 길을 가면서도 한숨을 짓고 눈물을 뿌리니 저 하소연할 데 없는 백성들에게 무슨 죄가 있단 말인가? 우리 선왕(정조) 때에 와서 은혜로운 분부를 내려 노비추쇄법을 특별히 없애도록 하자 늙은이와 아이들은 춤을 추었다. 이렇게 크나큰 은덕과 드넓은 혜택이 온 나라에 미쳤다.

기억하건대 옛날에 선왕께서 훈계하시기를 "태평무(太平舞)를 베풀지 않아도 백성이 즐거워하고 풍류를 더해주지 않아도 백성이 기쁘게 하려면 음양이 조화를 이루어 그 정기를 거느리고 따뜻한 인의를 베풀어 그 일을 풀어나가야 한다. 그러므로 돕는 사람들이 화락해야 그 정신이 맑아지고 화락한 소리를 들어야 그 뜻이 편안해지며 화락한 말을 받아들여야 그 정사를 편안하게 하고 화락한 행동을 해야 그 덕이 편안해지는 것이다. 지금 노비라는 백성의 원통함과 억울함이 위로 하늘의 화기를 손상시켜 비와 바람이 절기에 맞지 않으니 곡식이 익지 않고 있다. 내가 이 때문에 애를 태우고 화락한 마음을 가지지 못하고 있다. 내 마음을 화락하게 함은 노비를 없애는 일에 있을 뿐이다"라고 하셨다. 조정의 신하들도 이를 듣고 칭송했다.

이제 내가 왕위를 이어 예식을 거행하니 그리운 마음으로 목 놓아 부르고 있다. 선대의 왕업을 잘 이어나갈 큰 책임과 반석 같은 큰 터전을 굳건히 하는 것은 곧 그 뜻을 이어받고 업적을 이어나가는 데 달려 있다. 뜻을 이어받고 업적을 이어나가는 데는 노비 제도를 없애는 것보다 더 시급한 일이 없다. 더구나 임금은 백성을 대함에 있어 귀천이 없고 안팎의 구별이 없으며 모두 적자(赤子)로 여겨야 한다. 그런데 사내종이니 계집종이니 구별한다면 이것이 어찌 같은 혈육으로 여기는 뜻이겠는가? 내수사의 노비 3만 8,974구, 관시 노비 2만 9,093구 모두 양인으로 만들고 승정원에 지시해 노비 대장을 모아 돈화문 밖에서 불에 태워버리게 하고 공납 가운데 관아 경비로 쓰던 액수는 장용영(壯勇營, 왕권 강화를 목적으로 하는 국왕 호위 조직)이 대는 것을 규칙으로 삼게 하라. 아, 어찌 내가 혜택을 베푸는 것이라고 하리오. 선왕이 다하지 못하고 가신 일을 닦아서 밝혀놓을 뿐이다. 이제부터 천년만년 자기 땅과 자기 집에 정착해 살며 조상의 무덤을 지키고 혼인을 제때에 하고 아들딸을 많이 낳고 농사를 제철에 짓고 즐겁게 노래를 부르며 선왕의 뜻을 체현해 백성을 자식처럼 사랑하기에 애쓰는 나의 뜻에 부응토록 하라.

주: 이때의 노비 해방은 '내시 노비'(공노비)에 국한했는데 3만 7,000여 명이 었다. 대제학 윤행임이 지었다. 여기서 선왕은 정조를 가리킨다. 본디 분량의 절반쯤으로 줄였다. 관례에 따라 언문으로 번역해 반포했다.

귀담아들으시오

(홍경래 격문, 작자: 김창시, 출전: 《관서평란록》)

관서 대원수가 급급히 격문을 돌리노니 우리 관서의 부로(父老)와 공사의 노
비는 모두 이 격문을 귀담아들으시오.

대개 관서 지방은 기자(箕子)의 옛 성이 있고 단군의 옛 터전이어서 훌륭한
인재가 많이 나고 문물이 빛났습니다. 임진왜란 때에는 나라를 다시 세운 일
이 있었고 정묘호란 때에는 목숨을 바쳐 충성을 이루었습니다. 그리하여 저
돈암(遯庵) 선우협(鮮于浹, 평양 출신의 학자로 후진 양성에 힘써 '관서 부자(夫
子)'라 일컬어짐)의 학문과 월포(月浦) 홍경우(洪景佑, 성리학자로 문사)의 재
주가 서쪽 땅에 났는데도 조정에서 서쪽 땅 버리기를 똥 무더기 치우듯 하
고 있습니다. 심지어 권세 있는 집 노비들조차 서쪽 사람을 보면 반드시 '평
한(平漢, 평안도 놈)'이라 부릅니다. 그 서쪽 사람이 된 자, 어찌 원통하고 억
울하지 않겠습니까? 나라에 급한 일이 있으면 반드시 서쪽 땅의 힘을 빌리
고 또 과거 볼 적에는 서쪽 땅의 글을 빌리니 400년 동안 서쪽 사람들이 조
정에 무엇을 등졌습니까?

지금 어린 왕이 위에 있고 척족 세력이 기승을 부려서 김 아무개, 박 아무개
같은 무리가 나라의 권세를 쥐고 흔듭니다. 이에 하늘이 재앙을 내려 겨울에
우레와 지진이 일고 살별이 나타나며 폭풍과 우박이 해마다 일어나지 않는
해가 없습니다. 이로 말미암아 큰 흉년이 들지 않았는데도 주려 죽은 자가
길에 널려 있고 늙은이와 어린애의 시체가 산골짜기를 메웠습니다. 남은 생
민이 모두 쇠잔해 이리저리 떠돌고 있습니다.

그러나 오늘 다행히도 세상을 구제할 성인이 나타나 철기 10만으로 부정부

패를 숙청할 뜻을 가지고 있습니다. 하지만 이곳 관서 땅은 성인께서 나신 고장이므로 차마 밟아 무찌를 수 없어서 먼저 관서의 호걸들은 병자를 일으켜 백성을 구제하게 했으니 의기가 이르는 곳에서 모두들 살아남기를 기원합니다.

먼저 격문을 띄워 모든 고을의 원들에게 보내니 결코 동요하지 말고 성문을 활짝 열어 우리 군사를 맞으시오. 어리석게도 반항하는 사람이 있으면 기마병의 말발굽으로 짓밟아서 남기지 않을 것이니 명령을 따라 받들어야 할 것이오.

대원수 홍경래

주: 이 격문은 김창시가 지었다고 한다. 홍경래는 스스로 대원수라 일컬었다. 이 격문도 언문으로 번역해 돌렸다고 한다. 대중성을 확보하려는 수단이었다. 본문의 김 아무개는 김조순, 박 아무개는 박종경을 말한다.

제2부

성장하는
민중 의식,
계속되는
민중 봉기

관서 농민전쟁이 끝나고 나서 문벌 정치는 반성은커
녕 전횡을 거리낌 없이 자행했다. 이런 시대 상황에
서 문학·음악·미술 등 여러 분야에서 민중 의식이
더욱 고양되었으며 고변과 작변이 연이었다. 마침내
부정한 문벌 정치에 맞서, 1862년 남쪽 땅에서 삼남
농민 봉기가 일어났다.

이러한 변화는 새로운 시대를 열려는 움직임이었다.
그 결과, 민중 운동은 근대적 의미로 따져 '레지스탕
스'로 치달았고 새로운 반성을 불러일으켰지만 내부
의 소모가 너무 커서 제국주의 침략자들에게 빌미를
제공했다. 흥선대원군이 등장해 개혁을 시도했으나
곧이어 이른바 개항으로 '외세'라는 새로운 변수가
등장했다.

문학과 예술로 보는 민중 의식의 성장

이 시기 무엇보다 민중 의식이 성장을 보였는데 문학과 예술을 통해 드러난다. 이를 분야별로 살펴보자.

여항문학의 출현

19세기 중엽에 이르러 새로운 문학 운동이 일어났다. 중인들이 주도한 여항문학이 출현한 것이다. 가난에 찌든 서사관(書寫官, 관아에서 필사하는 일을 맡은 구실아치)·역관·천문관 등이 서울 도성 바깥에 있는 인왕산 아래에 시사(詩社)를 지어놓고 모여 앉아 시를 나누었다. 때로는 1,000여 명이 모여 왁자지껄 떠들어대면서 열기를 보였다.

천수경(千壽慶)은 중인들이 모여 살던 인왕산 아래 옥류동(지금의 서촌)의 삼간초옥 뒤 석벽에 '송석원(松石園)'이라는 글씨를 새겨놓았다. 이 글씨는 추사 김정희(金正喜)가 전자(篆字)로 써준 것인데 돌에 새길 경비도 없다고 해서 그 경비마저 대주었다고 한다. 이곳에 중인들이 모여들어 시 모임을 가진 것이다. 사람들은 이를 두고 두 글자를 더 붙여 '송석원 시사'라 불렀다.

맹주는 물론 천수경이요, 이를 실제로 이끌어간 사람은 장혼(張混)이었다. 원체 가난을 밥 먹듯 한 인사들이었으니 술값이 제대로 마련될 리가 없건만 그래도 술잔이 몇 순배 돌면 주옥같은 시들이 튀어나왔다. 여기에 참여한 시인의 수가 적으면 수백 명, 많게는 1,000여 명이었다고 전하니 얼마나 성황을 이루었는지 짐작할 만하겠다. 장혼은 이곳을 두고 이렇게 설명했다.

옥류동은 인왕산에서 경치가 뛰어난 곳 중 하나이다. 골의 모양은 서북쪽으로는 파묻혀 있고, 동남쪽으로는 탁 트여 있도다. 뒤쪽은 바위 틈새의 고송들이 멀리 바라보이고, 앞쪽은 천문만호(千門萬戶)가 널려 있다. 오른쪽에는 넓은 들판이 열려 있고, 왼쪽에는 높다란 봉우리가 걸려 있어 오가는 사이 서로 감싸주고 있도다. 가운데에는 맑은 개울물이 흐르고, 꼬리에는 큰 시내가 똬리를 틀고 있어 절벽에서 댄 첫 물이 콸콸 졸졸 흐르니 거문고와 비파가 들러 있는 듯하다. 비가 내리면 폭포가 내리쏟아져 참으로 볼만하다.(《평생지(平生志)》, 《이이암집(而已广集)》)

이런 곳에 자리한 송석원에서 장혼은 평생의 뜻을 붙여두려고 했다. 그리고 이런 곳을 얻어 시우(詩友)들을 사귀고 좋은 책을 보고 꽃과 나무를 심는 등 여덟 가지 맑은 생활의 가짓수를 늘어놓았다. 또 그는 이 시사의 결성을 두고 "장기·바둑을 두고 사귐은 하루를 못 가고 권세나 이권을 위한 사귐은 1년을 못 가나 문학의 사귐은 길이 이어질 수가 있다. 옥계(玉溪)의 물가에 시사가 있으니 글씨 모이고

덕으로써 규약한다"고 했다.

역관 출신인 장혼은 소아마비로 절뚝발이가 된 장애인이었다. 그는 스스로의 호를 '이이암(而已广)'이라 했는데 반쪽짜리 인생이란 뜻을 나타냈다. 별 쓸모없는 이이(而已)와 암(庵)의 반자 암(广)을 따온 것이다. 이런 인사들이 모였으니 양반 특권에 저항적 분위기를 보일 법했지만 그저 수준 높은 시 작품을 통해 맞서보려는 것이지, 특별히 현실 부정적 경향성을 지니지는 않았다. 다만 집단 창작을 통해 새로운 기풍을 보인 것이다.

송석원 시사의 맹주인 조수삼(趙秀三)은 당시 실정에 대해 다음과 같은 구절을 남겼다.

옆집에 과부가 아홉이요
곡도 하기 전에 먼저 피눈물이 흐르네《추재집(秋齋集)》

또 백성은 주리고 추위에 떠는데 조세를 독촉하는 모습을 다음과 같이 읊고 있다.

벼슬아치는 드세게 독촉하고
이정(里正)은 채찍을 휘두르는구나
(…)
가난한 자는 아들딸 팔아먹고
부한 자는 옷마저 벗어주는구나《추재집》

그는 세상을 범상하게 바라보지 않았다. 모든 게 똑바로 보이지 않았다. 어느 때 옥천 땅을 여행하다가 누워 있는 장승을 보았다. 이에 그는 이렇게 읊고 있다.

서 있기가 고생될 터이니
소나무 아래 누워 있는 모습 신선 같구나
그대에게 각박한 세상 물어보니
멀건 눈으로 푸른 하늘만 바라보네《추재집》

이들이 벌인 여항문학은 사대부들의 음풍농월(吟風弄月)과는 주제가 사뭇 달랐다. 새로운 민중 정서를 담은 기풍을 만들어낸 것이다.

한편 이 시기 방랑 시인 김삿갓이 등장해 새로운 기풍을 불러일으켰다. 그는 세상에 불만을 품고 삿갓을 쓴 채 골골을 누비면서 한시의 모습을 빌린 저항의 시를 토해냈다. 그가 지은 시는 한시의 형식은 깡그리 무시하고 한자를 빌려 우리말을 작품에 심은 것이었다. 작품으로서보다 시어 구사에 있어 독창성을 보였다고 할 수 있다.

어느 날 그가 함흥에 있는 함경도 감영 앞을 지나가게 되었다. 그는 화려하게 꾸민 선화당의 현판을 보고 시 한 수를 읊었다. 이 시를 사람들은 〈낙민루(落民淚)〉라고 불렀다.

교화를 베푼다는 선화당에서 화적 떼의 짓거리를 펴니	宣化堂上宣火黨
백성이 즐긴다는 낙민루 아래에서 백성의 눈물이 떨어지니	樂民樓下落民淚
함경도 아래 모든 백성들이 모조리 놀라 달아나니	咸鏡道下咸驚逃
조기영의 집안 어찌 오래 버틸 조짐이랴	趙冀永家兆豈永

선화당(宣化堂)을 선화당(宣火黨), 낙민루(樂民樓)를 낙민루(落民淚), 함경도(咸鏡道)를 함경도(咸驚逃), 조기영(趙冀永)을 조기영(兆豈永)이라고 동음이의어를 섞어 풍자하는 시어를 구사하여 함경 감사 조기영의 부정행위를 고발한 것이다. 조기영은 문벌 정치의 중심인 풍양 조씨 출신의 벼슬아치였다.

김삿갓의 시는 전국에 걸쳐 널리 애송되었다. 그는 1863년에 죽을 때까지 30여 년 동안 세상을 조롱하고 풍자하는 수많은 일화와 작품을 남겼다.

방간본 소설의 유행

조선 후기에는 국문소설이 서민들 사이에서 유행을 탔다. 민간에서 목판으로 찍은 방간본(坊刊本)이라는 이름의 책들이 팔리는 시대 분위기와 맞물린 것이었다. 원래 방간본은 16세기부터 판매가 시작되었으나 활발하지 못했다. 관가에서 경서를 비롯해 유명 유학자의 시문집을 경비를 대서 간행하고 있어서 민간 주도의 상업 출판이 성장하기 어려웠다. 18~19세기에 들어와 서울과 전주 등지의 서책 상인들이 영리를 목적으로 책을 대량으로 찍어 장터에 내다 팔았지만 관가에서는 이를 막지 않았다. 이 방간본을 지역에 따라 경판(京板, 서울) 또는 완판(完板, 전주)이라 불렀다.

민간에서 수요가 많은 《천자문(千字文)》, 《동몽선습(童蒙先習)》, 《소학(小學)》, 《통감절요(通鑑節要)》 등의 교과서들이 판매를 선도했다. 이 책들은 장기 스테디셀러였다. 19세기 무렵에는 《홍길동전(洪吉童傳)》, 《춘향전(春香傳)》, 《심청전(沈淸傳)》, 《흥부전(興夫傳)》 등 40여 종의 소설이 서사(書肆)와 시장에서 판매되었다. 허균(許筠)이 지은 《홍길동

전》은 최초의 국문소설로 꼽히는데 '서자 차별의 철폐'를 주제로 내걸어 스테디셀러가 되었다. 이와 달리 《춘향전》은 사랑 이야기를, 《심청전》은 효녀 이야기를, 《흥부전》은 인색한 형과 착한 동생의 대비를 줄거리로 삼았는데 모두 베스트셀러였다. 중국 소설인 《삼국지연의(三國志演義)》와 《서유기(西遊記)》 등도 한자리를 차지했다. 이 소설들은 거의 작가가 밝혀져 있지 않은데 비록 권선징악으로 결말을 짓는 정형성을 지니고 있으나 유교 엄숙주의를 배격하고 사랑을 주제로 내세우거나 해학과 풍자를 바탕으로 서술되어 서민들 사이에서 인기를 누렸다.

《춘향전》은 예전부터 떠돌던 남원 지방의 얘기를 윤색해서 소설로 구성했다고 한다. 《옥중화(獄中花)》 등 이본이 많았다. 판소리 〈춘향전〉의 경우, 춘향이 남원 부사의 비리를 늘어놓고 수청 요구를 거절해 감옥에 갇히며 이 도령이 암행어사로 출두하는 이야기로 이어지지만 이몽룡과 혼인한 춘향이 연안 이씨 종부가 되어 서울 삼청동에서 아들딸을 낳고 행복하게 살았다는 이야기로 결말을 짓는다. 이때 기생의 딸이 삼한갑족(三韓甲族, 대대로 문벌이 높은 집안)이라는 연안 이씨의 종부가 되었다는 줄거리는 전혀 현실과 맞지 않는다. 그런데도 독자들은 외면하지 않았으며 탐관오리인 변학도를 지탄하는 독자 의식을 보여준다.

《흥부전》도 5대 문벌에 속한다는 반남 박씨(또는 연씨)의 후예를 주인공으로 내세워 놀부는 둘도 없을 구두쇠, 흥부는 둘도 없을 무능력자로 만들었다. 더욱이 흥부가 관가에서 매품을 판 얘기를 엮어 당시 관부의 부정을 꾸짖었다. 《심청전》의 심 봉사는 조선 시대에 왕비를 가장 많이 배출한 집안의 후예로 설정했다. 그리고 뺑덕어멈을 통해 심 봉사를 해학의 수법으로 농락했다. 하지만 관가에서는 이런 소설의 판매를 금지시키지 않았다. 당사자인 연안 이씨나 반남 박씨 문중에서도 모른 채 내버려두었다.

한편 누군가 장터에서 이 책들을 사 들고 돌아오면 마을에서는 언문을 읽을 줄 아는 아낙네가 동네 사람들을 모아놓고 낭송을 해주었다. 듣는 이들은 한숨을 토해내기도 하고 박수를 치기도 했다. 장터에서는 강담사(講談師, 이야기꾼)가 자리를 펴고 낭송을 해주었고 청중은 사례로 돈 몇 푼을 던져주었다. 삼강오륜을 배운 선비들도 이 소설에 빠지는 경우가 많았다. 《소학》이나 《명심보감(明心寶鑑)》과 같은 수신 교과서는 골방으로 밀려나는 형국이었다.

이렇게 해서 방간본 소설은 서민문학의 획기적 발전을 이룩했다. 이후 근대소설이 유행하면서 차츰 기력이 쇠약해지기 시작했지만 신소설이 유행한 뒤에도 판소리와 창극 등으로 장르를 달리해 공연되었고 현대에도 다양하게 각색되어 연극·영화·드라마 등의 원전으로 대중과 함께하고 있다.

민중 정서의 꽃, 민요

민요는 민중의 의식과 정서를 자연스레 전파했다. 숲속에 선 나무처럼 그 뿌리는 과거 속에 박고 있으면서 새로이 가지를 뻗고 잎이 돋아났다. 다시 말해 과거로부터 쌓여온 억압과 원한에 뿌리를 박고 있으면서 현실의 굴레와 모순에 부딪혀 울분과 슬픔과 갈망을 토해내며 생명력을 지니게 된 것이다.

조선 시대의 민중 음악은 신라와 고려에서 불린 향가의 영향을 받은 민요로부터 비롯되었다. 민중은 압제를 받으면서 노래와 가락으로 한을 풀고 씻으려 했으며 풍자로 양반들을 이죽거렸다. 여성들도 고된 삶을 한탄하면서 신세타령의 가락으로 스트레스를 풀었다.

조선 후기에는 이앙법(移秧法, 모내기법)이 널리 보급되어 두레라는 방식으로 공동 노동을 했다. 모내기·밭매기 등을 할 적에 노동의 능률을 올리는 노래를 집단으로 불렀고 산에 땔나무를 하러 갈 적에는 지게 목발을 두들기며 노래를 불렀으며 여인네들이 집안일을 하거나 길쌈을 할 적에도 〈베틀가〉를 불렀다. 오늘날 〈농부가〉를 비롯해 〈방아타령〉, 〈옹혜야〉 등이 전해진다. 어부들은 그물을 싣고 바다에 나가 고기잡이를 한 뒤 만선기를 달고 돌아와 잡은 고기를 부릴 때까지 쉴 새 없이 노래를 불렀는데 〈배 떠나는 소리〉, 〈삿대질 소리〉 등이 전해진다.

이 노래들을 노동요라 한다. 민중은 악보도 없이 들은 대로 또는 즉흥으로 가사와 곡을 만들어 불렀다. 축제의 장이나 일터에서는 장구, 북, 꽹과리, 나팔, 피리와 같은 악기가 동원되기도 했지만 나무꾼이나 어린이들은 댓잎이나 풀잎으로 손쉽게 악기를 만들었다. 노동요는 대체로 메기는소리와 받는소리로 구분되는데 곡조가 경쾌하고 윤택한 생활을 염원하는 가사가 많다. 조선 말기에 들어 전국적으로 신민요가 번졌는데 지방을 중심으로 나눠볼 수 있다. 경기 지방에서는 〈창부타령〉, 〈군밤타령〉, 〈방아타령〉, 〈늴리리야〉, 〈도라지 타령〉 등을 많이 불렀다. 이를 경기민요라 한다. 평안도와 황해도에서는 〈수심가〉, 〈배따라기〉, 〈난봉가〉, 〈몽금포타령〉 등이 많이 불렀는데 이를 서도민요라 한다. 호남 지방에서는 〈육자배기〉, 〈까투리타령〉 등이 많이 불렸는데 이를 남도민요라 한다. 경상도·강원도·함경도 등 동해안 지대에서는 〈한오백년〉, 〈옹혜야〉 등이 많이 불렸는데 이를 동부민요라 한다.

　이 시기에는 새로운 형태의 민요인 잡가도 등장했다. 지역별로는 서도잡가, 경기잡가, 남도잡가로 나뉜다. 〈유산가〉, 〈새타령〉 등이 있는데 주로 인생의 희로애락을 담았다.

　신민요란 이름으로 대표되는 민요는 〈아리랑〉과 〈파랑새〉일 것이다. 〈아리랑〉은 어원이 분명치 않으나 이별을 뜻하는 가사로 엮여 있다. 초기에는 〈진도아리랑〉, 〈밀양아리랑〉, 〈정선아리랑〉 등이 유명했는데 전국에 걸쳐 가사와 곡조를 달리하는 여러 종류의 〈아리랑〉이 불렸다.

　　　아리랑 아리랑 아라리요 아리랑 고개를 넘어간다.
　　　나를 버리고 가시는 임은 10리도 못 가서 발병 난다.

　첫 구절은 거의 이렇게 연다. 부모나 자식을 잃은 사람들, 고통에 찌든 사람들, 고향을 떠난 사람들, 압제를 받는 사람들, 나라를 잃은 해외 이주민과 망명객들이 이 노래에 원망과 한탄과 이별을 담아냈다. 〈아리랑〉의 가사는 지역이나 사람에 따라 때때로 달라져 수백 종에 이르지만 곡조만은 거의 비슷하다. 오늘날에도 다양하게 편곡되어 국내와 해외에서 끊임없이 불리고 있다. 그렇게 〈아리랑〉은 국민 민요로 자리를 잡았다.

　1894년에 동학 농민군 지도자인 전봉준이 잡혀 죽자 〈파랑새〉가 전국적으로 불렸다. "새야 새야 파랑새야 녹두밭에 앉지 마라. 녹두꽃이 떨어지면 청포 장수 울고 간다"로 시작된다. 여기서 녹두꽃은 민중의 희망인 전봉준을 뜻했다. 이 노래는 한 걸음 나아가 고된 시

집살이를 하는 아낙네 등 서러운 민중이 부르는 노래로 바뀌었다.

한편 농악(풍물놀이)은 오늘날 새롭게 각색되어 대중에 다가가고 있다. 김덕수(金德洙)가 이끄는 사물놀이는 세계를 누비면서 공연하고 있다. 사물은 북, 장구, 꽹과리, 징 등 4개의 전통 악기를 기본으로 해서 하모니를 이루며 역동적으로 연주된다.

판소리와 탈놀이

신민요와 함께 판소리가 등장했다. 판소리는 민요와는 달리 연극적인 줄거리를 가미해 일정한 틀 속에서 이루어진다. 소리꾼들은 관청의 행사나 양반 부자들의 잔치에 불려가는 경우가 많았다. 그래서 처음에는 점잖은 가락을 펴다가 대본에 없는 '아니리'를 엮어냈다. 벼슬아치들이 모여 있으면 슬쩍 야유를 집어넣었고 아낙네들이 모여 있으면 규방의 슬픔을 집어넣었으며 농부들이 모여 있으면 원님이나 탐관오리에 대한 꾸짖음을 집어넣었다. 그러면서 구수한 재담과 음담패설을 늘어놓아 관객의 한숨과 눈물을 금방 웃음판으로 바꾸어놓았다.

19세기 말의 소리꾼 신재효(申在孝)는 아전 출신이었는데 고향인 전라도 고창에 조선 최초의 판소리 학당 '동리정사(桐里精舍)'를 열어 판소리를 정리하고 소리꾼을 길러냈다. 종래의 판소리 가사들이 난잡하고 내용이 들쭉날쭉해서 가다듬고 체계를 세워 판소리 다섯 마당을 정리했다. 그 줄거리는 대부분 방간본 소설이 중심이 되었다. 판소리는 '판을 벌이고 부른 소리'라는 뜻인데 민중의 노래라 볼 수 있으나 차츰 양반이나 벼슬아치들이 즐겨 들었다. 특히 섭정을 한 흥선대원군과 온갖 스트레스에 시달렸던 고종과 명성황후가 판소리를 좋아해 신재효를 궁중에 불러 공연하게 했고 뒤에 그 공을 인정해 그에게 높은 관직을 내려주기도 했다. 그리해 판소리는 지배 문화와 서민 문화가 어우러지는 모습을 갖게 되었다.

판소리 다섯 마당의 주제를 살펴보자. 〈춘향가〉에서는 기생이 탐관오리에 맞서 정절을 지키려 항거하다가 연안 이씨 양반 가문의 종부가 되며 〈심청가〉에서는 왕비를 가장 많이 배출한 청송 심씨의 후예가 몰락해서 소경으로 무지렁이 짓을 한다. 〈흥부가〉에서는 5대 양반으로 꼽는 반남 박씨의 후예인 형제를 하나는 구두쇠로, 하나는 어리숙한 낙오자로 만들며 〈수궁가〉에서는 임금으로 상징되는 용이 신하들에게 놀아나고 민중으로 상징되는 토끼는 벼슬아치로 상징되는 호랑이를 마음껏 농락하고서 이상의 나라인 달에 가서 산다. 〈적벽가〉에서는 전쟁터의 군사들이 삼대독자도 끌려 나오고 신혼 첫날밤에 끌려 나오고 자식이 밥 달라고 울어대는 모습을 보면서 끌려 나오고 늙어빠진 몸으로 권속들의 아우성을 팽개치고 끌려 나왔다고 고발한다. 얼핏 보면 그저 우스갯소리로 들리나 내면에는 그 시대의 신분 차별과 부정·불의를 벗겨 꾸짖는 고발정신과 민중 정서가 일정하게 깔려 있다. 이것이 18세기 이후 태동한 서민 문화의 한 흐름이었다.

탈놀이는 조선 후기인 18세기부터 민간인 주도로 유행을 타며 곳곳에서 공연되었다. 두 갈래로 전래되었는데, 하나는 서울 변두리인 양주(지금의 서울시 아현동 애오개)를 중심으로 했고 다른 하나는 송파(지금의 서울시 송파구) 장터를 중심으로 벌어졌다. 송파 장터는 내륙과 서울을 잇는 상업 통로였다. 이 두 패는 전국을 다니면서 순회공연을 하기도 하고 명절이나 기우제에 초청되기도 했다. 19세기에 들어서는 전국으로 번졌는데 황해도의 〈봉산탈춤〉, 경상도의 〈오광대놀이〉, 함경도의 〈북청사자놀이〉가 유명했다. 탈굿의 춤으로는 곱사춤, 명석말이춤, 양반춤 등이 곁들여졌고 탈도 각시, 백정, 할미, 초랭이 등 그 인물의 모양새에 맞춰 만들어졌다. 내용은 승려의 타락과 양반의 부패, 서민의 고통이 주를 이루었다. 특히 양반을 조소의 대상으로 삼았다.

한편 순수한 민간전승의 탈놀이도 있었다. 주민들이 어우러져 공연했는데 안동 하회의 〈별신굿〉, 강릉의 〈단오굿〉 등이 유명하다. 유교 의식으로 행사를 벌인 동신제(洞神祭, 마을을 지켜주는 신인 동신에게 공동으로 지내는 제사)와 무속 행사의 당산제(堂山祭, 당산에서 산신에게 지내는 제사)가 어우러진 복합 문화의 성격을 띠었다. 여기서도 중과 벼슬아치와 양반을 조소하는 얘기를 깔았다. 또 무당들이 주재하는 탈굿으로는 〈병신굿〉, 〈도깨비굿〉 등이 있었다.

전문 연극인인 남사당패는 40여 명씩 패를 지어 전국을 떠돌면서 마당극을 벌였다. 한 마당에 여섯 가지 놀이를 벌이는데 농악을 울리는 풍물, 대접을 돌리는 버나, 땅재주를 보이는 살판, 줄타기를 하는 어름, 탈놀음을 하는 덧배기, 꼭두각시놀음인 덜미 등이 공연되었다. 이들은 잔돈푼을 받았는데 때로 여자들이 성매매를 하기도 해서 천민 대우를 받았다. 이 마당극은 현대 서커스의 원형이라 할 수 있다. 현재도 경기도 안성에서 공연하며 전승되고 있다.

진경산수화와 풍속화

조선 후기에는 한국 미술이 중국의 화풍을 벗어나 독창성을 추구하면서 새로운 전기를 맞이했다. 이를 두 측면에서 살펴볼 수 있다.

먼저 새로운 화풍이 등장했다. 한 무리의 화가들이 자연을 있는 그대로 그리는 진경산수화(眞景山水畵)의 시대를 열었다. 조선 전기에는 명나라의 화풍에 영향을 받아 현실 세계에 존재하지 않는 무릉도원 따위를 그리거나 산수를 과장되고 기괴하게 그리는 등 자연과 사실을 무시하는 풍조가 있었다.

관가에 소속된 화원 출신인 정선(鄭敾)은 진경산수화를 선구적으로 개척했다. 특히 금강산, 인왕산 등 산수의 정경을 많이 그렸는데 부감(俯瞰)의 수법을 사용하기도 하고 소나무와 바위를 대칭으로 그리면서 추상적 기법도 부분적으로 수용했다. 금강산도 13점은 그의 대표작으로 꼽힌다. 정선은 서른여섯 살 때인 1711년에 천하의 명산이라는 금강산을 그리기 위해 화구를 들고 험한 봉우리와 골짜기를 헤맸다.

그의 작품 〈금강내산총도(金剛內山摠圖)〉(국립중앙박물관 소장)는 부감의 수법을 사용했는데, 오른쪽에 주산을 그리고 칼처럼 날카로운 100여 개의 크고 작은 바위 봉우리를 전면에 배치했으며 중간에 이리저리 뻗은 오솔길을 그려 넣고 나무를 듬성듬성 담아냈다. 사실주의에 충실한 그림이다. 그는 1만 2,000봉이라고 불리는 금강산 전도를 비롯해 구룡폭포, 만폭동 등을 그리면서 바위와 나무와 절과 길을 아주 사실감 있게 표현해냈다. 당시 시인들 사이에서 불던 '조선의 시'라는 풍조와 함께 '조선의 그림'을 그렸다는 평가를 받는다.

다음으로 꼽을 수 있는 화가는 최북(崔北)이다. 최북은 중인이라는 신분 때문인지 술에 절어 살면서 저항적 기질을 보였다. 어떤 고관이 그림을 그려달라고 협박하자 자신의 눈을 찔러 애꾸가 되었다는 말도 전해진다. 어느 날 금강산 구룡폭포에 가서는 '천하의 명사는 천하의 명산에서 죽는 게 만족스럽다'고 외치고 물에 빠지려 했다는 일화도 있다. 이와 같은 성격대로 그의 그림은 개성이 강하고 자유 분방하고 도전적이라는 평가를 받는다.

진경산수화의 뒤를 이어 여러 화원들이 세인의 일상생활을 담은 풍속화를 그렸다. 대표적으로 김홍도(金弘道), 신윤복(申潤福), 김득신(金得臣)을 꼽는다. 김홍도는 잘 짜인 구도로 기록화에 가까운 그림을 그렸고 신윤복은 벼슬아치와 양반을 비판하면서 해학을 담은 그림을 그렸으며 김득신은 서민의 삶을 중심으로 자연스러운 해학을 담았다는 평가를 받는다.

김홍도는 〈단원풍속화첩(檀園風俗畵帖)〉(국립중앙박물관 소장)을 남겼다. 그림의 소재는 다양했다. 조기잡이 어살도 그렸고 김매기·벼 타작 풍경도 그렸으며 약장수와 씨름꾼도 그렸다. 〈씨름〉은 씨름판의 풍경을 묘사하면서 '윤곽선 불일치의 기법'을 사용했다고 한다. 곧 인물의 경계선을 따라 색이 번져 있고 채색이 윤곽선을 벗어나 있다는 것이다. 이런 채색법은 현대에 들어 피카소(Pablo Picasso)가 〈모자상〉 등에서 사용한 기법을 방불케 한다.

신윤복의 소재는 더욱 다양했다. 그는 지주가 술병과 재떨이를 옆에 놓고 비스듬히 누어 농부들이 땀 흘려 타작하는 모습을 지긋이 바라보는 그림도 그렸고 양반의 이중성을 담은 그림도 많이 그렸다. 그 예로 〈청금상련(廳琴賞蓮)〉(간송미술관 소장)이란 그림에서는 양반 셋, 기생 셋을 그려놓았는데 양반들은 연꽃이 핀 연못가에 자리를 깔고 기생이 타는 거문고 소리를 들으면서 여흥을 즐기고 있다. 초여름일 텐데도 너덜너덜 긴 술을 단 도포를 입은 채 서서 어슬렁 거리는 양반과 그 옆에서 손이 닿지 않을 정도로 긴 담뱃대에 담배를 피우고 있는 또 다른 양반이 있다. 마지막 양반은 갓도 벗어젖히고 기생을 무릎에 앉혀 끌어안은 채 음탕한 표정을 짓고 있다. 이런 그림들은 직접적 저항을 표현한 것은 아니었으나 양반들의 질탕한 향락 생활을 그려 그 이중성과 허위성을 고발했다.

민속화는 실학 시대의 진경산수화에 영향을 받은 바가 크겠지마는 생활 모습과 풍속을 진지한 필치로 그리는 동시에 해학과 풍자를 담아내 문헌에서 찾아볼 수 없는 생활사·풍속사의 실상을 사실적으로 알려주고 있다.(이이화,《처음 만나는 우리 문화》, 김영사, 2012)

계속되는 괘서·고변 사건

관서 농민전쟁이 실패로 돌아간 뒤에도 민중은 의식의 성장에 힘입어 동력을 잃지 않고 곳곳에서 민활하게 움직였다. 그 사례로《추안급국안》,《포도청등록》등 관련 기록을 통해 주목되는 괘서·방서·투서 사건, 그리고 봉기의 과정을 알아보자.

* **진주 고변**: 1813년 여름, 경상도 성주 출신의 향반 백동원(白東遠)이 진주 병영의 비장(神將, 병사를 따라다니며 일을 돕는 벼슬아치) 백태진(白兌鎭), 밀양의 박대연(朴大淵)과 함께 진주 병사(兵使, 각 지방의 병마를 지휘하는 벼슬아치) 이회식(李晦植)을 끌어들여 일대 봉기의 음모를 꾸미려 하다가 발각됐다. 백태진은 평양 출신의 평민으로 이회식이 창성 부사로 있을 적에 친분을 맺어 비장으로 발탁되었다. 이회식은 백태진으로부터 승려 수백 명이 영유·수안·숙천 등지에서 바다로 왕래

하며 변란을 꾸미고 있다는 소문을 들었다. 백태진은 온갖 말을 만들어 바다에 있는 무리가 일본 관백(關白, 일본의 천황을 대신해 정무를 총괄하는 막부의 우두머리)에게 글을 보내 군사를 요청하고 대마도와 내통하면서 제주도를 공격해 차지할 것이라고 믿게 만들었다. 또한 스스로 교하 해변에서 배를 타고 왕래하면서 이 무리를 보았다고도 선동했다.

백동원을 비롯한 세 사람은 이회식을 유인하면서 운문산 아래에서 모이기로 약속하고 거사를 도모한다고도 전했다. 이회식도 가담하기로 했으나 끝내 겁을 먹고 고변한 것이다. 백태진과 결탁한 백동원은 이회식의 지휘 아래에 있는 군사를 동원해 난을 꾸미려 했던 것으로 보인다. 비록 순수한 민란은 아니었으나 그 계획이 관군을 동원하려는 데까지 미쳤던 것에 주목할 필요가 있다.

＊ 제주 고변: 1813년 12월 제주도에서는 양인 윤광여(尹光余)의 고변에 의해 민란이 적발되었다. 주모자는 중면(지금의 제주시)의 풍헌을 지낸 양제해였다.

민란 계획을 세운 양제해는 동조자들을 모으기 위해 백성의 억울한 사연을 관아에 알리는 등소(等訴) 작성을 평계로 모임을 갖기도 하고 계를 만들어 서로 돕는다는 구실로 집회를 열기도 했다. 이런 기회를 통해 "어리석은 백성을 유인해서 도당을 모았다"고 한다. 그는 '관서의 변란'(홍경래의 난)에 관한 소식을 듣고 계획을 더욱 굳건히 해서 양인복(梁仁福)·김창서(金昌瑞)·김익강(金益剛)·고덕호(高德好)·강필방(姜必方) 등 도당을 모아놓고 "근래에 섬 백성의 부역이 고통스럽고 무거워 편안히 살 수가 없다"며 도민을 선동했다. 그리고 제주

74

관할의 목사·현감 및 아전들을 죽이기로 모의했다. 거사에 성공한 뒤 섬의 배를 육지로 내보내지 말고 육지의 배가 오면 그 재물을 빼앗고 배를 엎어버려 일절 북로(北路)와 통하지 못하게 한다는 계획도 세웠다. 이렇게 되면 "후환이 없을 것이요, 길이 안락이 보장된다"고 주장했다. 동조자들은 더욱 늘어나서 각각 부서를 정해 역사(力士)를 모집하기도 하고 병기를 만들기도 했다. 그리고 12월 16일 밤에 먼저 제주목에 돌입하기로 작정하고 이어 정의·대정의 관아를 습격한다는 일정을 짰다. 여기에 전위대로 자신의 아들 양일회(梁日會)도 포함시켰다.

고변에 의해 거사 계획이 탄로 나자 양제해는 도주했다가 잡혔다. 지탄의 대상이 된 목사 김수기(金守基)는 무고한 농민과 어민들까지 잡아들여 무지막지하게 다루었다. 7명이 매에 맞아 죽는 지경에 이르렀고 그 외에도 모진 형벌을 가해 여러 명을 죽였다. 조정에서는 조사관으로 이재수(李在秀)를 파견했다. 그는 보고에서 "이 난을 일으킨 변고는 실제 학민(虐民, 백성을 가혹하게 대하는 일)의 폐단에서 연유한 것이다. 관장은 출척(黜陟, 못된 사람을 물리치고 착한 사람을 등용하는 일)의 법에 따라 조사를 받아야 하며 교리(校吏) 중 나쁜 자들은 면밀히 조사해서 조치해야 한다"고 했다. 그 뒤 목사는 파직되었고 조정에서는 제주 백성을 위로한다며 노인들을 모아 잔치를 베푸는 것으로 대처했다. 이 사건은 훗날 고종 연간에 본격적으로 일어난 제주 민란의 전초로서 '제주 왕국설'과 상통되는 성격을 띠고 있다 하겠다.

＊ **전주 고변**: 1817년 4월경에 전주를 중심으로 한 채수영(蔡壽永)·안유겸(安有謙)·박충준(朴忠俊) 등의 변란 계획이 고변되었다. 이들은

전주의 부호인 김맹억(金孟億)의 집을 중심으로 김계호(金啓浩)·신성문(申盛文) 등과 함께 홍경래가 죽지 않고 살아 있는데 배를 타고 와서 호응한다는 말로 민심을 선동했다. 화적인 장응인(張應人)·권훈(權壎) 등과 손을 잡고 무사들을 모아 병기를 들게 해 먼저 전라 감영을 차지하고 이어 충청 감영을 석권한 뒤 서울로 들어간다는 계획이었다. 서울에 와서는 세도가의 대신을 죽이는 것을 목표로 했다. 만일 이 계획이 성사되지 못하면 고군산에서 제주도로 들어가 다음 거사를 준비하고 대마도에 군사를 청하기로 했다. 이 모의는 박충준의 고변으로 발각되었다. 주모자 채수영은 오랫동안 사회적 비리에 반감을 품고 약장수나 행상으로 가장한 채 떠돌아다니면서 동조자들을 끌어모으고 인심을 선동하는 말을 퍼뜨리고 다녔다.

조정에서는 국청(鞫廳)을 차려 가담자들을 신문하면서 "죄인 몇 명을 취조·신문할 적에 감히 말할 수 없고 감히 들을 수 없는 지흉절패(至凶絶悖)의 말을 제멋대로 뇌까렸다"고 했다. 이 사건에서는 화적과의 공모, 제주로의 도주와 대마도에 군사 요청, 홍경래 불사설 등이 주목을 끈다.

* 청주 괘서: 1826년 5월에 청주의 충청 감영 앞과 청주성 북문에 봉기를 선동하는 방서가 내걸렸다. 그 끝에는 주동자들의 실명이 연달아 나열되어 있었다. 감영에서는 사전에 실명의 주동자들을 잡아들여 난을 방지했는데 그 주모자인 김치규(金致奎)의 추국 내용은 이러했다.

요서와 참서(讖書)를 탐독하고 이름과 호를 거짓으로 꾸며 성인이나 도사,

장군이나 원수라 칭하기도 하고(《승정원일기》에서는 '칠자도삭(七字刀削)'이라 한 것으로 보아 왕이라 칭한 듯함) 강화도에 있다거나 태백산에 산다고 하고 홍경래 등 여러 도둑들이 죽지 않았으며 그들과 탐라(제주도)에서 모이기로 약속했다고 말하면서 허황한 말을 전파해 인심을 선동하고 소요를 일으키려 했다.(《추안급국안》)

김치규는 이런 방법으로 청주 일대에서 봉기를 주동하고 동조자들을 규합했다. 그는 약속된 기일을 정하고 실명과 거주지를 써서 봉기를 선동했다. 또한 "동조자들이 말을 들으면 함께 봉기하고 듣지 않으면 죽이겠다"고 말했다고 한다. 그는 하수인 이창곤(李昌坤)에게 방서를 써서 붙이라고 지시했고 이창곤은 각목지인(刻木之印, 나무 도장)과 파자지점(破字之占, 글자를 풀어쓴 점)으로 동조자들을 선동했다. 이들은 동조자들의 이름을 적은 책자를 각자 지니고 있었으며 충군으로 풍덕에 머물던 신강(申綱)과 연락해 그곳의 병졸을 동원하려는 계획도 세웠다.

많은 연루자들이 도망갔다가 여섯 달 후인 같은 해 11월에 재차 거사를 도모했다. 충청 감영의 퇴직 관리인 박형서(朴亨瑞)가 진천 병영에 흉서를 투입했다가 체포되었고 그 주동자인 정상채(鄭尙采)는 영월에서, 정길룡(鄭吉龍)은 충주에서 체포되었다. 정상채의 추국 내용에 따르면 "홍경래가 죽지 않았고 서적(西賊, 홍경래 일당)은 진승·오광(중국 진나라 말기에 최초로 농민반란을 일으켰다가 실패한 인물들)의 무리에 지나지 않으며 병화(兵禍)는 섬에서 일어날 터인데 정재룡(鄭在龍)이라는 진인이 지금 홍하도에서 도당을 모아 명첩(名帖)을 섬에 보내고 군복을 만들기 위해 면포를 사들였다는 따위 말을 만들어냈다 (…)

참 난리는 이 뒤에 일어난다는 말을 만들어내 전파시키고 인심을 선동했다"고 한다.

조직의 주요 인물

이름	출신지	거주지	비고
김치규	중화	청안	주모자
이창곤	진천	음죽	하수인
유성호	미상	청주	연루자
신강	미상	풍덕	충군 죄인
박형서	미상	청주	퇴직 관리
정상채	미상	영월(체포한 곳)	재차 모의
정길룡	미상	충주(체포한 곳)	재차 모의

이외에도 많은 연루자가 체포되었고 이들은 시와 가사 세 편을 만들어 외우면서 난을 선동했다고도 한다.

* **동래 고변**: 1836년 12월, 괴한이 동래 왜관(倭館)의 담을 넘어 투서하다가 그곳을 지키는 일본인에게 잡힌 일이 있었다. 이 괴한은 오위장(五衛將, 오위의 군사를 거느리는 장수)이었던 천기영(千璣英)인데 그 투서의 내용은 "우리나라에서 군사를 일으키고자 하니 왜국에서 원병을 보내달라"는 것이었다. 현장에서 붙잡힌 천기영은 동래부로 넘겨져 변란 모의를 자백했다. 이에 연루자 30여 명이 체포되었고 그 주모자는 남응중(南膺中)으로 밝혀졌다.

남응중은 서울 출신의 양반으로 충청도 목천에 이사 와 살면서 부안의 왕등도 등지를 다니며 돈과 곡식을 수합하는 등 자금을 마련했다. 그는 울릉도에서 군사를 양성하기로 하고 그곳에 부하들을 배치했다. 그리고 경기도 연천 출신으로 충청도 정산에 옮겨와 살던 남공언(南公彦)을 동조자로 얻었다. 이어 청주의 구실아치인 최겸효(崔謙孝)를 끌어들여 거병한 뒤에 내응을 얻기로 했다. 남응중은 일본 옷을 입고 일본 배를 타고서 그 나라에 들어가 원병을 청할 계획도 세웠다. 원병을 얻으면 먼저 청주성을 빼앗아 차지할 작정이었다. 9월경에는 이국보(李國甫)·문헌주(文憲周) 등 32인을 모아 금자(金字, 금박 글자)와 묵서(墨書, 먹물로 쓴 글씨)로 회맹(會盟)의 명부를 만들고 결의를 다졌다. 도총집(都摠執)은 남응중, 부총집은 남경중으로 정했다. 그리고 거사하면 울릉도에서 양성한 군사들이 힘을 보낼 거라고 공언했다.

천기영의 자백으로 연루자들이 잡혀왔고 남응중의 집에서는 그 증거물, 곧 조총·창·칼 등이 발견되었다. 남응중은 의병을 일으키려 한 사실은 인정하면서도 '울릉도 양병설'은 인심을 선동하기 위한 거짓말이라고 진술했다.

이 변란 모의에 연루된 18명이 효수되었다. 이 사건은 양반 일족·구실아치·무인 등이 주축이 되어 난민을 모으려 한 것으로 특히 울릉도 양병·대마도 원병 등의 내용이 주목을 끈다.

＊**한성 고변**: 1844년 8월에 민진용(閔晋鏞)의 작변이 발각되었다. 민진용은 부여 출신의 무인으로 의업(醫業)을 하는 이원덕(李遠德), 떠돌이 최영희(崔英熙) 등과 결탁해 무관·서얼·퇴군을 포섭하고 변란을 꾀했다. 이들은 요설을 퍼뜨리고 귀신같은 능력의 장수가 나타났다고 꾸며내며 민심을 선동했다. 또한 '의장(義狀)'이라는 회원 명부를

만들어 봉기를 꾀하다가 서얼 이종락(李鍾樂)의 고변으로 불발에 그치고 말았다. 서울에서 곧바로 군사를 일으킨다는 계획과 하급 벼슬아치들을 동원한 모반이라는 점에서 주목을 끈다 하겠다.

* **해서 고변**: 1851년 9월에 황해도를 중심으로 모반을 꾀한 사건이 고변되어 그 주모자로 채희재(蔡喜載)·기덕우(奇德佑)·유홍렴(柳興廉) 등이 체포되었다. 이들은 이서(吏胥, 말단 구실아치)·의원 등으로 오랜 준비를 거쳐 봉기를 계획했다. 다른 이서·별장(別將, 산성의 수비를 맡은 장교)을 끌어들여 대청도·초도 등지에서 병기를 저장하고 군사를 훈련시켜 황해도·평안도의 민인 4,000여 명을 동원하려 했다. 또 구월산성의 별장 최치각(崔致珏)을 끌어들여 그 무기를 동원할 계획을 세우기도 했다.

고변의 내용에 의하면 구체적 행동 계획으로는 "그네들 무리가 오는 9월 17일에 일로(一路)는 먼저 안악 관아에 들어가 병부를 빼앗은 뒤 그 고을을 차지하고, 또 한 무리는 곧바로 황해 감영으로 들어가 병부를 빼앗고 그 성을 차지하며, 나머지 한 무리는 이서인 김재익(金在益)과 내통해 문화현으로 들어가 병부를 빼앗고 그 고을을 차지한다. 마지막으로 평양에 모아놓은 무리와 일시에 합류해 곧바로 서울로 쳐들어간다"고 했다.

이 고변에 의해 수십 명의 연루자가 체포되어 공초를 받았다. 그 결과, 이들이 영남까지 세력을 뻗치려 했고 편의와 내통의 징표로 독자적인 표지를 지니고 다녔다는 사실이 드러났다. 이들은 우두머리·책사·자금책을 두고 이서와 내통해 병기·군량을 준비하는 등 관서 농민전쟁의 준비 과정을 모방했다. 관서·해서의 소외된 세력을 모으려 했다는 점 또한 관서 농민전쟁과의 유사성을 보여준다 하 겠다.

＊영양 작변: 1852년 7월 경북 영양에서 변란 모의가 있었다. 이 고을에 사는 정우룡(鄭禹龍)과 그 아들 정자성(鄭自性), 이상우(李尙友) 와 그 아들 이윤경(李允慶) 등이 일대 민란을 모의했다. 이들은 무리 를 모아 유언비어를 퍼뜨리고 난민을 규합하려고 했다. 특히 정자성 은 환술을 믿고 도리에 어긋나는 흉계를 꾸몄다. 이들은 "밭을 가는 사람과 집 짓는 사람은 모두 모이라"고 외치며 7월 7일, 그곳 주변에 있는 검마산에서 거사하기로 했다. 또 민심을 충동질하고자 울릉도 의 도적들과 내통해 10일에 합세하기로 약속이 되었다고 선동했다. 정황이 드러나면서 많은 수의 연루자가 체포되었다. 조정에서는 안 핵사를 파견해 난민 3명을 효수에 처했으나 지탄의 대상이었던 현 감 및 아전에 대해서는 아무런 조처도 취하지 않았다.

＊봉화 흉서: 1853년 12월 봉화에 역모를 도모하는 흉서가 나붙었 다. 심문 기록에 의하면 그 내용은 경상 감사의 비밀 장계(狀啓, 왕명을 받고 지방에 나가 있는 신하가 자기 관내의 중요한 일을 왕에게 보고하는 일)가 칼 로 모두 오려냈다고 한다. 그 까닭은 "흉언구자(凶言句字)를 등서(謄書) 에 쓸 수 없었기 때문으로, 어떤 말인지는 모르겠으나 감히 쓰지 않 았다면 그 패악함을 알 수 있겠다"고 말하고 있다. 또 철종의 장인이 자 안동 김씨의 중심인물이었던 김문근(金汶根)은 임금 앞에서 "이제 흉서를 보니 모골이 모두 솟구칩니다. 반역을 꾀함이 어느 때에 없 으리오마는 이와 같이 지극히 흉하고 참람한 적은 일찍이 없었습니

다. 비록 입을 찢고 손을 난도질해도 오늘의 분을 설욕할 수가 없습니다"라고 말하고 있다. 임금을 몰아내고 세도정치를 타도하자는 내용임을 알 수 있겠다. 또 "울릉도의 말"이 나오고 "선동", "흉모"라는 구절이 보이는 것으로 보아 반역거병(反逆擧兵)을 도모했음을 알 수 있다.

어쨌든 삼남 지방에 범인 체포령이 내렸고, 특히 호남의 뱃사람들이 당시 그곳에 상륙했다 해서 전라도에 일대 수색령이 내렸다. 그리하여 전라 감영에서 연루자들을 잡아들이기도 했다. 끝내 범인을 체포하지 못했다 하여 좌우 포도대장이 연달아 파면·유배되는 사태까지 유발하기도 했다. 이 흉서·괘서 사건은 바로 민란의 전초 단계로, 민란이 모의 과정이나 준비 단계에서 불발로 그친 것이었다.

늘어가는 불만과 공허한 대책

이 밖에도 관권에 대항하거나 관원을 농락하는 일이 흔히 벌어졌다. 유형별로 살펴보면 다음과 같다.

첫째, 관장(官長, 관가의 장)에게 모욕을 주는 경우이다. 현지에 부임하러 가는 수령을 떼 지어 난타한다든지, 행차 시에 무리를 지어 가마를 부수고 종복을 두들겨 팬 뒤 달아났다. 둘째, 양반에 대한 능욕이다. 동네 패거리들끼리 편을 나눠 양반집에 돌팔매질을 하고 식솔들을 두들겨 팼다. 셋째, 창계(創契)·주도 등 비밀결사가 무리를 지어 횡행했다. 이들은 주로 무인·서얼 및 잔반의 파락호들로 관청이나 전직 관원의 집에 들이닥쳐 횡포를 부리곤 했다.

무엇보다 명화적이 출몰했다. 이들은 대개 깊은 산을 근거지로 삼았는데 적게는 수십, 많게는 수백·수천 명에 이르는 집단을 이루어 관가를 습격하고 마을을 약탈했다. 1815년 11월에는 용인에 출몰하던 명화적 이응길(李應吉) 등 5명이 포도청에 붙잡혀 효수되었다. 이들은 칼·몽둥이부터 총·포에 이르는 상당한 무기를 지니고 있었다. 명화적은 주로 구월산·지리산 등을 중심으로 전국 곳곳에 널려 있으면서 19세기에 들어와서는 도시, 심지어 도성에까지 출몰했다. 뒤이은 시기에는 민란의 주동자나 모반 세력과 연결되어 봉기의 행동부대로 이용되기도 했다.

방화 사건도 빈발했다. 1857년 겨울과 이듬해 정월에는 도성 충훈부(忠勳府, 공신이나 그 자손을 대우하기 위해 설치한 관청) 주변을 중심으로 십여 차례의 방화 사건이 연달아 일어났다. 범인으로 머슴이나 짐꾼으로 일하던 남대연(南大淵) 등이 잡혔는데 이들은 절도를 하기 위해서였다고 진술했다. 이 시기에 방화 사건이 곳곳에서 일어났지만 대개 범인을 체포하지 못하는 경우가 많았다. 명화적 등이 방화를 일삼았고 민란이나 모반을 일으킬 때 화공이 주요한 전술로 이용되었다는 점과도 관련이 있다 하겠다.

무기 절도나 금전 사주(私鑄, 돈 따위를 개인이 사사로이 만드는 일)도 빈발했다. 1850년대에는 서북진(西北鎭)에서 군기를 도둑질한 염처옥(廉處玉), 엽전을 사주한 박중도(朴仲道) 등이 적발됐다. 제천에서는 군기를, 구성에서는 화약을 훔쳐내는 사건이 일어나 모두 효수경중(梟首警衆, 죄인의 잘린 머리를 매달아 경계하는 일)을 했다. 또 도성의 종이나 군관들이 작란(作亂)을 일으키는 일도 흔했다.

이런 사례들은 한 사건으로 끝나는 것이 아니라 꼬리를 물고 끊임없이 계속되었다. 19세기에 들어와서는 전체적으로 증가 추세를 보였다. 이는 민란과 연결되는 당시의 사회상을 보여주는 것으로, 뒤이어 일어난 전면적 봉기의 징후였다.

앞선 사례는 물론 19세기 초 정치·사회·경제의 모순들에서 배태된 것이다. 토지제도와 신분제도의 문란과 모순의 누적으로 빈부의 격차가 심해지고 독점·특권이 심화되는 과정에서 민중의 자각과 분노가 하나의 현상으로 표출되었다. 또한 어느 때보다 빈발한 자연재해와 이양선의 출몰로 위기감이 고양되고 생활의 근거를 잃은 민심이 요동치던 당시 사회적 분위기에서도 원인을 찾을 수 있다. 어쨌든 앞선 사례에서 몇 가지 특징을 발견할 수 있겠다.

먼저 민란과 신분의 상관관계다. 민란의 주모자들은 대체로 잔반·무인·서얼·이서·의원·상인 등이었다. 모반이 정권 쟁탈의 수단이 되어 당파 및 정권 세력과의 관계에서 이루어졌지만 그 주모자는 신분상으로 소외된 계층이었던 것이다. 대체로 지식층에 속하던 이들은 자기 신분에 대한 불만, 현재 지위에 대한 소외감, 침탈에 대한 반감에서 난을 주도했고 여기에 농민층과 노비층이 동원되었다.

다음으로 이들이 봉기를 주도할 때 민심을 충동하거나 난민을 동원하는 방법에서 몇 가지 공통점을 발견할 수 있다.

첫째는 《정감록》 따위 도참설이나 이인설(異人說)을 퍼뜨리는 것이다. 신통한 술법으로 이적을 행하는 자가 있다고 퍼뜨리고 '400년 왕국설'에 따라 새로운 왕국의 출현을 약속했다. 그리고 '홍경래의 난' 이후에는 홍경래가 죽지 않았다는, 그리고 이번 난을 도울 것이라는 경래불사지설(景來不死之說), 경래내조지설(景來來助之說)을 퍼뜨려 민인들에게 믿음을 얻는 방법으로 써먹는 일이 많았다. 홍경래가 당시 민중들에게 영웅으로 비쳤다는 사실을 보여준다.

둘째는 군사 양성이나 군량미 저장 등의 목적으로 섬을 근거지로 삼았다는 얘기가 등장한다는 것이다. 그중에서도 울릉도에서 군사를 양성한다거나 일이 마음먹은 대로 풀리지 않으면 제주도를 공격해 차지한다거나 섬으로 들어가서 힘을 기른다는 얘기가 많았다. 특히 양제해 사건에서 나타난 '제주도 공취' 및 '제주도 왕국'에 관한 설은 당시 유행했던 《홍길동전》에서 영향을 받은 것으로 보이며 따라서 '율도국 건설'이 '제주도 왕국 건설'로 변용된 것이라 하겠다.

셋째는 명화적의 호응과 왜의 원병설이 등장한 것이다. '진주 고변' 또는 '동래 고변'에서 나타난 대로 이들은 왜의 원병을 끌어들이려는 노력을 자주 보였다. 다만 현실에서 어떤 경로를 통해 교섭이 이루어졌는지는 관련 자료가 거의 없을 뿐이다.

넷째는 모의 과정에서 이미 상당한 준비가 갖추어졌다는 것이다. 모반의 성격을 띤 역모나 자연 발생되는 민란 모의에서도 일단 준비는 필수적이었다. 각 계층을 망라해 다양한 동조자들을 모의에 가담시켰다. 그중에서도 군량미와 무기를 마련하는 데 있어서 자금의 동원이 중시되었다. 그리하여 부호나 거상을 끌어들였고 의원 또한 중요한 비중을 차지했다. '해서 고변' 등에서 의원이 주모자 중 한 사람으로 추대되고 있다.

당시 이런 조짐에 대해 문벌 조정은 별다른 대책을 세우지 않으면서 난민에 대해서는 효수·유배·군역·곤장 등 역적을 처벌하는 법률을 적용해 강압책으로 일관했다. 반면 지탄의 대상인 수령에 대해서는 드물게 파직·유배를 적용하는 등 미온책으로 일관하고 말단인 이서에게만 엄한 처분을 내렸다. 또 일이 벌어진 곳에는 어김없이 안핵사·안찰사·암행어사를 관례에 따라 파견했으나 회유책만으로 그쳤고 아주 드물게 조세의 탕감 따위로 민심을 무마했다.

실제 순조 연간에 토지의 침탈을 막기 위해 양전사목(量田事目, 토지조사)을 정하고 관서 농민전쟁이 일어나던 해에 각 도 군영의 진폐책자(陳弊冊子, 묵은 토지조사) 등을 정하기도 했으나 나중에 전혀 실현되지 않았다. 또 신분제도에서도 서얼허통사목(庶孼許通事目, 서얼에 대한 차별을 없애고 문무직으로의 진출을 허락한다는 규칙)을 정하고 노비 제도를 없애고자 했으나 이때는 아무런 영향력을 발휘하지 못했다. 공명첩의 남발로 양반의 특혜를 입는 계층이 많아졌고 세도가 및 수령들의 부정부패로 국가재정은 점점 파탄에 이르렀다. 일부 세력이 관직을 독점하고 있는 현상에서 위의 조처들은 한낱 공허한 대책이었던 것이다.

이런 현상에 대한 농민 또는 평민층의 요구와 불만 사항을 정확히 파악하기는 매우 어렵다. 그 실상이 관에서 펴낸 기록으로만 전해지고 있기 때문이다. 《조선왕조실록》, 《감영등록(監營謄錄)》에서는 적용률 위주로 기록했고 죄인의 문초 기록인 《추안급국안》, 《포도청등록》에서도 '불궤지도(不軌之圖)'나 '불측지화(不測之禍)' 또는 '불인(不忍)'이나 '부도(不道)' 등의 표현을 쓰며 죄인들의 주장이나 고발의 말은 기록하지 않았다. 특히 《조선왕조실록》에서 세도정치가 심화되던 시기인 헌종·철종 때에는 더욱 난의 발생과 경과에 대해 소홀히 다루고 있다. 이는 세도정치의 당사자들이 불온한 사실을 역사의 기록으로 남기기를 꺼린 탓으로도 보인다.

구월산 봉기 계획

앞선 고변·작변, 그리고 봉기의 사례에서는 연계성이 확실히 드러나지 않는다. 하지만 다음 사례에서 사료를 좀 더 면밀하게 검토해보면 서울을 비롯해 북쪽에서 남쪽에 이르기까지 일정한 연계가 있었고 이 연대를 통해 효과적으로 봉기를 준비했음을 알 수 있다.

떠돌이 고성욱의 고변

고성욱(高成旭)은 원래 경상도 상주 땅에서 태어났는데 어릴 적에 부모를 잃어 고아 신세가 되었다. 생계가 막연해진 그는 고향을 떠나 먼 일가붙이가 있는 전라도 부안에 가서 더부살이를 했고 어찌어찌해서 의술을 배워 떠돌며 돌팔이 의원 노릇을 했다. 이후 황해도 장연 땅까지 흘러들어 마흔이 다 된 나이에 아내를 얻고 노총각 신세를 면했으며 이웃 고을인 해주 땅 추야 장터에서 약국을 벌여 그런대로 먹고살 만했다. 번화한 장터에 약국을 벌였으니 장사도 잘되었고 사람 접촉도 많았다. 어느 날 문화현 월곡에 사는 유흥렴이라는 사람이 그의 약국을 찾아왔다. 두 사람은 원래 친분이 있는 사이였다. 고성욱이 포도청에 고변한 내용을 통해 사연을 들어보기로 하자.

작년(1850) 10월 13일, 유흥렴이 저에게 와서 "집에 우환이 있으니 수고롭겠지만 잠깐 와서 보살펴달라"고 했습니다. 거듭 간청하기에 그 집에 갔더니 수십 명이 모여 있었습니다. 유흥렴과 재령에 사는 기덕우와 문화에 사는 채희재 등 세 사람이 저더러 방 밖으로 나가자고 눈짓을 해서 무심코 그들을 따라 나왔습니다. 그런데 세 사람이 저를 조용한 곳으로 끌고 가 앉히더니 귓

속말로 이러지를 않겠습니까?

"지금 나라의 형편과 백성의 실정을 보니 마치 조석도 보전하기 어려운 지경일세. 이런 때를 만나서 우리가 우두커니 바라만 보고 초목과 같이 서 있을 수는 없네. 한번 나고 한번 죽는 것은 인간의 상사(常事)이니 그대의 높은 뜻은 어떠한지 모르겠네."

갑자기 이 불쾌의 말을 들은 저는 심신이 날고 구르는 것 같아 어찌할 줄을 몰랐습니다. 스스로 지금 닥친 일을 헤아려보니 이미 이리 떼의 소굴에 빠져서 몸을 빼 도망칠 수도 없었습니다. 어쩔 수 없이 거짓으로 호응하는 체하면서 일의 전말을 자세히 물어보았더니, 저네들이 그달 열이렛날 무리를 모아 내쳐 안악에 쳐들어가 그 관부를 빼앗고 성을 차지한다고 했습니다. 한편으로는 문화현의 구실아치 김재익과 사통하여 그 관부를 빼앗고 고을을 차지한 다음 평양에 모두 모여 일시에 힘을 합쳐서 곧바로 한양에 쳐들어간다고 했습니다.《포도청등록》

이 고변이 사실이라면 홍경래의 계획과 별반 다름없는 거사 모의라 할 만하다. 그 계획을 보면 태백성이 낮에 보이고 수양산의 폭포 암석이 세 번 굴러떨어진 것은 하늘이 거사의 시기를 알려주는 조짐이니, 병기는 구월산성의 호위군과 내통해 가져오고 군량미는 동조자 중 부자들이 공급한다거나 서해를 지나는 쌀장수의 배를 빼앗아 댄다고 했다. 그뿐만 아니라 구월산성의 별장 최치각 등을 장수로, 유희균(柳喜均) 등은 모사로 지정해놓았고 그 밖의 삼공육경(三公六卿, 삼정승과 육조판서)도 대개 정해놓았다고 했다.

아무튼 고성욱은 이런저런 수작을 걸다가 집으로 돌아와 그들의 동정을 살폈다. 그러다가 종적을 감추고 있던 유흥렴 등이 이듬해

3월에 다시 모이려는 기미를 알아채고 고변하러 서울로 향했다. 파주 땅에 이르러 종기가 나서 더는 올라오지 못하고 약방을 하는 정술익(鄭述益)을 찾아가 노잣돈을 준 뒤 유흥렴의 거동을 염탐하도록 했다.

정술익은 유흥렴을 만나러 갔으나 집에 없자 그의 아버지 유희균을 붙들고 수작을 걸었다. 그러나 유희균은 끝내 아들이 있는 섬 이름은 일러주지 않고 은율과 장련 사이에 있는 광광 장터에 가보라고 했다. 그리고 표지 한 장을 주며 그 장터에서 누구든지 갓 위에 표지를 붙인 자를 만났을 때 이것을 보여주면 유흥렴의 거처를 일러줄 것이라고 했다. 또 "섬에서 무리를 모으고 있으니 각처에서 함께 거사를 도모할 사람들이 일시에 모여들면 따로 거사 날을 잡지 않아도 될 것"이라고 했다.

구월산성 별장, 최치각

정술익이 가져온 표지를 입수한 고성욱은 한걸음에 서울로 달려와 좌포도청에 고변을 했다. 그런데 포도청의 군관도 만만치 않았다. 왜 이제까지 가만있다가 뒤늦게 찾아와서 고변하느냐고 따져 물었다. 이에 고성욱은 황해도와 평안도에 모인 자들이 4,000~5,000명이요, 9월 중순경에 거사할 계획이어서 더 참을 수도, 더 알아볼 겨를도 없이 왔다고 둘러댔다.

아무튼 이렇게 해서 날쌘 포졸들과 병영의 군사들은 평안도·황해도 일대를 뒤져 순식간에 수십 명을 오랏줄에 굴비 엮듯이 묶어 올려 보냈다. 맨 먼저 포도청의 뜰에 꿇린 죄인은 구월산성의 별장 최치각이었다. 그는 평안도 의주 태생으로 서른한 살의 장년이었다.

무재(武才)를 인정받고 별부료군(別付料軍, 서북 지방의 무인들에게 정원 외에 별도로 군사의 일을 맡기는 군대) 출신으로서는 드물게 구월산성의 별장이 된 자였다. 소외된 서북 지방 인사로서는 출세라면 출세일 수도 있었다.

최치각의 실토에 따르면 구월산성 별장으로 부임한 지 다섯 달쯤 지난 1850년 5월에 유흥렴이 산성으로 그를 찾아왔다. 유흥렴은 가끔 찾아들어 수작을 걸었는데 서로 시구를 주고받으며 교분을 두터이 했다. 네댓 해 전부터 산성 바로 턱밑에 초당을 짓고 "겉으로는 공부한다고 평계를 대면서 요술로 혹세무민을 일삼고 재산을 편취하는 것을 능사로 삼았던" 유흥렴이 새로 부임한 별장과 접촉을 가졌던 것이다. 유흥렴은 웬만큼 최치각의 사람됨과 뜻을 알아내고는 이렇게 말했다.

> 이명섭(李明燮)이라는 이가 지금 초도(평안도 앞바다에 있는 섬으로, 명나라에서 도망 온 장수 모문룡(毛文龍)이 한때 청나라와 유격전을 벌인 곳으로 유명함)에 있으면서 흉모를 주장하는데 무리가 매우 많소.(《포도청등록》)

이 말에 최치각은 대답하지 않았다. 그 후 무슨 까닭인지 유흥렴 일당은 황해 병영에 잡혀갔다가 놓여났고 그들이 거처하던 초당도 불태워졌다. 또 그전에 서로 알고 지내던 채희재가 최치각을 찾아와서 이렇게 말했다.

> 풍천 사는 이명섭은 종실인데 인심이 그 사람에게 쏠리오. 그는 후일 국가를 지켜낼 사람이오. 돈 1,000냥을 내서 군수물자를 마련해 대사에 동참한

다면 그 공로를 갚을 것이오.《포도청등록》

채희재는 계속해서 동모자들이 담력과 지략은 물론, 환풍호우(喚風呼雨)할 수 있는 비약을 지니고 있고 온갖 기술을 지닌 왜인 8명도 가담했으며 감영의 집사와도 내통해 호응을 얻기로 했으니 장수산성과 협력해서 거사하자고 설득했다. 이를 보면 최치각을 동조 세력으로 끌어들이는 역할은 유흥렴과 채희재가 맡았음을 알 수 있다. 그렇다면 이들이 추대하는 인물, 이명섭은 누구인가?

봉기의 얼굴, 이명섭

소현세자가 죽고 난 뒤 그 빈궁 강씨도 죽임을 당했다. 이때 소현세자에게 아들 셋이 있었는데 어머니가 죽임을 당하고 난 뒤 이들은 제주도로 귀양을 갔다. 그곳에서 두 아들은 풍토병에 걸려 죽고 셋째 아들 경안군만이 살아남았다가 뒤에 남해를 거쳐 강화도로 귀양지를 옮겼다. 1728년 이인좌(李麟佐)·박필몽(朴弼夢) 등이 노론 정권에 맞서 일대 변란을 일으켰을 적에 그들이 왕으로 추대한 이가 소현세자의 증손자인 밀풍군이었으니, 이 일로 경안군은 난이 평정된 뒤에 온갖 모략을 받고 끝내는 자결하게 되었다. 수난은 여기에서 끝나지 않았다. 강화도에 살던 후손들은 순조 연간의 역모에 왕으로 추대되었다가 죽임을 당하기도 했다.

이명섭의 아버지가 바로 이 순조 연간의 역모에 가담했다. 그는 황해도 풍천 초도로 귀양을 가서 아들 3형제를 두었다. 첫째 창섭은 이 사건이 있기 2년 전에 죽었고, 둘째 명섭과 셋째 명혁은 초도에서 나와 풍천 땅에서 농사를 지으며 살았다. 한편 초도에도 계속 근거를 두고 있었다. 1849년 7월에 김응도(金應道)·이현도(李顯道)·채희재 등이 초도로 찾아와 이명섭과 접촉했다. 그때 김응도는 이명섭에게 이렇게 말했다.

나는 강화도 마니산에서 10년 동안《주역》을 읽어서 나라의 흥망과 사람의 생사를 대략 아는데 소현세자의 후손들은 마땅히 신설(伸雪, 가슴에 맺힌 원한을 풀어버리고 창피스러운 일을 씻어버리는 일) 할 날이 있을 것이오. 또 몇 년 뒤에는 나라의 형세가 위태롭고 상하가 문란할 터인데 이 같은 때 신민이 된 자, 비분강개하지 않을 수 있겠소. 하물며 그대의 집안은 다른 사람과 다르지 않소. 왕도 될 수 있을 것이오.《포도청등록》

그러나 이명섭은 이들이 지어준 시도 이해하지 못할 정도로 무식했고 다만 조상의 억울함에 대해서만 알고 있는 정도였다 한다. 포도청에서는 그의 사람됨을 "말을 듣고 모습을 보니 지극히 어리석고 지극히 비루하다"고 했다. 아무튼 이들은 소현세자의 후손을 왕으로 추대했고 이명섭은 일이 발각된 뒤 압송 도중에 죽었다.

유흥렴은 문화현에서 아버지 유희균을 모시고 살며 자리를 짜 파는 일로 생계를 꾸리는 한편, 때때로 글을 읽는 청년이었다. 이웃해 사는 채희균(蔡喜均)과 늘 친분을 두터이 하며 뜻을 같이했다. 채희균은 말이 유생이지, 훈장 일에는 뜻을 두지 않는 떠돌이였다. 재령에 사는 기동흡(奇東洽)이 이들과 어울려 함께 일대 변란을 꿈꾸고 있었다. 사건이 발각되었을 적에 이들은 모두 30대 중반이었는데 상당한 현실감각이 있던 지식층으로 보인다.

구월산 봉기의 준비 과정

관계 기록을 통해 이들의 거사 계획을 추적해보자.

죄인들의 공초에서 경상도 풍기의 정가, 또 영남의 정가, 송도의 왕가, 영남의 주순장(朱巡將, 순장은 이름이 아니라 감영의 관직명이다), 김한두(金漢斗), 차주부(車主簿), 장원도(張元道) 등이 동모한 것으로 밝혀졌으나 그 열쇠를 쥐고 있는 유흥렴이 도망쳤기에 포도청에서 그를 찾는 데 혈안이 되었다. 기동흡은 공초에서 이렇게 진술했다.

> 대여섯 해 전에 풍기 소백산 아래에 산다는 이름도 모르는 정가가 초당(기동흡이 거사 자금을 마련하고자 장수산의 삼밭에 지은 집)에 왔는데 멀리서 외모를 보니 보통 사람이 아니었습니다. 그를 맞아들여 환대하고 하루를 머물면서 얘기를 나누는데 못 할 말이 없었습니다. 그가 내게 "산천을 두루 돌아보았는데 많은 승지 중에서도 남해 금병도의 형국이 아주 뛰어나고 생활하기가 매우 좋아 보였다. 실로 가거(可居,《정감록》에 나오는 말로, 가히 머물러 살 만한 곳이라는 뜻)의 땅이었다"는 말도 했습니다.(《포도청등록》)

기동흡은 또 유흥렴이 영남으로 내려가 주순장·김한두와 어울려 다섯 달을 지내다가 김한두를 자기 집에 데리고 와서 한 달쯤 묵게 했다고 진술했다. 실제로 유흥렴은 뒤에 다른 사건에서 밝혀진 김수정(金守楨, 김한두의 본이름)을 경상도 영천으로 찾아가 모의를 벌였고 이때는 이름을 '유주원'으로 바꾸어 활동했다고 한다.

기덕우·유희균의 진술을 보면 유흥렴은 영남 세력의 호응을 얻고자 김한두 말고도 여러 사람과 접촉했고, 반왕조적인 개성의 왕씨 세력도 끌어들이려 했으며, 충청도·강원도에까지 손을 뻗쳤던 것 같다. 이들은 동조 세력을 규합하면서 부호들에게도 손을 뻗쳤다. 맨 먼저 송도의 부호 백대현(白大玄)과 임치수(林致洙)를 끌어들이려고 했다. 백대현과 임치수는 개성의 갑부로, 삼을 비롯한 특산품을 중국에 팔고 그곳의 물품을 구입해오는 무역업으로 재물을 모았다. 이 개성상인들은 배타적이고도 독자적인 상권을 쥐고 있었으나 중앙정부와 개성 유수 또는 주변 황해도·평안도 감영의 감시나 입김을 드세게 받아야 했다. 그뿐만 아니라 그들은 고려의 고도(古都)에 살면서 전통적으로 반이조적 분위기에 젖어 있었다. 모의자들이 끊임없이 사람을 놓아 개성의 부호들과 접촉한 사실만은 분명하게 나타난다.

모의자들은 장수산에서 삼밭을 경영했다. 삼은 정부의 통제를 받는 물품이었는데 깊은 산골에다 몰래 삼밭을 벌인 것이다. 밭의 책임자는 기동흡이었고 그 옆에 지어놓은 초당에 모의자들이 수시로 드나들면서 일을 진행시켰다. 거두어들인 삼은 팔아서 거사 자금으로 쓰려고 했는데 그 규모가 30~40간이나 되었다. 이 삼밭을 근거로 장수산성의 수성군(守城軍, 성을 지키는 군사)을 흡수함으로써 산성을 아예 손아귀에 넣어 기지로 삼고자 했다.

이들은 또 석도·대청도 등 서해의 여러 섬에서 고기를 잡고 소금도 구워 팔아 자금을 조달했다. 때로는 수십 명이 섬에 붙박이로 박혀서 고기를 잡고 소금을 구워냈다. 그뿐만 아니라 이 섬들을 근거로 무역선이나 어선, 또는 조운선(漕運船, 물건을 실어 나르는 배)을 약탈하려고 했다. 군사와 무기는 동원이나 조달 이외에 산성군의 군졸과 무기를 써먹기로 했다. 장수산성을 완전히 장악하고 구월산성 또한 내응 세력으로 키우려 한 것이다. 구월산성의 별장 최치각이 모의의 전모를 알고 있으면서도 고변을 하지 않았던 것만 보아도 동조했음을 알 수 있다.

실제로 최치각은 고변하지 않은 이유를 이렇게 밝혔다.

> 제가 이런 흉패한 무리의 말을 듣고 곧바로 병영에 알리려고 했으되 다만 저네들의 황당한 말만 듣고 갑작스레 발고할 수가 없어 이렇게 늦었습니다. (…) 저네들이 여러 번 와서 흉패한 말을 늘어놓았는데도 제가 저네들의 사납고 강한 모습에 겁을 먹어 끝내 엄히 배척하지 못하고 도리어 따르는 척하면서 수작을 벌인 것은 스스로 범한 죄이니 달게 받겠습니다.《포도청등록》

최치각은 이미 도망친 유흥렴, 잡혀온 채희균 이외에는 결코 연루자들을 모른다고 잡아뗐다. 그렇지만 그는 이들의 계획에 적극 가담했던 것으로 보인다. 모의자들은 이런 최치각의 성원에 힘입어 구월산을 중심으로 활동을 펴게 되었다. 구월산의 삼성당에 모여 거사의 진행을 모의했고, 구월산 도솔암의 승려인 충국(忠國)이 가담하기도 했으며, 구월산의 삼수파(수삼파라는 산적 무리의 한 분파이거나 지명을 일컫는 듯함) 수백 명이 거사의 주축이 되었다.

명화적의 중심지, 구월산

구월산은 황해도 문화 땅에 속한다. 위쪽으로는 장련의 봉황산, 은율의 건지산이 이어져 있고 아래쪽으로는 재령의 장수산, 배천의 치악산이 깔려 있다. 이들의 중심이 구월산이었고 또 산의 규모나 웅장함이 주변에서 으뜸이었다. 남쪽의 지리산이 웅장하고 덕스러운 외동 산이라면 구월산은 작은 형제들을 거느리고 있는 알찬 형이라 할 만하다. 이 구월산을 아사달산, 궁홀산 또는 삼위산이라고도 부르는데 그 이름들은 모두《삼국유사(三國遺事)》의 단군 관계 사료에서 유래된 말이다. 단군이 평양에 도읍했다가 뒤에 이 산으로 도읍을 옮겼다는 것이요, 또 이 산에 들어와 은거하다가 신선이 되었다는 것이다. 그리하여 우리 역사에서 단군 설화에 얽힌 산으로 백두산·묘향산과 함께 구월산이 꼽혀왔다. 실제로 단군대, 어천석 등 신적(神蹟)이 있으며 삼성사(환인·환웅·단군을 모신 사당)도 있다.

구월산은 뒷날 단군 숭앙이 불교·유교에 밀려 빛이 바랠 적에 국조 신앙의 정신적 맥이 되어왔으며, 단군 신앙이 도가류와 결부되어 명맥이 유지될 적에도 묘향산과 함께 도가의 성지로 꼽혀왔다. 도가는 중국이나 우리나라와 같은 유교 국가에서는 하나의 변혁 사상으로서 산을 중심으로 전래되어왔는바, 이런 도가의 숨결이 민중의 몸에 닿는 듯 느껴지는 산으로 남쪽의 지리산, 북쪽의 구월산을 들 수가 있겠다.

그런 구월산이 어느 때부터인가 명화적의 중심지가 되었다. 기록을 보면 조선왕조 초기부터 구월산의 명화적이 조정의 관심사로 등장했는데, 중국으로 가는 사신 일행이 황해도를 지날 적에 그 많은 공물 짐을 이 산적들에게 털렸고 평안도·함경도 등지에서 한양으로 올라오는 봉물짐도 이들에게 자주 빼앗겼다. 이곳의 명화적들은 관군에 쫓기게 되면 바로 바깥쪽에 있는 황해의 섬으로 흩어지기도 했고 북쪽의 산맥을 타고 달아나기도 했다. 저 유명한 의적 임꺽정과 장길산이 모두 이 산을 중심으로 활약했다.

이런 문제를 안고 있는 산이어서 조선 중기에 산성을 쌓고 도둑에 대비하려고 했지만 조정의 뜻대로 쉽게 성과를 거두지는 못하고 있었다. 구월산성의 산성군은 그냥 성만 지키고 있을 뿐, 출몰하는 도둑들을 쫓아내거나 소탕하지 못했던 것이다. 구월산 북쪽 줄기로 세

골짜기의 물이 내려와 황해 앞에서 합해진 뒤 바다로 흘러드는데, 이것을 '수삼파'라 했다. 이 수삼파가 앞서 공초에 나온 삼수파와 무슨 연관이 있는지 모를 일이다.

이 일대의 청장년들이 이러한 지리적 배경을 지니고 있는 이 산을 중심으로 변란을 도모한 것은 우연이 아닐 것이다. 황해도 인사들은 서북 지방과 함께 인재 등용 등에서 푸대접을 받아오고 있었으며 관서 농민전쟁 때도 이곳 해주를 중심으로 적극적 호응을 벌인 바 있었다.

구월산이 있는 문화현은 문화 유씨의 뿌리가 있는 곳이다. 그리하여 이곳에는 문화 유씨들이 집단부락을 이루며 살고 있었다. 남쪽으로 내려간 문화 유씨들은 상당한 벼슬자리에 올랐지만 이곳의 유씨들은 조선왕조의 차별적인 지방 정책으로 조정에는 거의 얼씬도 못 했다. 잘못되어가는 세상을 익히 안 유흥렴은 비록 자리를 짜서 생업을 이었지만 뜻있는 아버지의 가르침 속에 뜻을 키우며 예리한 눈으로 세상 돌아가는 꼴을 주시하다가 마침내 동지들을 규합해낸 것이다.

허사로 돌아간 거사

또 한 사람, 채희재는 원래 재령 땅에 살고 있었다. 1848년에 관권의 부정, 특히 삼정의 문란이 가중됨으로써 황해도 일대 농민들의 생활이 파탄에 이르렀음을 목격하고 혼자서 서울로 올라왔다. 그는 폐막(弊瘼, 관리의 부정부패로 백성들이 입는 폐단)을 낱낱이 적어 격고(擊鼓, 나라에서 백성들이 억울한 일이나 부당한 일을 호소하면 풀어주고자 만들어놓은 제도)로 조정에 알리려고 했다. 그러나 문지기에게 목덜미를 잡혀 쫓겨나서 북 한번 두들겨보지 못했다. 그래도 굽히지 않고 호소하는 글을 적어 병조에 냈으나 도리어 잡혀서 흠씬 두들겨 맞고 말았다. 이런 채희재가 1849년 문화현 월곡에 사는 유흥렴의 이웃으로 이사했던 것이다. 이를 두고 채희재는 이렇게 말했다.

> 유흥렴과 서로 이웃해 살면서 정의가 매우 두터워 밤낮을 가리지 않고 만나 《주역》의 이치를 토론했습니다. 또 술서들을 읽으며 일동일정(一動一靜, 모든 동작)을 함께하지 않음이 없었습니다.(《포도청등록》)

재령 땅에 사는 기동흡은 사서삼경은 물론, 술서·상서·지리서 등에 능통한 재주꾼이었다. 그는 이 재주를 한번 뽐내보려고 1842년에 서울로 올라왔다. "과거도 보고 관광도 하려"고 했던 것이다. 서울에서 함경도에 사는 박가를 만났다. 그는 박가로부터 "황해에 있는 전횡도에 남경 사족들, 특히 왕씨·정씨들이 많이 산다"는 말을 듣고 그곳에 가보기로 했다. 그 후 1845년 장수산에 삼밭을 벌이고 초당을 지어놓은 뒤 3년을 독서로 지내며 술객들과 어울렸다. 1846년에 유흥렴이 그곳을 방문했다. 이때 둘은 처음 만났고 유흥렴은 뛰어난 술객 기동흡을 모사로 얻게 되었다. 이 세 사람이 바로 구월산성의 별장 최치각을 끌어들인 장본인들이었다. 아무튼 이들은 몇 차례 연기한 끝에 1851년 9월 17일을 최종 거사일로 잡았고 준비는 모두 순조롭게 진행되고 있었다. 그런데 일주일 전에 변절자가 생겨 그만 탄로 나고 말았다. 술객들이 흔히 하는 표현으로 천시(天時)가 안 맞았던 것이다. 주요 동조자들의 신상을 정리해보면 이러하다.

조직의 주요 인물

이름	나이	거주지	직업	비고
유희균	56	문화	자리 짜기	유홍렴의 아버지
정득형	38	문화	농업	모병
유염신	25	신천	농업	
유녹균	50	문화	농업	유홍렴의 숙부
유기균	27	문화	농업	
김응도	51	평산	유생	모사
김재익	56	문화	아전	내응·동조
김한두	52	영천	유생	호응(미체포)
주순장	미상	영남(고을 미상)	영교	호응(미체포)
김성열	27	개성	삼포	정보 제공
우경유	48	재령	농업	
권원희	26	송화	훈장	
조태상	40	안악	농업	
채석연	33	중화	농업	채희재의 사촌
이현배	46	장연	좌수	호응
이낙람	26	장련	농업	구월산 동조
김양정	43	은율	상업	
정치상	37	해주	영리(營吏)	내응
윤창건	52	장련	좌수	선업(船業) 출신
김재욱	40	문화	이교(吏校)	내응
충국	61	구월산	승려	
징창계	43	대청도	고리대업	
이현도	63	금천	쌀장수	
임종려	48	문화	머슴	
조시현	49	평산	좌수	호응
민희현	71	평산	훈장	
조화서	52	평산	훈장	
송정원	60	연안	농업	군교 출신
조명화	51	연안	술장수	

이 인물들을 중심으로 50여 명이 체포되었다. 표에서 본 대로 연령층은 골고루 망라되어 있고, 지역으로는 황해도를 중심으로 평안도·경상도·경기도에 걸쳐 있으며, 신분층으로는 아전·영리 등 구실아치와 유생·훈장 등의 지식층, 장사치·머슴·승려 등의 소외 계층 또는 상민·천민이 포함되어 있다. 그중에 일가붙이로 문화현의 유씨들이 많이 연루된 것이 특징이라 하겠다.

이런 분석은 바로 1812년 관서 농민전쟁의 참여 세력을 방불케 하며 부호·아전 등을 끌어들인 것 또한 홍경래의 계획과 비슷한 바가 많다고 하겠다. 그 근거지가 각각 다복동과 구월산으로 서로 다르다면 다를 뿐이다. 하지만 이토록 오랜 시일에 걸쳐 조직적이고도 치밀하게 거사를 진행시켰는데도 사람 하나 잘못 골라 일이 허사로 돌아가고 말았다.

끝나지 않은 구월산 봉기

그렇다면 주모자 유흥렴은 어디로 몸을 숨겼을까? 여러 곳에 걸친 그의 행적을 따라가보자.

서수라에 숨은 유흥렴

아버지와 형제, 그리고 일족들이 잡혀 문초를 받고 있는 동안 유흥렴은 함경도 서수라(《대동여지도(大東輿地圖)》는 '두만강 입구 녹둔도 앞에 있는 오지'라고 적어놓았다)에 가서 몸을 숨겼다. 이 서수라와 녹둔도는 바로 중국과 국경을 사이에 둔 곳으로, 조선왕조의 행정권이 제대로 미치지 못했다. 함경도의 농민들이 밤을 틈타 만주 땅으로 월경해 농사도 짓고 사냥도 하러 가던 전초기지라 할 만했다.《숙종실록》에는 명화적 장길산도 이곳으로 도망쳐와 활약했다고 적혀 있다. 아마도 여러 정황으로 볼 때 구월산의 줄기를 통해 이곳과 연결되는 산적들의 통로가 있지 않았을까 짐작된다.

당시 함경도 단천에는 유흥렴이 추대하려고 했던 이명섭의 동생 이명혁(李明爀)이 유배를 와 있었다. 유흥렴이 이 사실을 모를 리 없었다. 아버지가 참형을 당하고 모든 계획이 수포로 돌아간 마당에 이런 기회를 그냥 흘려보내고 보신(保身)에만 관심을 쏟을 순 없었다.

아니나 다를까, 1853년에 김수정이 주도한 변란 모의가 발각되었는데 이 사건을 조사하는 과정에서 다시 유흥렴의 문제가 등장했다. 포도청에서는 김수정이 구월산 봉기 계획에 가담한 인물인 줄 알고 유흥렴의 행방을 계속 캐물었고, 이들이 추대하려고 했다 해서 잡혀온 이명혁에게도 유흥렴의 행방을 캐물었다. 그리하여 김수정이 서수라에 출몰하고 있는 유흥렴과 손을 잡고 봉기하려 했다는 사실이 탄로 났고, 유흥렴이 서수라에 있는 마천장(馬川場)의 집에 기거한다는 사실도 밝혀졌다. 유흥렴은 구월산 옥사(獄事)가 한창일 적에 영천 김수정의 집으로 달려갔고 그곳에서 김수정과 한마을에 사는 이규화(李奎和) 등을 만나 새로이 모의를 꾸몄던 것이다.

의계(議啓, 의금부에서 조사해 얻은 결론을 임금에게 아뢰는 일)에는 다음과 같이 기록되어 있다.

유흥렴은 신해 역적의 괴수로 망명한 자입니다. 김수정의 공초에 지금 서수라에 머물고 있다고 하는데 이명혁과 서로 내통하고 있지 않을 리가 없습

니다. 그런데도 모른다고 말하니 더욱 교활합니다.《추안급국안》

관변에서는 적어도 탈출 이후 유흥렴의 행적에 대해 어느 정도 파악하고 있었고, 유흥렴은 계속해서 남은 세력과 연계를 맺고 재봉기를 계획했다고 볼 수 있다. 물론 유흥렴은 이들이 잡혀올 적에도 또한 번 몸을 날려 행방이 묘연했다. 그리하여 잔여 세력을 모아 또다시 전라도를 중심으로 새로운 봉기를 준비하게 된다.

지역적인 연계와 연대를 통해 이루어진 이들의 봉기 계획은 19세기 후반까지 이어졌다. 봉건 체제가 그 모순성을 극도로 노출하던 시대에 끈질긴 변란 모의는 자연스러운 역사의 과정이자 기성 체제에 대한 끊임없는 도전이었다.

탄로 난 봉기 계획

1853년이 저물어갈 무렵인 10월, 중부방(지금의 서울 청계천)에 사는 신석범(申錫範)의 고변이 포도청에 날아들었다.

신석범은 마관(馬官)을 지낸 군교 출신으로 한때 고을 수령까지 지내고 그런저런 권력으로 중부방에서 장목전(長木廛, 목재를 공급하는 가게)을 벌이고 있는 재산가였다. 그는 뚝섬 일대에서 공급되는 아름드리나무를 독점해 한양의 큰 집을 짓는 데 공급하는 도고(都賈, 물건을 도거리로 맡아서 파는 개인이나 조직)의 한 사람이었으므로 유력한 인사라 할 만했다. 이런 사람의 고변이었으니 포도청은 더욱 신경을 썼고 당시 세력을 잡고 있던 안동 김씨들도 즉각 보고를 받은 뒤 긴장했다.

신석범은 묫자리를 쓸 일이 있어서 널리 유명한 지사를 구하고 있었다. 마침 경상도 영천에 살면서 한양 땅을 자주 왕래하는 김수정을 소개받았다. 꽤나 밝은 감여가(堪輿家, 지술 등을 전문으로 하는 사람)를 자처한 김수정이 아내의 묘소를 동소문 밖에 잡아준 일로 해서 이들은 어느 정도 친분을 두텁게 했다. 그뿐만 아니라 김수정은 자주 신석범의 집에 묵으며 한양의 유력한 인물들과 지면(知面)을 넓히고 있었다.

어느 날 김수정은 신석범에게 수작을 걸었다. 며칠 뒤 두 사람은 홍영근(洪榮瑾)의 집으로 가서 최봉주(崔鳳周)를 만났다. 그리고 등산을 한다는 핑계로 남산의 조용한 곳으로 올라가 다음과 같은 최봉주의 계획을 들었다.

북도의 별부료 수백 명이 내 수하에 있고, 또 삼남 지방의 용맹하고 힘 있는 군사 100여 명을 내가 친히 거느리고 있다. 내 편지 한 장이면 이들은 즉각 뛰어온다. 그리고 단천에 귀양 가 있는 이명혁과 구월산에서 일을 벌이려다가 도망한 유흥렴과도 동맹할 수가 있다. 9월 말경에 내가 단천으로 가서 먼저 명혁의 사람됨을 본 뒤 동짓달에 거사할 계획이다. 《포도청등록》)

이 말을 듣고 신석범이 포도청에 고변했던 것이다. 즉각 김수정, 홍영근, 최봉주 등이 잡혀왔다. 이들은 어떤 인물이며 구체적으로 어떻게 거사를 도모했을까?

김수정은 경상도 영천 고촌면 덕성리에 사는 쉰네 살 난 인물로 자칭 선비 출신이다. 그는 전국을 떠돌아다니며 지사로 자칭했다. 한때 황해도로 가서 유흥렴 일당을 만났고 이어 구월산에 가서 최치각 등을 만나 구체적으로 거사에 가담했다. 영남의 용사들은 구월산 세력이 봉기하면 합세하기로 내약하고 있었다. 또 유홍렴이 그의 집으로 찾아왔을 적에 한동네에 사는 이규화 등을 소개해 동조 세력으로 끌어들였다. 이때 그는 '김한두' 또는 '청류 선생'으로 불리며 모사를 자처했다. 특히 석도로 가서 이명혁 형제의 관상을 보기도 했고, 구월산 세력에 봉기 계획을 늦추라고 조언하기도 했다.

최봉주는 경상도 김해 녹산면 산양리 출신으로 당시 나이는 서른일곱이었다. 한때 고향에서 염전을 벌이기도 하다가 스스로를 차력사라 일컬으며 전국을 누비고 다녔다. 그는 북쪽으로 가서 3년을 지내며 그곳의 인사들과 친분을 넓혔다. 특히 함흥에서 활을 잘 쏘는 무과 출신 문경천(文敬天)과 친분을 두터이 했고 송도에 사는 이응섭(李應燮)과도 교분을 가졌다. 이렇게 서북 인사들과 지면을 넓혔으나 김수정과는 달리 구월산 세력과는 연결되지 않았다.

최봉주가 한양에 정착한 것은 이 사건이 일어나던 해 정월부터였다. 고향에서 경영하던 염전 일로 송사가 붙은 탓에 한양으로 와 이를 해결하려다가 진고개(지금의 충무로와 명동 일대)에 사는 이박천(이름이 아니라 박천의 수령 출신임을 뜻함)의 집에 살게 되었다. 그는 350냥을 끌어다 이박천의 집을 보수해준 덕택으로 이웃에 사는 중군(中軍, 대장이나 통제사 밑에서 군대를 다스리는 장수) 출신의 홍영근을 소개받아 그에게 잔돈푼을 빌려주기도 했다. 석정동(지금의 소공동)에 있는 빈집으로 옮겨 살 적에는 홍영근의 소개로 김수정을 알게 되었다. 이들은 홍영근의 집이나 최봉주의 집에서 수시로 만나 얘기를 나누었다. 적어도 김수정이 구월산의 잔당을 끌어들이려는 계획과 최봉주가 함흥의 문경천 등을 끌어들이려는 계획이 맞아떨어졌던 것이다. 하여간 최봉주는 염전을 경영하고 차력약을 파는 등 상당한 자금력이 있고 집

수리 따위로 이재에도 밝은 인물이었다.

　홍영근은 마흔아홉 살로 당시 중군직에 있었다. 그는 반족 출신으로 경상도 감영의 막장(幕將)으로 있을 적부터 김수정의 학식과 인품에 끌려 '청류 선생'이라 부르며 사귀었다. 홍영근이 한양에 살 적에는 김수정이 늘 그의 집에 기거했다. 홍영근은 김수정의 인품에 대해 "사람됨이 글을 잘하고 지술과 천문도 대략 이해하고 있다"고 말했다. 의금부에는 그에게 김수정의 행적을 이렇게 추문하기도 했다.

　　김수정의 공초에 따르면 구월산 적변이 있은 뒤 초도에 들어가 두 이가(소
　현세자의 후손인 이명섭·이명혁 형제)의 관상을 보니 하나는 이미 죽을 상이요,
　하나는 조금 낫다는 말을 너에게 했다는데 네가 만약 호응할 자취가 없었다
　면 어찌 이 말을 했겠는가? 또 최가가 단천에서 귀양살이하고 있는 이명혁과
　연결해 그를 데리고 오겠다는 생각을 너에게 말했다는데 (…)《추안급국안》

　이처럼 홍영근은 17년간 김수정과 친분을 두터이 하면서 그의 행적을 소상히 알고 때로는 도와주기도 했으며, 때로는 생활을 돌보아주기도 했다. 더욱이 김수정은 구월산 계획 때 홍영근과 신석범을 유용하게 쓸 인물로 점찍어두기도 했다.

　이렇듯 세 사람이 한양의 유력 인사들을 모반 계획에 끌어들이는 과정에서 신석범에게 접근하다 탄로가 난 것이다. 신석범이 발고에서 김수정을 감싸고 있는 것은 홍영근 등에게 씌워지는 혐의를 줄여보자는 의도로 보인다. 실제 거사의 내용을 보면 주동자는 김수정이었고, 홍영근과 최봉주는 그 지휘를 받고 있었기 때문이다.

서북 인사들의 불만

김수정은 구월산 봉기 계획의 실패 원인을 분석했다. 그는 주력이 한양에서 너무 멀리 떨어져 있었다는 점, 또 그 주력이 한양의 관군 세력이 아니었다는 점, 이어 시기가 성숙되지 않았다는 점 등을 실패 원인으로 지적했다. 그래서 한양 도하(都下)의 군대를 동원해 곧바로 대궐로 들이닥쳐야 한다는 생각을 품고 남산 아래를 기지로 삼았다. 또한 모사로서 총지휘를 하면서 박식이나 지술을 동원해 서울의 유력자들에게 접근해갔다.

한편 최봉주는 일선 행동 부대를 맡았다. 그는 서북 지방과 영남 지방의 인사들을 많이 알고 있었는데 그 가운데 서북 사람인 문경천과 친분이 두터웠다. 그들은 최봉주의 편지 한 장이면 모두 달려오게 되어 있었다. 더욱이 문경천은 마침 한양 연동에 와 있으면서 무관이 되려고 여기저기 줄을 대던 중이었다. 최봉주는 면포를 팔기 위해 함경도 길주에 갔다가 문경천을 만난 뒤 7년 만에 다시 만난 셈이었다. 이런 최봉주가 행동 책임자가 된 것이다.

중군의 지위에 있던 홍영근은 관군의 정보를 빼내서 그때그때 제공하는 소임을 맡았다. 그는 적어도 일단 표면에 나서지 않고 뒤에서 이들을 조종하면서 지휘의 한 부분을 맡았던 것이다. 김수정과 최봉주가 한양의 유력자들을 끌어들일 적에는 지혜를 빌려주기도 하고 때로는 암합(暗合)까지 했다. 그는 재력이 있었기에 김수정의 뒷바라지는 물론, 필요할 적에는 자금책이 되려는 뜻도 있었다.

이들은 이규화(李奎和)를 도원수로 추대하려고 했다. 이규화는 김수정의 이웃 마을에 사는 문사로서 병법에 밝고 음양술수에도 능하며 기량과 재주가 뛰어났다. 그는 김수정을 통해 구월산 세력들과도 접촉했고, 한양에 올라와 홍영근 등과도 안면을 넓혔다.

이 네 사람이 거사의 중심인물이었다. 그들은 동대문 교외에서 서북의 별부료군을 뽑을 때 소를 잡고 술을 마련해 질탕하게 먹인 뒤이끌고 한양으로 쳐들어온다는 구체적인 계획을 세웠다. 별부료군 100여 명이 각각 열 사람씩 수하를 동원하면 호응 세력이 1,000명쯤될 것으로 어림했던 것이다.

그러면 서북 별부료군이란 어떤 군대인가? 조선조에 무관이 되려면 말할 것도 없이 무과를 거쳐야 했다. 그에 따라 관서·관북 지방에서도 엄연히 무과가 시행되기는 했지만 실제 직분이 거의 주어지지 않는 실정이었다. 문과의 경우처럼 서북 지방 인사에 대한 차별정책에서 나온 것이리라. 이런 연유로 서북 지방의 무과 지망생들이불만을 높여가자 나라에서는 부득불 이들을 별도로 모아 군사를 모집하고 녹봉을 주게 되었으니 이것이 소위 별부료군이었다.《숙종실록》의 사관은 이를 "회유하고 무휼하는 조치"라고 표현했다.

조정에서는 중앙의 용호영과 총융청에 별부료군 140명을 배치하면서 그들에게 주는 녹봉은 서북 현지에서 별도로 거두어 조달하도록 했다. 또 군에 들어갈 때도 자유로이 시험을 보게 하는 것이 아니라 각 고을 원의 추천을 받아야 시험을 볼 수 있는 자격이 주어지게하는 등 제약을 가했다.《정조실록(正祖實錄)》을 보면 규정대로 시행하지 않는 경우도 허다했던 듯하다.

　　서북 별부료군은 숫자가 정해져 있고 병조에서 각 해당 도와 병영에 공문을 보내 몸이 좋고 총과 활을 잘 쓰는 자를 뽑아 올려 병조에서 다시 재주를시험해 보충하는 것이 그 절차인데, 그것이 잘 지켜지지 않아서 얼마 전에도 병조에서 처음부터 공문을 보내지도 않고 시험도 안 보았다고 해서 병조판서를 파직했습니다. 그러고 나서도 네 사람만을 한양에서 뽑으니 서북 무사들이 모두 억울해합니다.(《정조실록》)

이런 현실이고 보니 이들은 비록 뽑혀왔더라도 높은 자리로의 출세는 거의 막혀 있는 실정이라 불만에 가득 차 있었다. 최봉주 일당은 바로 이런 군사를 거사에 이용하려 했던 것이다.

이들은 별부료군을 이끌고 거사를 할 적에 종로 일대에 불을 지르기로 했다. 때마침 초겨울인지라 종로 일대에 널려 있는 싸전과 민가 등에 불을 지르면 잘 탈 테고 도성민이 혼란에 빠질 것이라고 생각했다. 그렇게 되면 도성의 군사들과 포도청 군관들이 종로로 와 불을 끄는 데 정신이 없을 테니 그 틈을 타서 바로 궁궐로 쳐들어간다는 계획이었다.

1단계 계획이 성공하면 차력사인 최봉주가 단천에 있는 이명혁을 업어오기로 했다. 이명혁이 소현세자의 후손이므로 왕위에 앉히면 민심이 안정되리라고 생각한 것이다. 또 비록 궁궐을 차지하더라도 도성 바깥의 관군이 밀려올 것에 대비해 영남의 역사들과 서수라에 있는 유흥렴의 세력이 호응해 바깥을 지키면 완전을 도모할 수 있으리라고 보았다. 마침내 일이 성공하면 홍영근을 중심으로 관직을 안배하겠다는 계획이었다.

계획은 거창했지만 조직은 엉성했다고밖에 말할 수 없다. 일단 거사한 뒤에 실패한 것이 아니라 거사하기 전에 탄로가 났기 때문이다. 최봉주가 잡힐 때의 정황을 더듬어보아도 이를 짐작할 수 있다. 최봉주는 김수정이 잡혀갔을 적에 공주 논산에서 추수하러 내려온 홍영근을 만나 어울리고 있었으며, 홍영근도 남포 본가에 있는 아들에게서 '포도청에서 찾는다'는 전갈을 듣고서야 일이 뒤틀린 것을 느꼈으나 속수무책이었다. 그는 중군의 신분이라 온 식구가 관가의 눈에 훤히 드러나 있는 처지였고, 또 많은 자산을 가지고 있어서 몸만 빼 도망칠 수가 없었다. 그는 최봉주에게 아무 말도 하지 않고 공주까지 동행하다가 천안에 와서 최봉주가 포졸들에게 잡혀가는 것을 보고도 아무런 손도 쓰지 않은 채 한양으로 와서 입직해버렸다. 어떻게 해서든지 자신은 그 일당에서 빠질 궁리만 했던 것이다.

이들은 약조의 기록이나 장부 같은 물증을 없애버린 탓으로 동조자들이 많이 걸려들지는 않았다. 다만 구월산 작변 때 단천에 유배되었던 이명혁, 그리고 도원수로 지목된 이규화 등이 잡혀왔을 뿐이다. 자세한 영문을 모르는 이명혁은 일부 아는 사람이 있다고 진술했고, 이규화는 유흥렴 등과의 관계를 시인했다. 의금부의 의계로 그 정황을 엿보기로 하자.

> 죄인 이명혁은 김수정이 찾아와서 만난 사실을 숨기고 있습니다. 하물며 유흥렴은 망명한 신해(구월산 봉기를 말함)의 역괴로 김수정의 공초에서 '지금 서수라에 머물고 있다'고 했습니다. 그러니 그의 유배지인 단천은 유흥렴이 출몰하는 길일 터인데 서로 교통하지 않았다는 것은 이치에 닿지 않습니다.(《추안급국안》)

이 사건으로 김수정과 홍영근은 모반대역죄로 처형을 당했다. 최봉주는 감사일등(減死一等, 죽을죄에서 한 등급 낮추어주는 일)으로 영암 추자도에 위리안치(圍籬安置, 죄인이 거처하는 집 둘레에 가시로 울타리를 치고 그

안에 가두어두는 일)되었고 이명혁은 제주도로, 이규화는 나주 흑산도로 정배(定配, 정해진 기간 동안 지방이나 섬에서 감시를 받으며 생활하게 하는 일)되었다. 포도청에서는 유흥렴 일당을 잡으려고 서수라로 포졸들을 보냈지만 허탕이었다. 또 이규화 외 영남의 역사들도 끝내 잡아 올리지 못했다.

남쪽에서 다시 일을 꾸미다

그런데 이 일당들의 준동이 이대로 끝나고 만 것일까? 최봉주는 추자도에서 20년간 고된 귀양살이를 이어갔다. 그러면서 그곳 사람들에게 '추왕'(추자도의 왕)이라고 불릴 정도로 명성을 얻었다. 이후 감형되어 전라도 능주로 유배지가 옮겨졌다. 그는 가족을 모두 데리고 와 살면서 능주 일대를 활동 무대로 삼아 재봉기를 꿈꾸었다.

이 작변의 주동자는 장혁진(張赫晉), 송지국(宋持菊) 그리고 최봉주였다. 장혁진은 경상도 봉화 출신으로 1872년 안동 땅에서 난민 수백 명을 모아 일대 모반을 꾀하다가 탄로 나서 잡히는 신세가 되었다. 그는 감사정배(減死定配, 사형에 처할 벌을 감해 귀양을 보내는 일)되었는데, 처음에는 완도군 신지도에 유배되었다가 이 일이 있기 1년 전에 전라도 흥양으로 옮겨졌다. 장혁진이 어떻게 최봉주와 연결되었는지, 포도청에서 그가 진술한 내용을 통해 살펴보자. 다음은 장혁진이 자신의 하수인인 김치호(金致浩)에게 지시한 내용이다.

구월산 옥사로 영암 추자도에 귀양와 있던 죄인이 몇 해 전에 능주로 귀양지를 옮겼는데, 이 사람이 우리와 합심해 동모하는 사람이니 능주로 가서 순천 땅 낙수로 데리고 오라고 김치호에게 말했습니다. 그는 곧바로 능주로 가서 최봉주의 집을 찾았습니다. 그러나 최봉주는 출타하고 그 아들만 있었는데 아비는 전주에 갔다고 하므로 아들에게 전주로 가서 아비를 꼭 데리고 오라고 부탁했다고 합니다.《추안급국안》

이 내용으로 보면 적어도 장혁진과 최봉주는 익히 알고 있던 사이일 뿐만 아니라 거사를 함께 모의하고 있었던 것으로 보인다. 또 모두 유배된 신세임에도 장혁진은 고향인 봉화 등지로 나다니며 동지를 규합하고 있었고, 최봉주도 전주 등지로 나다니며 무슨 일을 벌이고 있었다.

송지국은 원래 한양 사람인데 진도에 유배되었다가 풀려나서 흥양에 거처를 두고 그곳으로 유배지가 옮겨진 장혁진과 알게 되어 의기투합했다. 그는 과거에 교류가 있던 사람이자 진도에서 선박업을 하는 자산가 이기집(李基執)을 끌어들이는 역할을 주로 맡았다. 또한 순천·강진·진도 일대를 횡행하며 주로 자금 마련에 열중했다.

1877년 3월 초순에 주동자들은 전라도 벌교 탄포점에서 집회를 가졌다. 최봉주는 김치호의 연락을 받고 벌교에 와 있다가 합류했다. 이들은 함께 한적한 동산에 올라 얘기를 나누었다. 장혁진은 최봉주에게 이렇게 말했다.

최장(崔丈)께서 육십 평생을 살면서 소원이 무엇입니까? 추자도에서 20여 년 귀양살이하면서 도민들이 심복하여 칭송하기를 '추자도의 왕'이라고 하니 우리가 원하는 것은 다른 일이 아닙니다. 추자도로 가서 경영하려는 바가 있기에 최장이 오시기를 청한 것인데 의향은 어떻습니까? 우리가 추자도를 빼앗고자 하는데 최장께서 섬의 풍속과 형편을 익히 아시기에 이렇게 모

신 것입니다.(《추안급국안》)

이들은 장소를 옮겨 구체적으로 실행 계획을 세우기로 했다. 이때 장혁진은 송지국에게 최봉주의 계획을 잘 들어보고 국량(局量)을 더 알아볼 테니 자는 체하면서 판단해보라고 했다. 일행은 조성 장터로 옮겨 주막에 자리를 잡았다. 장혁진이 최봉주에게 거사의 땅으로 어느 곳이 가장 적합하냐고 물었다.

"조선 천지에서 거사할 땅은 제주도가 가장 좋습니다."

그들은 거듭 장소를 옮겨가며 구체적으로 계획을 짰다. 이 과정에서 주모자들은 최봉주의 식견에 감복했다.

"노장의 성명은 일찍이 많이 들어왔습니다만 지금 만나보니 과연 큰 국량이십니다. 지금부터는 모든 것을 맡아서 판단을 주관해주십시오."

장혁진의 청에 최봉주는 처음에 사양했으나 주위에서 모두 권하자 수락했다. 최봉주는 군사(軍師)가 되어 모든 것을 지휘하기 시작했다. 그는 먼저 죽창을 만들게 했다. 죽창은 보성·광양·영암·강진에 대나무가 널려 있어서 손쉽게 만들 수 있었다. 이어 그는 거사 계획을 발표했다.

먼저 추자도를 공격해서 그곳의 군기와 섬을 차지하고 우리 가운데 적당한 사람에게 맡긴다. 다음은 제주도에 엄습해 들어가 그곳 관아의 인부를 빼앗고 성지(城池)를 차지해 우리 가운데 적당한 사람에게 맡겨 다스리게 한다. 그리고 모든 무기를 거두어 곧바로 육지로 나와 기회를 봐서 일을 도모한다. 돈과 곡식은 현지에서 모으되 송지국이 이를 맡는다.(《추안급국안》)

최봉주는 우선 자금을 모으려고 강진 병영의 하리(下吏, 관아의 말단 행정 실무를 맡은 구실아치)들의 죄상을 적은 글을 만들게 해서 그것을 가지고 강진 병영으로 갔다. 돈을 뜯어내려는 심산이었으나 뜻을 이루지 못하고 장흥으로 갔다. 한편 장혁진은 조령에서부터 심복으로 따라온 이사윤(李思允) 등을 시켜서 순천 목사동에 사는 진사 이명칠(李明喆)에게 글을 보냈다. 돈 1,000냥과 쌀 100석을 빌려달라는 내용이었는데 이명칠은 그런 재물이 없다고 거절했다.

이렇게 일을 추진시키면서 그들은 제주도로 들어갈 적에 배를 출발시키는 곳을 한쪽은 이진, 한쪽은 남포, 한쪽은 진도로 정했다. 깃발의 신호는 손으로 땅을 긋는 것으로 정했고, 깃발의 모양은 한자인 '활 궁(弓)' 자로 했다. 곧 《정감록》에 나오는 '이재궁궁(利在弓弓)'을 뜻한 것이다.

그렇다면 이 거사의 목적은 무엇이었을까? 장혁진은 자산가 이기집을 꾀면서 이렇게 말했다.

"남조선이 장차 우리나라(조선왕조를 말함)를 침범할 것이고 여기 모인 우리는 모두 영웅인데 우리를 따라 함께 거사하겠는가?"

이들은 순천의 부호 이명칠에게도 "남조선이 금년 5월에 대사를 일으키기로 약속했다"고 말하면서 자금을 댈 것을 권유했다. 동조자의 한 사람인 박시화(朴時和)는 "과연 남조선이 있느냐?"고 궁금증을 드러냈다.

이들은 비기에서 전승되어온 '남조선 왕국'을 이룩하려 했던 듯하다. 기왕의 조선은 묵고 썩었으며, 또 조선 후기에 와서 전라도·경상도가 중앙 정계에서 차별받고 소외되어오면서 응어리가 생겼고, 평민들은 더욱 새 왕조의 출현에 기대를 걸고 있었다. '정씨 왕조'와 성격이 같지만 좀 더 구체화된 이상국의 꿈이라는 데 민중의 동경이 서려 있었던 것이다. 이 '남조선설'은 19세기 이후에 태동한 것으로 보인다.

구월산 여당의 최후

고변은 두 계통에서 일어났다. 하나는 송지국 계통이요, 하나는 장혁진 계통이었다.

장혁진 계통에는 김치호가 있었다. 김치호는 경상도 예안에 살면서 장돌뱅이를 업으로 삼고 있었다. 장혁진이 예안 주점에서 그와 하룻밤을 동숙했고, 그다음에는 장혁진의 집이 있는 봉화 장터에서 또 그를 만났다. 장혁진은 그에게 전라도 홍양으로 가서 장사를 하면 돈을 많이 벌 수 있다고 꾀었다. 그리하여 그는 장혁진의 심부름꾼이 되었다. 장혁진의 신분과 동모자들에 대해 알고 겁을 먹은 김치호는 5대 독자로 패가망신할 수가 없다며 이들을 예안 관가에 고변했다. 그는 언문으로 고변서 세 통을 써서 관노에게 주었는데, 이 고변서를 받은 사또는 증거가 될 만한 내용이 없음을 알고 고육계를 썼다. 그를 장혁진 일행에게 계속 붙여 확실한 내용을 알고 증거를 잡게 한 것이다. 이리하여 남의 눈을 속이느라 곤장 열 대를 때리고 그 아들을 인질로 한 뒤에 풀어주었다. 그 후 김치호는 장혁진을 따라다니며 더욱 충성스럽고 열성적으로 모의 사실을 낱낱이 캐냈다. 그러나 미처 예안으로 가서 상세한 고변서를 내기 전 강진 병영에 잡히게 되었다.

진도에서 선박업을 하는 이기집에게 접근한 것은 송지국이었다. 송지국은 그곳에서 귀양살이하며 그와 알고 지내게 되었다. 그 후

구체적으로 거사 일정을 잡았으나 순천의 이명칠에게 자금을 빌리지 못하고, 또 대구에서 쌀장사로 자금을 모으고자 했으나 여의치 않자 이기집에게 눈길을 돌렸다. 5월 무렵 송지국은 이기집을 찾아가 동래부의 일본 쌀 수백 석을 강진 땅에 팔려는 사람이 있는데 그대가 만 냥을 맡겨놓고 추자도로 실어 날라두면 장사가 잘될 것이라고 했다. 또 그대에게 부탁하는 것은 자신이 이곳 물정을 잘 모르기 때문이라고 했다. 그러나 이기집은 만 냥을 맡겨두는 것이 사기당할 염려가 있다며 거절했다. 며칠 뒤 강진에 산다는 박시화가 찾아와 "동래의 일본 쌀 수백 석과 돈 만 냥을 그대 배로 실어 날라주면 선가를 후하게 주겠다"고 했다. 이에 이기집은 흔쾌히 승낙했다. 박시화가 며칠 묵어가면서 돈 200냥을 잠시 빌려달라고 하자 이 또한 그 요구대로 빌려주었다.

약속한 대로 며칠 뒤 이기집이 강진으로 갔더니 15명이 모여들어 있었다. 이때 장혁진이 나타나 "유비가 장비를 만난 것과 같다"고 그를 한껏 추켜올리고 동래의 일본 쌀을 실어 날라달라고 했다. 그가 어느 정도 동조하자 그들은 수천 명이 한꺼번에 모여 난리를 일으킬 것이요, 그네들 패가 장터에 모두 숨어 있다고도 했다. 이 말을 들은 이기집은 몸을 빼서 강진현에 고변했고 관헌에서는 병영에 연락해 일제히 이들을 잡아들였다. 그뿐만 아니라 영암 송시 장터에 모여 있던 34명도 잡혔고 곡성의 김명중(金明中), 능주의 박민서(朴敏敍), 순천의 이명칠 등이 동조죄 또는 불고죄로 끌려갔다. 증거물로 《행군수지(行軍須知)》 같은 병서와 격문, 도장 등도 압수해갔다.

이들은 전라 감영에서 엄한 문초를 받았다. 그 가운데 중죄인 18명이 한양으로 끌려와 사형을 당하거나 유배를 갔다. 최봉주·장혁진·송지국 등은 물론 효시되었다. 잡아들이고 보니 그 규모와 조직의 뿌리가 엄청났다.

민란은 흔히 우발적 사건으로 여겨진다. 그러나 이 사례에서도 엿볼 수 있듯이 순수한 민중 세력이 봉기를 주도하면서 상당히 구체적인 연관 관계를 맺고 조직적인 모의 또는 지속적인 계획을 수립하는 경우가 있었다. 황해도 세력과 영남 세력이 연결되었고, 황해도 세력인 구월산 적당이 일망타진되자 남은 세력이 계속 거사를 모의했던 것이다. 관변 기록에서 김수정이나 최봉주를 '구월산 여당'이라 부른 것만 보아도 알 수 있다. 그리고 구월산 여당인 최봉주는 마지막으로 영남 조령 세력과 손을 잡고 전라도 인사를 망라하여 거사를 도모했다.

이어 장혁진에 대해서도 좀 더 설명하면, 그는 남의 투장(偸葬, 남의 묘에 몰래 장사 지내는 일)을 핑계로 군사 수백 명을 모아서 상여꾼으로 가장해 안동으로 쳐들어간다는 계획을 세웠다. 또 사냥을 핑계로 포수를 동원해서 수하로 부려먹기로 하고 무기도 많이 만들었다. 이러한 준비를 거쳐 최종 거사 장소를 조령으로 정했다가 1872년에 붙잡혔다. 그리하여 그는 전라도에 유배되었는데 이곳을 중심으로 다시 일을 벌이고자 여러 사람과 접촉했다. 최봉주와 장혁진 등은 직업적인 봉기꾼들이라 할 만하다.

이런 연계성은 다음에 설명할 이필제의 거사 모의에서도 나타난다. 조선 후기 봉기의 한 사례라고 볼 수 있겠다. 한 편의 드라마를 연상시키는 이들의 거사 계획을 꼼꼼히 살펴보자.

도성민의 저항

서울과 그 주변부에 사는 평민과 일꾼들은 차별에 항거하며 조정의 정책에 반기를 들기도 했다. 또 관권의 횡포에 맞서 봉기를 일으키기도 했다.

부당한 관권에 맞선 도시 빈민의 항거는 지역 봉기와는 다른 성격이지만 언제든지 폭발할 수 있다는 점에서 문벌 정치에는 위협적인 존재였다.

쌀값 폭등이 불러온 폭동

1833년 봄, 나라의 모든 권력과 이권을 독점하고 온갖 부정과 비리를 저지르던 안동 김씨의 문벌 정치가 시작된 지도 어언 서른 해가 되고 있었다. 그 가운데서도 해가 바뀌자 자연의 조화는 어김없이 봄바람을 몰고 왔다. 음력 2월이 되니 서울 근방에서는 봄비가 흡족하게 내려 한강의 물이 넘치지 않을 정도로 불어나 있었다.

대개 보릿고개를 앞둔 봄철에는 비가 잘 내리지 않아 한강 물이 마르기 일쑤였다. 그러나 이해에는 비가 알맞게 내려 마포 나루에 배를 대기가 아주 좋았다. 경강(뚝섬에서 양화진) 일대에는 쌀을 싣고 오는 배들이 널려 있었다. 조운선이 황해도·전라도·충청도 지방에서 쌀을 실어오기도 하고 더러는 충주를 거쳐 남한강 언저리에서 마포로 몰려오기도 했다.

이때쯤이면 으레 서울의 쌀값이 오르는 것이 예사인데도 이런 조건으로 여느 해보다 밑돌게 되자 마포 일대의 강상(江商, 경강 일대에서 독점으로 실어온 물화를 취급하는 도매상)들과 이들에게서 쌀을 받아 공급하는 객주(客主, 상인들의 거처를 제공하며 물건을 팔아주거나 매매를 주선하는 중간상인)들은 이문을 올리기 위해 머리를 맞대고 골몰했다. 마침내 동막(지금의 마포구 대흥동·용강동 일대)의 객주 김재순(金在純)이 동료 10여 명과 함께 꾀를 하나 짜냈다. 객주들이 결탁해 마포의 창고에 쌀을 쌓아놓고 풀지 않은 것이다. 다만 한곳의 쌀만 번갈아가면서 풀어놓았다.

이렇게 한 객주에서 나온 쌀만 한양에 공급하니 종로에 있는 상미전·하미전·잡곡전에서는 쌀과 잡곡을 조금씩 팔 수밖에 없었다. 당연히 쌀의 절대량이 모자랐다. 이리하여 2월 그믐께에는 쌀값이 폭등했다. 종로의 미전들도 거의 문을 닫고 몇몇 점포에서만 쌀을 팔았다. 그것도 돌아가면서 날짜를 정해 문을 열었다. 쌀값의 오름세는 하늘 높은 줄을 몰랐다. 쌀값 폭등을 빌미로 큰 말과 작은 말을 섞어서 팔기도 했고, 규정보다 적은 양의 말을 만들어 팔기도 했으며, 심지어 쌀에다 물을 섞어 팔기도 했다.

쌀을 사려는 사람들이 몰리다 보니 쌀값이 계속 오를 수밖에 없었다. 3월 6, 7일에는 드디어 쌀값이 평상시보다 배로 뛰어올랐고, 8일에는 거의 모든 미전이 문을 닫아서 쌀을 사러 나왔던 사람들은 빈 주머니만 쥐고 돌아갈 수밖에 없었다. 하루하루 쌀을 사서 먹는 빈민들은 주린 배를 움켜쥐고 울며불며 거리를 메웠다. 웅성거림은 곧 분노로 바뀌었다. 이날 밤 서울 변두리 마을에서는 밥 짓는 연기가 거의 보이지 않을 정도였다.

실제 서울의 도성민 중에는 하루하루 벌어먹는 날품팔이꾼이 많았다. 노량진의 미나리를 도성 안에 가져와 팔아먹는 채소 장수도 그랬고, 왕십리에서 종로 거리까지 나와 짐을 나르는 지게꾼도 그랬다. 남대문 밖 일고여덟 패의 빈민 무리나 동대문 밖 창신동 일대에 널려 있던 무당과 판수(점치는 일을 직업으로 삼은 맹인), 평양이나 개성에서 궁궐 토목공사에 동원된 목수들도 그랬다.

호조판서 홍석주(洪奭周)의 사직상소에 따르면 당시 벼슬아치의 녹봉과 군관의 급료도 제대로 지급되지 못했다. 오직 안동 김씨 세도가들의 곳간이나 북촌에 덩그렇게 집을 짓고 사는 양반네 곳간에만 온갖 먹을거리가 쟁여 있었다. 이들만이 쌀을 그날그날 사 먹지 않아도 되는 부류였다. 일부 상인들이 식량 말고도 온갖 물화의 유통을 독점하고 있었다.

종로에는 육의전(六矣廛)이라는 어용 상점이 있었다. 이 상점에서는 종묘의 제사나 나라의 행사에 경비를 부담하는 조건으로 어물을 비롯한 모든 물화를 독점적으로 공급·판매했다. 그래서 빈민들이 난전(亂廛)을 벌이면 포도청 등에서 이들을 막거나 쫓아내기도 했다. 그중에서도 미전은 이권이 가장 큰 분야 중 하나였다. 지방 지주들의 쌀이 경강으로 들어오면 일원화된 유통 구조를 통해 곧 마포에 있는 객주들의 손으로 들어갔다. 그다음에 이 객주들은 관에서 지정한 미전인 마포 미전과 강상 미전, 그리고 종로에 있는 상미전과 하미전에만 쌀을 공급했다. 상품 독점의 혜택을 받고 있었으니 쌀값이나 다른 물화의 값이 그들에 의해 조종되는 것은 당연지사였다. 더욱이 이 상인들은 뇌물을 써서 관과 결탁했다. 물가를 조절하는 평시서(平市署)에 정기적으로 뇌물을 바쳤고 그 감독 기관인 한성부나 포도청의 졸개들에게까지 인정(人情, 벼슬아치들에게 몰래 주는 사례)을 써서 멋대로 관을 농락했던 것이다.

3월 8일 밤이 되니 종로에 불온한 기운이 감돌았다. 고억철(高億哲)

이란 청년이 밤을 틈타 골목골목을 누비며 "내일 아침을 기해 일제히 모이라"고 알린 것이다. 이 소식은 이심전심인 도성민들 사이로 퍼져나가 날이 밝자마자 그간 울분을 삭이던 도성민들은 거리로 몰려나왔다.

사람들이 거리마다 모이자 홍진길(洪眞吉)이라는 젊은이가 손에 요령(搖鈴, 불교 의식에 사용되는 종 모양의 법구)을 쥐고 흔들어대며 대열을 이끌었다. 또 호위군관 김광헌(金光憲)은 무리를 모아 앞장서서 대열을 인도했다. 남녀노소 가릴 것 없이 수백, 수천의 인파가 종로를 메웠다. 이들은 맨 먼저 종로의 광통교에 있는 상미전과 하미전 그리고 잡곡전에 들이닥쳤다. 문서를 꺼내 불태우고 건물을 마음껏 두들겨 부숴댔다. 이어 종로에 있는 어용 상점을 모조리 부숴댔다. 그래도 직성이 안 풀렸는지 상점들에 불을 질렀고 이 불길은 삽시간에 번져 민가를 태우기도 했다. 이 패거리는 요령 소리에 따라 상점 주인들의 가산을 부수거나 불태웠고 도성 밖까지 진출해 큰길가에 보이는 상점들을 모조리 부쉈다. 그리고 마포로 몰려가서 곡식을 쌓아둔 객주의 창고와 집 다섯 채를 모조리 헐어냈다.

객주들이 숨차도록 줄행랑을 놓았음은 말할 것도 없다. 도성민들은 새벽부터 밤늦게까지 하루를 꼬박 채워서 그동안 쌓였던 분을 마음껏 풀었다. 금위영에서 병조판서, 훈련대장 그리고 좌우 포도대장 등 관계 벼슬아치들이 모여 밤새 사후 조치를 숙의하고 있었다. 이튿날 날이 밝자 포졸들은 온 동리를 누비며 주동자들을 잡아들였다. 그 길로 폭동은 일단락되었다. 김광헌, 고억철, 홍진길 그리고 노비인 범철(範哲) 등 50~60명이 포도청에 잡혀왔다.

엄한 조사를 받은 끝에 주동자 격인 고억철 등 7명은 한강 모래밭에서 효수되었고, 대열을 이끌며 앞장섰던 황기정(黃基禎) 등 11명은 매타작 뒤 먼 곳으로 충군되었으며, 대열에 동참한 신대길(申大吉) 등 27명은 모진 매를 맞은 뒤 놓여났다.《포도청등록》

"강상 객주를 처벌하라"

그런데 정작 사건의 원인을 제공한 강상 객주들은 아무런 처벌을 받지 않았다. 미전의 주인 몇 명만 유배를 보내는 데 그친 것이다. 도성 안의 여론이 물 끓듯 일어날 수밖에 없었다. 조정의 벼슬아치들은 대부분 숙맥같이 입을 다물었지만 육품 벼슬인 낭관(郎官)에 불과하던 윤성대(尹成大)는 임금에게 이렇게 아뢰었다.

이 무리에게 형벌을 가한 뒤에 세상의 여론을 들어보았더니 입이 있는 자는 모두 말하기를 "저 괴한들이 이미 난민으로 형벌을 받았다면 난을 불러일으킨 장본인들도 마땅히 같은 벌을 받아야 할 것이다. 그런데 상점의 주인들은 유배에 이르기만 했고 강상들은 털끝 하나 손대지 않았으니 조정에서 쓰는 형벌 정책에 유감이 없을 수 없다. 한결같이 전보다 더욱 분이 끓어오른다"고 합니다. 대개 진정시키기 어려운 것은 세상 여론이요, 막기 어려운 것은 뭇사람의 입입니다. 이같이 인심이 흩어진 때에 여론 또한 생각하지 않을 수 없습니다.《포도청등록》

비변사(備邊司)에서 임금에게 올린 말은 다음과 같았다.

도하의 무뢰배가 성군작당해 쌀값이 뛴 것은 시인(市人, 장사꾼)들이 조종한 데서 연유했다고 말하며 먼저 시전의 건물을 파괴하고 이어 불을 질렀는데 무릇 성내에서 곡식으로 전을 벌인 자는 모두 피해를 입었다고 합니다. 그 근본을 캐보면 곧 미전 상인들이 춘궁기를 이용해 고리를 노린 데서 연유하며 중인(衆人, 뭇사람)들의 원망이 비등한 데서 불러오게 된 것입니다. 한 사람이 먼저 부르짖자 백 사람이 따라붙어 그 형세를 막을 수가 없었습니다.《포도청등록》)

당시 미전 상인들은 흉년이 겹친 춘궁기를 이용해 쌀과 잡곡을 저장하고도 일체 팔지 않으며 값을 올리려 했다. 또 마포의 강상들은 곡식을 저장해두고 풀지 않았으며 일부 시중에 내면서도 물에 불려 파는 모리(謀利) 행위를 저질렀던 것이다. 이에 대해 영의정 남공철(南公轍)은 임금 앞에서 다음과 같이 밝히고 있다.

형조의 보고를 보니 동막의 여객주인 김재순은 실로 강상의 두목으로 곡식을 저장하거나 곡식에 물을 탄 두 가지 죄가 함께 있습니다. 하미전인(下米廛人) 이동현(李東顯)은 큰 말과 작은 말을 섞어 사용해 쌀을 냈으며 (…) 잡곡전인(雜穀廛人) 최봉려(崔鳳麗)는 쌀에 물을 탄 사실을 알면서 숨기고 지금도 쌀을 9석이나 쌓아놓고 있습니다.《포도청등록》)

실제로는 형조에서 조사한 내용보다 훨씬 심한 횡포를 부렸다. 당시 강상과 상인들은 비변사의 고관과 사헌부 감찰 등 주민의 사정을 살피는 관리와 결탁해 양곡의 공급·판매를 독점하고서 농간을 부렸다. 이에 대해 형조판서 이면승(李勉昇)은 임금에게 다음과 같이 말했다.

성에 가득한 궁민 가운데 기다린 듯이 횃불을 밝힌 자들은 모두 쌀을 사지 못하고 빈 주머니로 돌아갔던 자들입니다. (…) 이 무리에게 형벌을 준 뒤에 여론을 탐문해보았더니 입이 있는 자들은 모두 말하기를 "저네들이 이미 난 민으로 형벌을 받았다면 난을 불러온 장본인들도 같은 벌을 받아야 할 것인 데 시민(市民, 미전 상인)은 형배(刑配, 때린 뒤에 귀양을 보내는 형벌)에 그치고 강상은 터럭 하나도 손대지 않았다"고 했습니다. 《포도청등록》

이면승 등이 강상·시민에 대해 벌을 주자고 하자 비변사에서 이를 반대했고, 사헌부 감사들이 강상 객주들과 결탁했다는 사실이 밝혀져도 조정에서는 별다른 조처를 취하지 않았다. 이 작변은 관권과 결탁한 객주·시민의 독점적 양곡 공급 및 고리 판매에 직접적 원인이 있으며 양반가에 대한 반감, 관가에 대한 원성이 누적되어 터진 것으로 보인다. 특히 농촌에서 벌어지는 민란과는 달리 도성에서 작변으로까지 번졌다는 데 큰 의미가 있다 하겠다.

결국 임금이 명을 내려 강상들의 죄를 따지게 했다. 그야말로 세상 인심을 배반하고 계속 상인들과 결탁한다면 또다시 폭동이 일어날 조짐이 만연했던 탓에 이를 무마하고자 어쩔 수 없이 조사를 시작한 것이다. 끝내 동막 객주로서 쌀을 쌓아놓고도 팔지 않고 일부 곡식에 물을 섞어 판 김재순, 미전의 문을 닫고 쌀을 팔지 않은 상인 정종근(鄭宗根)은 효수에 처했고 이동현과 최봉려는 먼 곳으로 귀양을 보냈다.

이렇게 네 사람에게만 형벌을 내리는 데 그치고 말았다. 이후 사헌부의 젊은 감찰들이 폐단을 없앤다며 절목(節目)과 금조(禁條)를 만들어 내걸고 전 고을의 강주인(江主人, 각 지방에서 난 쌀이나 세미 운반을 맡은 상인)들에게 부정을 염탐해 매월 알리게 하는 조치를 취했다. 하지만 조정에서는 저자를 소요케 하는 폐단을 일으킨다고 해서 이 감찰들을 파면시켰다. 몇 달이 지나지 않아서 관권은 또다시 강상들과 결탁해 그들을 보호했다.

비록 일부나마 벌을 주자 나머지 강상들이 모두 쌀을 싣고 달아나는 바람에 경강 일대에는 쌀장사들이 발그림자도 안 비쳐 도성의 쌀값은 또다시 뛰어올랐다. 빈민들은 주린 배를 더욱 움켜쥐게 되었다. 부정한 관권과 간상 모리배의 결탁으로 도성민들은 주림을 벗어날 수 없었다.

지주와 상인의 결탁

쌀값 폭등은 그 책임을 온전히 상인들에게만 돌릴 순 없었다. 당시 '광작 운동'(농민들이 넓은 토지를 경작하려는 현상)으로 인해 대토지를 소유한 대지주들이 전국 곳곳에 박혀 있었는데, 이들의 농간 또한 쌀값 폭등을 부추기는 주요 원인이 되었다. 원래 대지주들은 대체로 농토가 많은 전라도·경상도·충청도·황해도·경기도 순으로 널려 있었지만 19세기에 들어와 문벌 정치가 들어서자 많은 경우 이 농토들이 안동 김씨들의 수중으로 들어갔다. 농토가 본격적으로 부재지주(不在地主, 농지의 소재지에 살지 않는 땅임자)의 수중에 들어가기 시작한 것이다. 여기서 나는 생산품은 자연히 상품화될 수밖에 없었고 그 유통 구조도 대지주들의 농락에 놀아나기 십상이었다. 대지주들은 권력의 비호 아래 강상 및 미전 상인들과 결탁해 멋대로 쌀값을 올리기도 하고 마음대로 공급을 조종하기도 했다.

앞서 1728년에는 이인좌 일당이 청주를 중심으로 경기도와 충청도 일대에서 관군에 맞서 봉기한 일이 있었는데, 이때 서울의 인심은 흉흉했고 불온한 기색이 깔려 있었다. 당시 임금인 영조는 판윤(判尹, 정이품의 한성부 장관) 김동필(金東弼)을 보내 도성 내 폭동의 기미를 알아보도록 했다. 김동필은 조사를 마친 뒤 이렇게 보고했다.

> 소요가 일어날 즈음 쌀값이 마구 뛰어서 백성들이 삶을 보존할 수 없을 듯합니다. 경강 창고의 쌀을 풀어 공물값을 받을 자들에게 나누어주고 이달 치 군사들의 요미(料米, 관원들에게 급료로 나누어주는 쌀)도 미리 나누어주어 백성들을 위무하고 민심을 진정시키는 방도로 삼으소서.《영조실록(英祖實錄)》

이렇게 기회가 있을 적마다 쌀값은 요동을 쳤고 조화를 부렸으니 마침내 1833년에 와서 도성민의 전면 폭동으로 폭발하게 되었다. 조정에서는 부득불 비상조치를 취하지 않을 수 없었다. 더욱이 당시 도성의 치안 상태에도 여러모로 우려되는 조짐들이 나타났다. 용인·과천의 산속에서 날뛰던 화적들이 도성 안에까지 출몰해 약탈을 일삼았고, 상민들이 반가의 여자를 겁탈하는 일도 잦았으며, 석전놀이(돌팔매질로 승부를 겨루는 놀이)를 핑계로 짐짓 벼슬아치나 양반 집에 돌을 던져 난동을 부리는 일 따위가 흔하게 일어났다. 뚝섬의 민간인 수백 명이 포교들을 잡아 징치하는 일이 있었고, 목수들이 포도청에 몰려가 포교들을 잡아 족치고 건물을 부쉈으며, 반교(성균관 근방의 다리)에 모여 사는 백정 수백 명이 성균관으로 쳐들어가 행패를 부리는 등 사건이 꼬리를 물고 일어났다.

이렇듯 도성에 불온한 기색이 점점 짙어지자 세도정치의 주도권을 잡고 있던 안동 김씨들은 민생 안정의 관건인 쌀값 문제에 신경을 쓰지 않을 수 없었다. 조정에서는 방납의 폐단을 막고 쌀 상인들의 농간을 없애고자 엄한 조치를 취했으며 포교들을 풀어 철저한 단속에 나서게 했다. 《포도청등록》에 나타난 관계 기록을 시대순으로 살펴보자.

1852년에는 큰 흉년이 들어 미전 상인들의 농간이 우려됨에 따라 포도청에서는 3월부터 단속에 나섰다. 그리하여 황해도 남부방의 미곡상 김치중(金致中)이 안쪽에 풀로 두껍게 가루를 바른 되에 쌀을 담아 파는 것을 적발했다. 또 하미전의 상인 장기순(張基淳)이 콩에다 물을 타서 파는 것을 발견했다. 포도청에서는 이들을 엄형에 처해 미전 상인들의 농간을 막으려 했다. 그럼에도 이듬해 정월이 되자 예년과 같이 도성의 쌀값이 치솟아 올랐다. 포졸들이 방납을 금한다며 강상들을 단속하면서 멋대로 불법을 저지르고 뇌물을 받는 등 횡포를 부리는 바람에 강상들이 이에 맞서 곡식을 풀지 않고 폐업하는 사태로 이어진 것이다.

결국 1858년 3월에 도성의 쌀 문제가 또다시 조정의 논의거리로 등장했다. 좌의정 조두순(趙斗淳)이 임금에게 말했다.

　　모든 도에서 왕왕 곡식을 사 가지 못하게 하는 조치가 있어서 상선들이 빈 배로 갔다가 빈 배로 돌아오니 시장의 쌀값이 점점 뛰어오르고 있다 합니다. 무릇 작년의 수확으로 보아 결코 양식이 모자랄 이치가 없는데 고을 원들이 각각 사사로이 그 고을만을 위해 좌시하고 있는 것은 다른 고을에 골고루 곡식이 돌아가도록 하는 방도가 아니니 엄히 모든 도에 타일러서 곡식을 지키는 잘못을 저지르지 못하게 하소서. (…) 춘궁기 이후 여염의 여론이 모두 곡식이 떨어질 것을 근심하고 있으니 좌우 포도청에 분부해 저장해둔 채 팔지 않는 상인들을 철저하게 단속하고 만일 뇌물을 받고 덮어두는 일이 있으면 포도대장부터 논죄하고 이른바 방납하는 고을의 수령들은 한결같이 지난 예에 따라 먼저 파직하고 뒤에 잡아들이게 하소서.《포도청등록》)

이처럼 각 고을의 원들은 표면적으로는 그 고을의 곡식을 유출시키지 않겠다는 뜻을 내세워 정치를 잘한다는 명망을 얻으면서 실제로는 상인들이나 지주들과 결탁해 방납하는 사례가 많았다. 또 조두순의 말에서는 분명히 나타나지 않지만 그런 일을 단속하는 포교들 또한 강상들과 짜고 이런 비리를 눈감아주는 경우가 허다했다. 물론 방납과 도성의 쌀값 사이에는 깊은 연관이 있었기 때문에 조정에서는 중요 시책의 하나로서 줄곧 논의를 이어갔다.

1866년에 들어서자 쌀값 소동은 더욱 심해졌다. 의정부의 상주(上奏, 임금에게 아뢰는 일)를 보면 당시 상황을 짐작할 수 있다.

도성의 쌀값이 한결같이 뛰기만 하니 이것이 무슨 연고입니까? (…) 모리배가 조종한 폐단입니다. 지난번에 우리는 수만 포의 곡식을 미전에 나누어 주었습니다. 이는 곧 공급의 분량을 고르게 해서 공사의 이해에 따라 값을 낮추기 위함이었습니다. 상인을 위한 지극한 뜻도 되고 도성민을 위한 고심도 되는 것입니다. 그런데 근래에 들으니 경강의 물이 줄어들자 쌀을 배에 싣고 시세를 엿보며 머뭇거리는 자도 있고, 망령되이 의심을 내서 끝내 쌀을 팔지 않는 자도 있고, 중간 지점에서 곡식을 감추어두고 올라오지 않는 자도 있다고 합니다. 이것은 모두 양쪽의 편리한 뜻을 전혀 모르고 한갓 개인의 이익만 따지기 때문이니 (…)《포도청등록》)

이때도 어김없이 전국에 영을 내려 이런 무리들을 잡아들이고 효수경중하게 했다. 그러나 엄포만 놓았지 실효라고는 하나도 거둔 것이 없었다. 도성의 하층민들은 언제나 주린 배를 움켜쥐어야만 했다.

벼슬아치와 양반의 횡포

우리나라는 전통적으로 농업 생산물을 중심으로 한 농업 국가였다. 18세기 이후 농업 생산물이 차츰 상품으로 전환됨에 따라 전국적으로 도고 상인층이 형성되면서 상당한 이윤을 축적해갔다. 도고가 하나의 이권으로 등장하자 가장 큰 소비도시인 한양의 경강을 중심으로 자리를 잡게 되었다. 19세기 중엽에 들어서자 양반과 토호까지 이 일에 뛰어드는 사태가 벌어졌다. 영의정 김조순은 임금에게 이렇게 보고했다.

> 물종(物種)의 도고는 이른바 권리입니다. 작은 이익을 다투는 소민(小民)들도 이와 같은 명색이 있는데 지금은 상부의 각 궁방 사족과 향반, 토호에 이르기까지 이 일을 능사로 삼지 않는 사람이 없습니다. 무릇 매매라고 이름 붙여진 것은 비록 채소 다발이나 나뭇짐과 같이 작은 것이라도 주관해 조종하는 곳이 있습니다. 물가가 한번 뛰면 내려가지 않아 민생이 날로 어려워지는 것은 이 때문입니다.《포도청등록》

이처럼 벼슬아치나 양반이 뒤에서 물가를 조종하고 농락해 이익을 얻기에 이르렀다. 당장 눈앞에 보이는 작은 이익일 뿐이라며 업신여기던 장사에서 이권이 생기자 차츰 파고들어 상권을 거머쥐었던 것이다. 이렇게 되니 관의 비호를 받는 벼슬아치와 양반들의 횡포가 여기서도 이만저만이 아니었다. 쌀에 대한 독점 이익은 말할 것도 없었다. 예전에는 전국의 10대 부호가 대부분 지방 토호들이었으나 19세기에 들어서면서 처음에는 안동 김씨들이 그 반수를, 뒤에는 여흥 민씨들이 그 반수를 차지했다는 소문이 파다했다.

이렇게 농업 생산은 한정되어 있는데 대지주의 출현 등으로 빈부의 격차가 심해지자 농민 또는 도시 빈민들의 배는 더욱 쪼그라들었다. 도시 빈민에 한해서 살펴보면 앞서 나타난 집단행동 외에도 비밀결사 등의 방식으로 양반 세도가들에 대항하는 일이 흔해졌다. 오랜 전통을 지니고 활동해온 검계·살주계 같은 비밀단체는 19세기에 들어서자 공공연히 벼슬아치들의 집에 몰려와 행패를 부렸는데 양반집 안방에 몰려가 부녀자들을 욕보이기까지 했다. 이 조직은 난민을 조종하기도 하고 명화적과 손잡고 정보를 주기도 했다. 경제적 이권의 독점과 사회적 지위의 불일치는 많은 저항 세력을 만들어 결국 조선왕조를 말기적 상황으로 몰고 갔다.

공포를 조장하는 포졸

조선 시대의 포교·포졸은 힘없는 민중에게는 호랑이보다도 더 무서운 존재였다. 포교가 들이닥치면 길가에서 울던 아이도 골목으로 숨어버렸다고 한다. 그들이 통부(通符, 가택 수색이나 야간 통행 등에 통용되는 표지)를 차고 홍사(紅絲, 죄인을 묶는 붉은색의 오랏줄)를 늘어뜨린 채 거리를 누비면 죄 없는 사람들도 가슴을 조였다. 그만큼 위세를 떨치고 권한이 컸던 것이다. 그러나 조선 중기 이전까지만 해도 포교와 포졸은 도둑을 잡는 임무를 띠고 일이 생기면 차출되었다가 일을 마치면 해산하는 권설직(權設職)에 지나지 않았다. 예를 들어 명종 때

임꺽정이 황해도 일대에서 부하 수천 명을 거느리고 관가의 재물까지 빼앗으며 한양까지 진출하자 조정에서는 임시로 포도대장을 임명하고 포졸을 모아 임꺽정을 잡게 한 다음 해산했다.

그러다가 광해 연간에 허균이 역적으로 죽고 그를 따르던 무리가 한양에서 시끄럽게 떠들어대니 나라에서는 이를 막고자 좌포도청·우포도청을 상설 기구로 두었다. 좌포도청은 한양을 비롯해 이북 지방, 우포도청은 한양을 비롯해 삼남 지방을 맡게 했다. 이때부터는 포도청이 단순히 도둑을 잡는 임무만이 아니라 나라의 변란을 막는 일까지 맡아보게 된 것이다. 포도청에서는 포교와 포졸을 통해 서울을 중심으로 궁궐과 요소마다 순찰을 돌고 지방의 중죄인을 잡아 올리고 물가를 단속하고 풍속사범을 검거하고 나루와 역참에서 검문을 하는 등 오늘날 경찰의 임무와 같은 일을 해냈다. 특히 19세기 중엽에 들어와서는 서학 죄인을 잡거나 반역 음모자를 색출하는 등 국가적 임무까지 주어졌다. 그리하여 포졸들은 지방 관아에 딸린 아전이나 한성부 소속의 형리들보다 더 권력을 휘두를 수가 있었다.

이렇다 보니 이 자리를 얻는 것이 바로 출셋길이 되었고 재물을 모을 수 있는 이권의 대상이 되기도 했다. 죄 없는 자도 두들겨 패대면 몽둥이가 도깨비방망이로 둔갑해 돈이야, 술이야, 밥이야, 한정 없이 생겼으니 말이다. 이들은 양반이 아닌 중인 이하의 신분이었지만 때로는 몰락한 양반에게도 집적거릴 수 있었다. 또 양반들이 걸핏하면 상놈들에게 불효·불목이라는 죄명을 씌워 잡아다가 볼기를 쳐 재물을 우려내는 수법을 그대로 이용했다. 별 볼 일 없는 양반쯤이야 이들의 위세 앞에 오금을 못 폈다. 그 실례로 유생들이 사헌부에 포교들의 횡포를 호소한 기록이 있다.

　이문소(李文昭)는 글이나 읽는 별 보잘것없는 사람인데 일전에 포교의 무리 10여 명이 그네 집에 돌입해 어명이라 일컫고는 끌어내다가 포도청으로 잡아왔습니다. 이에 포도대장이 죄 없음을 알고 그를 놓아 보낸 뒤 포교 중에 이 일을 주동해서 벌인 자를 '잘못 잡아왔다'는 죄목으로 형조에 이송했다고 합니다. 비록 평민을 잘못 잡아와도 적용되는 법률이 매우 엄한 터인데 하물며 양반붙이겠습니까. 더욱나 그 일은 포교가 묵은 감정을 품고서 그것을 풀어보려고 감히 어명이라고 거짓 핑계를 대 주저함 없이 유생의 집에 행악했으니 진실로 한 푼이라도 나라에 기강이 있다면 이 무리가 제 분수를 넘고 절도(節度)를 능멸함이 어찌 이같이 무엄하겠습니까.《포도청등록》

　이 말대로라면 나무꾼, 수레꾼, 술장수 같은 상놈들은 포졸 앞에서 그야말로 호랑이 밥이었을 듯하다. 잘못 없이 착하게 살아도, 또 고분고분 시키는 대로 따라주어도 툭하면 티를 잡아 족쳐서 재물을 우려냈을 게 틀림없다.

뚝섬 사람들의 원한

　원래 뚝섬은 도성 근방의 놀이터였다. 임금의 사냥터가 이곳에 있었고 군사의 교련장도 여기에 있었다. 임금이 머물고 있다는 것을 알리는 기를 '독(纛)'이라 했는데 이 깃발이 자주 이곳에서 펄럭였다. 나중에 이곳에 '독기'를 보관하고 나라의 무운을 빌어 '독신'을 모시는 일로 발전했다. '뚝섬'이라는 지명도 '독섬'이 변해서 된 말이다.

뚝섬 나루는 서울 근방에서 가장 큰 절인 봉은사(奉恩寺), 그리고 서울 근방에서 보부상이 가장 많이 들끓고 쇠전으로 유명한 송파로 통하는 교통의 요충이자 경상도·충청도·강원도 등 내륙 지방과 통하는 길목이었다. 그뿐만 아니라 강원도·경기도의 상류 지방에서 내려오는 목재와 쌀이 서울로 들어오는 길목이어서 물상객주(物商客主)들이 들끓기도 했다. 이런 조건으로 인해 상업의 요지가 되었기에 일찍이 사람들이 많이 모여 살았다. 물상객주 같은 부자들과 막일꾼 같은 최하층민들도 섞여 살았다. 반면 양반들이 살 곳은 아니었다. 이곳에 사는 이들은 대부분 낮은 신분이었고 그렇기에 단결심이 남달리 강했다. 이런 기록이 있다.

> 뚝섬 사람들은 단결이 잘되어서 국상이 났다 하면 상여 메는 일을르 도 맡았고, 그때마다 발 하나 틀리지 않고 상여를 멨다.(《포도청등록》)

뚝섬은 겨울만 벗어나면 도성 사람들의 놀이터가 되었다. 도시락과 안줏감을 싸 들고 온 평민들은 물가와 그늘 밑에서 한바탕 꽹과리를 울리며 질탕하게 놀았다. 양반들은 가마나 말을 타고 와 기생을 끼고 풍악을 울리며 놀잇배에 탄 채 강을 오르내렸다.
이런 곳이다 보니 술장수·음식 장수·참외 장수, 또 이 장수들에게 나무를 해 파는 나무꾼, 배를 젓는 사공, 놀이 패의 짐을 날라다 주는 짐꾼들이 꼬였다. 한편 어김없이 무뢰배들이 들끓었고 포졸들이 이런저런 구실을 붙여 돈을 뜯어내는 일도 잦았다. 포교의 끄나풀인 가설군관(假設軍官)이 눈을 번뜩이며 온갖 정보를 캐내 상급 포교들에게 일러바치면 오랏줄을 늘어뜨린 채 나타난 포교는 으름장을 놓게 마련이었다. 이럴 적에 장사치들은 별것도 아닌 일이지만 계속 장사를 해먹기 위해 인정을 얼마만큼 써야 했다.

그래서 뚝섬 주민들에겐 차츰 관에 대한 불만이 쌓여갔다. 하지만 관의 수탈은 그칠 줄을 몰랐다. 송파의 보부상 패는 떠돌이들이기에 포교나 포졸들을 강물에 처넣거나 땅에 메다꽂고 달아나면 잡을 길이 없었지만 뚝섬의 장사치들은 한곳에 전을 벌이고 살았기에 포교들에게 말대꾸 한번 못 하면서 당해야 했다.

포졸 · 군관 살해 사건

끝내 일이 터졌다. 1851년 2월 2일 포도청의 한 기찰포교(譏察捕校)가 가설군관 유해룡(劉海龍)을 데리고 뚝섬에 나가 짐꾼인 고덕철(高德喆)을 절도 혐의로 체포해왔다. 포교들은 죄인을 효경교(지금의 종로 4가와 5가 사이 낙선방(樂善坊)에 있던 다리) 옆에 있는 유개막(流丐幕, 걸인과 유랑민을 감시하는 초소)에 꽁꽁 묶어놓고 막 조사를 하려던 참이었다. 훤한 대낮이었다.

한번 잡혀가면 아무런 증거가 없더라도 모진 형벌을 받거나 속전(贖錢, 죄의 대가로 관에 바치는 돈)을 물어야 했다. 고덕철의 동생이자 짐꾼 노릇을 하는 고완철(高完喆)이 이 사정을 동네의 어른인 이임(里任) 홍희일(洪義壹)과 중임(中任) 이상길(李尙吉)에게 가서 호소하니 홍희일은 동네 사람들을 모아 포도청에 가서 등소하라고 했다. 노비인 달금(達金)과 중임인 한종호(韓宗浩) 등은 온 동네를 다니며 외쳤다.

"포도청에 가서 고덕철을 구해내자. 만약 나오지 않는 사람은 동네에서 쫓아낼 것이다."

순식간에 수백 명이 칼을 꼬나들기도 하고 몽둥이를 휘두르기도 하면서 청계천 가에 있는 유개막으로 들이닥쳤다. 고덕철이 묶인 채 고문당하는 꼴을 본 이들은 유개막을 때려 부수고 포졸들에게 달려들었다. 그리고 다짜고짜 유해룡을 땅에 처박고 발로 짓밟았다. 그뿐만 아니라 다른 네 사람의 옷을 칼로 찢기도 하고 몽둥이로 두들겨 패기도 했다. 또 군관들이 차고 있던 홍사와 통부를 빼앗아 차기도 했다. 이들은 순식간에 고덕철을 데리고 포교 한 사람을 앞세운 채 달아났다. 유해룡은 즉사했고 나머지 군관 4명도 숨이 가느다랗게 붙었을 뿐 초주검이 되었다.

포도청은 발칵 뒤집혔고 포졸들은 이들을 찾아 나섰으나 오리무중이었다. 마침내 고덕철이 살고 있는 뚝섬의 마을을 돌며 집집마다 뒤진 끝에 장정들을 잡아들였다. 뚝섬은 부녀자들의 울부짖는 소리, 살려달라고 애원하는 소리로 그야말로 아비규환이 되었으며 포졸들은 매달리는 부녀자들을 날쌘 발로 걷어차기에 바빴다.

군중이 끌고 간 포교는 진고개에서 발견되었는데 그의 증언을 통해 잡아온 장정 가운데 연루자를 하나하나 가려냈다. 정선방(貞善坊)의 파자교(지금의 종로구 묘동 단성사 앞쪽에 있던 다리) 옆에 있는 좌포도청은 연일 잡혀온 백성들로 들끓었으며 죄인들이 울부짖는 소리로 지옥을 방불케 했다. 포졸들은 잡혀온 백성들의 주리를 틀고 인두로 지져대며 엄한 심문을 한 끝에 주모자들을 가려냈다.

일이 커지자 동네의 책임자인 홍희일과 한종호는 주모의 아들 함순길(咸順吉) 등을 잡아다가 몸을 묶고 족쇄를 채워 저네 사랑채에 가두었다. 이어 포교들이 밀어닥치자 범인으로 내주었고 포도청에 가서는 온갖 변명을 늘어놓으며 책임을 전가했다. 어쨌든 이 일은 뚝섬을 발칵 뒤집어놓았다. 포교들의 기세는 더욱 등등해졌고 뚝섬 사람들은 더욱 벌벌 기었다. 포도청에서는 상급 기관인 형조에 이렇게 보고했다.

> 설령 사실이 저 무리의 공초대로라고 할지라도 진실로 붙잡힌 도둑이 원통함이 있으면 포도청에 와서 호소하는 것이 옳습니다. 그런데도 한동네의 무리를 모아 칼과 몽둥이를 들고 백주에 한길로 나와서 기찰포교를 당장에 때려죽였습니다. 이것은 죄의 정상을 참작할 수가 없습니다. 그 행동을 말하면 강도요, 그 실상을 말하면 죄수를 강탈한 것이니 어찌 이런 기강과 광경이 있을 수 있겠습니까. 말이 여기에 미치매 마음이 떨리기만 합니다. 법을 어지럽히는 이따위 무리는 심상히 목숨을 살려둘 수가 없습니다. 먼저 주장한 자와 앞장서 일을 벌인 자는 머리를 베어 거리에 걸어놓고 민중을 깨우쳐야 합니다.(《포도청등록》)

이토록 엄하게 다스리기만 하고 기강이 땅에 떨어졌다고만 했지 이들이 왜 그렇게 했는지는 캐보지도 않았다. 물론 장본인인 포교에 대해서도 아무런 조치를 취하지 않았다.

끝내 한번 분을 풀어본 이들 중 10명은 머리가 잘려 거리에 내걸렸고 나머지 수십 명은 멀리 귀양을 가기도 하고 모진 장형을 받기도 했다. 다만 이임 홍희일은 양반 부스러기라 해서 고군산도로 귀양을 보내는 것에 그쳤다. 역사에서는 이 사건을 '뚝도 민란'이라고 부른다.

사건의 주요 인물

이름	나이	직업
이경철	28	하인
김관희	29	짐꾼
김순길	38	짐꾼
유은길	29	나무꾼
권호길	48	마부
한종호	54	이임
고완철	43	짐꾼
한복대	51	짐꾼
정말금	64	하인
원치성	31	국수 장수
정영손	28	술장수
함순길	35	짐꾼
홍희일	76	이임

주모자와 행동대의 나이와 직업을 보면 이 사건의 성격을 짐작할 수 있을 것이다. 모두 하층민들이었다.

목수들의 포도청 습격

1860년 5월 16일 오후, 점심을 먹고 난 경희궁 목수들이 떼를 지어 광화문에 있는 우포도청으로 몰려갔다. 청사에 들이닥친 이들은 꼬나들고 있던 몽둥이로 건물을 닥치는 대로 때려 부쉈다. 그리고 입직하고 있던 관원들을 끌어내 뜰 앞에 꿇린 뒤 머리·몸뚱이를 가

리지 않고 몽둥이질을 했다. 실컷 두들겨 팬 뒤 몸은 펄펄 끓는 쇠
화로에 집어 던졌다. 입직하던 한 양반이 탕건을 받쳐 쓰고 앉아 있
자 포교들이 쓰는 홍사로 묶어 패대기치고 큰길로 몰아냈다. 군관이
고 내방객이고 가릴 것 없이 포도청에 있던 사람들은 모두 봉변을
당했다.

조금 시간이 흐르자 소문을 듣고 달려온 목수들이 더욱 늘어났다.
이들은 한동안 우포도청에서 분탕질을 한 뒤 정선방에 있는 좌포도
청으로 몰려갔다. 이에 겁을 먹은 입직들이 방문을 걸어 잠그자 문
을 부수고 방 안으로 뛰어들어 입직들에게 발길질을 해댔다. 그러고
나서 입직들을 뜰 아래로 끌어내 바닥에 꿇리고 옷을 찢었다. 그런
다음 군관 네 사람을 홍사로 꽁꽁 묶은 채 포도대장의 집으로 끌고
가서 대문 안으로 밀어 넣었다. 그뿐만 아니라 좌·우변 군관청으로
몰려가 창과 벽을 허물고는 "옥문을 깨뜨려라"라고 고래고래 소리를
질렀다.

이렇게 실컷 분을 풀면서 저녁나절을 보낸 이들은 흔적도 없이 사
라졌다. 그러나 목수들이 어디로 잠적했건 영리한 포교들의 눈을 속
일 수는 없었다. 이튿날 포교들은 온 장안을 뒤진 끝에 난동에 가담
한 목수 11명을 잡아들였다.

사건의 주요 인물

이름	나이	출신지
탁경신	39	유동
김진길	29	회동
권흥복	32	대정동

김기화	45	묘동
박연근	29	면전동
박영근	29	왕십리
김흥갑	62	판정동
김영원	41	장동
장진성	35	예동
정학성	29	예동
안국희	22	청파동

위의 연루자들은 가담했던 목수 중의 일부이다. 대부분 서울에 사는 이들이었고 개성·평양의 목수들은 종적이 묘연했다. 이 사건에 대해 포도대장은 임금에게 이렇게 아뢰었다.

경희궁 역소(役所)의 목재나 쇠못 같은 물건이 자주 없어지는 폐단이 있어 특별히 조사했습니다. 지난 열엿새 날 목수 백계창(白季昌)이 철물을 훔쳐 팔기에 좌포도청의 기찰포교가 잡아들여 채 조사도 못 했을 적에 각 처소의 목수들이 그를 구출해낸다고 소리치거나 따르며 작당해 각각 몽둥이를 들고 일제히 좌우 포도청과 좌·우변 군관청에 쳐들어왔습니다. 그리고 청사를 두들겨 부수고 포교·포졸을 묶어 패고 입직의 종사관까지 끌어내 쫓았습니다. 그뿐만 아니라 몽둥이찜질을 하고 화로에 던져서 유혈이 낭자했습니다. 홍사를 빼앗아 포교 넷을 결박했고 만나는 사람마다 난타해 중상한 자들이 많았습니다. 저희 집에 몰려들기까지 해서 변괴가 창졸간에 일어났습니다.(《포도청등록》)

이 보고는 난동의 과정만을 얘기했지 그 원인이나 저간의 사정에 대해서는 한마디의 언급도 없다.

새문 근방에 있는 경희궁은 순조 연간에 화재를 만나 깡그리 타버렸다. 그 후 복구 작업을 연이어 벌였는데 이때도 부속 건물들을 복구하고 있었다. 이 공사에 각지에서 목수들이 번갈아 동원되었다. 국역에 동원되었다고 해서 품삯도 제대로 주지 않는 판에 서울의 목수들만 동원할 수 없어 개성·평양의 목수들도 많이 차출되어왔다. 이들은 가족과 멀리 떨어져 국역에 동원된 것도 큰 불만이거니와 서북 지방에 대한 조정의 차별로 인해 평소에도 늘 중앙정부에 불온한 마음을 품고 있던 터였다. 또한 목수들은 이 눈치 저 눈치 보면서도 역사를 벌일 적에는 늘 포졸들에게 돈을 뜯겨야 했다. 특히 도급제일 적에 도목수는 일정한 몫을 포도청에 상납해야 일을 제대로 할 수 있었고 그 상납의 액수에 따라 일반 목수의 몫이 줄어들었다.

따라서 생계를 위해서도 그렇거니와 조정에 대한 불만이 겹쳐 더러 감시의 눈을 피해 물건을 빼내 파는 일이 있었다. 마침 동료 백계창이 소량의 쇠못을 빼내다가 잡히자 이들의 감정은 드디어 폭발하기에 이르렀다. 더욱이 도둑질이라는 죄명으로, 그것도 궁궐 짓는데 쓰는 물건을 훔친 죄일 적에는 목숨을 건질 수 없었던 것이다. 탁경신(卓敬信)은 매부인 백계창이 잡혀갔다는 소식을 듣고 동료 목수들에게 이렇게 외치고 다녔다.

"사소한 물건을 가지고 도둑의 이름으로 잡혀간다면 역사에 동원된 목수치고 누가 도둑 이름을 면하랴. 일제히 쫓아가서 함께 그를 구출해 한번 분을 풀어보자."

이에 너도나도 몽둥이를 들고 광화문으로 몰려갔고 점심을 먹느라 늦게 소식을 들은 목수들도 연이어 포도청으로 달려갔다. 목수들은 원래 야료도 잘 부리고 또 주먹깨나 쓰는 축들이어서 포졸들이 기찰 나가느라 텅텅 빈 포도청을 멋대로 유린했다. 비록 탁경신 같은 주동자는 잡아들였으나 개성 목수 등은 끝내 종적을 감추어 잡지 못했다.

목수들의 불만이 조직적 행동으로 발전한 것은 동업조합인 목방(木房)의 조직력 때문이었다. 조선 후기에 들어 와공(瓦工), 목장(木匠) 등 특수직 종사자들은 조직을 만들어 부당한 관권에 대항했다. 이 사례는 특수직에 종사하는 부류가 포도청에 맞서 항거했다는 사실 자체로도 새로운 저항의 조짐일 것이다.

삼남의 농민 봉기

문벌 정치의 말기에 이르자 쌓이고 쌓인 비리를 더 두고 볼 수 없는 지경이 되었다. 농업 생산지인 경상도·전라도·충청도에서 거의 골골마다 봉기가 일어나 구실아치와 수령을 타도의 대상으로 삼았다. 이는 작변과는 달리 조정에서 인정하는 합법적 방법이기도 했다. 곧 부정한 수령을 주민들이 내칠 수 있는 권한이 주어져 있었다. 수령을 죽이지만 않는다면 모욕을 주어 지경 밖으로 내보내는 것은 허용되었던 것이다.

봉기의 원인은 당시 가장 큰 모순을 만들어낸 삼정의 문란에 있었다. 삼정은 국가 수취 체제로 간단하게 설명하면 토지에 매기는 조세인 전정(田政), 군사 경비로 거두는 군포(軍布), 지방재정을 보충하는 환곡(還穀)이다. 조세를 규정보다 많이 거두어들이거나 장정이 아닌 어린애와 노인들에게도 군포를 거두거나 환곡을 줄 적에는 규정보다 적게, 받아들일 적에는 규정보다 많게 받는 따위의 불법을 저질렀다. 정약용은 《목민심서(牧民心書)》에서 수령과 구실아치들이 삼정을 통해 저지르는 부정행위를 적나라하게 알려주었다.

지리산에서 진주성으로

마침내 1862년에 쌓이고 쌓인 농민들의 불만이 폭발했다. 가슴속에만 쌓아두고 있을 수가 없었다. 행동으로 보여주어야 무슨 개선책이라도 나올 것 아닌가.

단성은 지리산 천왕봉 아래에 있는 작은 고을로, 주민이 수천 호에 지나지 않았다. 그런데 단성의 수령과 구실아치들이 1861년에 환곡 10만여 섬의 절반을 착복했다. 암행어사인 이인명(李寅命)이 이를 적발해 2만 7,000섬을 물게 조치했다. 구실아치들은 곡식이 아닌 솔가지·짚·풀·겨 따위로 나락 섬을 채웠다. 이인명은 여느 암행어사처럼 이를 발견하고도 가벼운 처벌만을 하고 그냥 가버렸다.

양반인 김인섭(金麟燮)이 나서 경상 감사와 단성 현감에게 이 사실을 알리며 바로잡아달라고 했으나 이들은 모르는 척했다. 김인섭이 주동이 되어 주민을 모아서 거세게 항의하자 현감인 임병묵(林昺默)이 겁을 먹고 도망치다가 잡혀왔다. 김인섭이 이끄는 주민들이 관아로 쳐들어가서 항의하자 현감과 구실아치들은 이들을 두들겨 패 쫓아 보냈다. 주민들은 구실아치의 집에 불을 지르고 장터로 나와 횃불을 든 채 함성을 질렀다. 현감이 새로 부임해왔지만 주민들이 묵은 구실아치를 쫓아내고 새로 임명하는 등 고을 행정을 접수했다.

이 소식을 들은 진주에서도 봉기가 일어났다. 이곳에서는 경상우병사 백낙신(白樂莘)과 진주 목사 홍병원(洪秉元)이 모질게 수탈을 자행하고 있었다. 이들은 인징(鄰徵, 도피한 군역자의 군포를 연대책임으로 이웃에게 대신 거두는 일) 따위의 방법을 써서 주민들을 들들 볶았다. 가난한 사람은 비록 집을 수색해도 남은 것이 없어서 대신 부자들의 집을 수색해 그릇과 옷가지, 책을 모조리 가져갔다. 오래전에 이미 조세를 냈는데도 이웃한 다른 집들이 내지 않았다는 이유로 압수를 당한 것이다. 부호나 가난한 이나 시달리기는 매한가지였다.

단성에 살던 유계춘(柳繼春)은 땅 한 뙈기 없는 가난뱅이로, 지리산에서 나무를 해서 내다 팔아먹고 살았다. 비록 초군(樵軍, 나무꾼)이기는 하나 제법 말깨나 하는 똘똘이였던 모양이다. 그는 선비들과 상의해 이회(里會, 동네일을 의논하는 모임)를 열고 우두머리가 되어 통문(通文, 통지 문서)을 돌렸다. 그리고 수곡 장터에서 "개를 잡아 그 피를 입에 바르고 맹세합시다. 우리가 버슬아치와 악질 토호를 징치합시다"라고 외쳤다. 일행은 행진하면서 유계춘이 지은 언문 노래를 부르며 사기를 북돋웠다. 그는 지리산의 초군을 비롯해 종과 주민 수만 명을 이끌고 2월 28일에 진주성을 포위했다. 이미 구실아치와 토호들은 도망치고 없었다. 봉기군은 길가에서 갓을 쓰고 차림을 갖춘 양반을 보면 짓밟고 옷을 찢었다.

이들이 장터에 자리를 잡자 병사 백낙신이 용기를 내서 설득하려고 나왔다. 그러자 봉기군이 우르르 달려들어 그를 땅바닥에 꿇리고 죄상을 낱낱이 알렸다. 백낙신은 이들의 요구를 들어주는 척하면서 도리어 구실아치 둘을 잡아다가 곤장을 쳤다. 봉기군은 두 구실아치를 장작더미 불구덩이에 던졌으며 구실아치의 아들이 제 아버지를 꺼내려 하자 짓밟아 죽였다. 이어 악질로 소문이 난 지주 집 몇 채에 불을 질렀다.

이틀 동안 분을 푼 이들은 백낙신과 홍병원으로부터 앞으로 부정 착취를 하지 않고 빼앗은 재산을 돌려주겠다는 완문(完文, 증명서)을 받아냈다. 이에 봉기군은 일단 2월 23일에 해산하기로 결정했다. 이 소식을 들은 조정에서는 박규수(朴珪壽)를 안핵사로 삼아 진주로 내려보냈다. 박규수는 이렇게 보고했다.

> 병영에서 환곡을 들어먹고 나서 때를 틈타 한 고을의 두민(頭民, 나이가 많고 식견이 높은 사람)을 불러 모아 술과 밥을 먹이며 유인하거나 감옥에 가두어 협박하면서 6만 냥가량의 돈을 집집에 배당해 백징(白徵, 세금을 물어야 할 이유가 없는 사람에게 억지로 세금을 거두는 일)하려 했다. 이에 민심이 끓어오르고 사람들의 분노가 한꺼번에 폭발했다.《임술록(壬戌錄)》

산골 마을에서 물꼬를 튼 봉기가 하도의 중심지인 진주 등지로 번져나간 것이다. 안핵사 박규수는 현지에 도착해 주동자들을 체포한 뒤 유계춘과 동조자 몇을 효수형에 처했으나 양반인 김인섭은 방면해주었다. 단성에는 초기에 안핵사가 파견되지 않아서 행정이 오랫동안 난민들의 수중에 장악되어 있었고, 앞서 미흡한 처리로 봉기의 원인을 제공하기도 한 암행어사 이인명이 단성 민란의 조사를 다시 맡는 등 근본적 문제점은 그대로 둔 채 단죄에만 급급한 행태를 보였다. 이러한 조정의 대처가 이후 무수한 민란의 기폭제가 됐다.

이를 예전에는 '진주 민란'이라 불렀지만 요즈음에는 '삼남 농민 봉기'라 부른다. 다시 말해 진주에서 발단이 되었지만 경상도·전라도·충청도로 번지면서 한 지역에 국한한 사건이 아니게 되었기 때문이다. 봉기에 관한 소문은 발 없는 말이 천 리를 가듯 삽시간에 이웃 고을로 번졌다. 참고 참던 분노가 먼저 영남 땅 여기저기에서 폭발했다.

영남 지방의 봉기

먼저 성주에서 같은 해인 1862년 3월 26일에 봉기가 있었다. 주민 수만 명이 구실아치와 악질 지주의 집 50여 채를 부숴버렸다. 며칠 뒤 핍박을 견디지 못한 부사가 감영으로 도망쳤고 주민들이 관아를 차지했다.

4월 7일에는 개령으로 번졌다. 개령의 양반붙이인 김규진(金奎鎭)이 주민들에게 통문을 보내 나오지 않으면 징벌을 내리겠다고 말하면서 거사 자금은 부호에게 걷겠다고 공언했다. 현감 김후근(金厚根)이 김규진을 잡아 가두자 농민 수천 명이 이수 장터에 모여 기세를 올리고 관아로 쳐들어가서 김규진과 다른 죄수를 풀어주었다. 주민들은 김후근을 욕보이고 구실아치 3명을 죽였으며 문서들을 불태웠다. 이어 떼를 지어 돌아다니면서 양반 토호의 집 50여 채를 불태웠다. 그 와중에 주민 5명도 죽임을 당했다.

4월 9일에는 안동에서도 봉기가 있었다. 주민들은 부정한 벼슬아치와 불량한 부호의 집을 불태웠다. 그러고 나서 읍내로 몰려갈 적에는 몇천 명이 모여들었다. 이들은 양반 토호를 대상으로 삼아 닥치는 대로 집을 불태우고 만나는 족족 욕을 보였다. 읍내 관아로 들어가서 창고도 불태웠고 부사를 끌어내 마당에 꿇리고 요구 조건을 내밀었다. 사흘 동안 이어진 소요 끝에 불탄 집만 54채를 헤아렸다.

5월 29일에는 지리산 밑 산골인 함양에서 봉기가 일어났다. 이들은 7일 동안 고을을 석권하면서 군수와 좌수, 구실아치들을 몰아내고 읍권을 장악했다. 연달아 이웃 고을인 거창에서도 비슷한 양상으로 봉기가 전개되었다. 두어 달 동안 영남 지역에서 벌어진 굵직한 소요만 헤아려도 11개 고을에 이르렀다.

호남 지방의 봉기

봉기는 전라도 지방으로 번져나갔다. 먼저 농산물 집산지인 익산에서 불길을 댕겼다. 이곳 주민들은 여러 차례 전라 감영과 조정에 폐막을 적어 시정해달라고 요구했지만 아무런 조치가 없었다. 3월 들어 주민들은 남산에서 봉화를 올리고 통문을 돌렸다. 그리고 27일에 3,000여 명이 관아로 돌입했다. 군수인 박희순(朴羲順)에게 등소장을 들이밀고 도결(都結, 구실아치들이 공금이나 군포를 사사로이 사용하고 그것을 메우기 위해 토지세를 정해진 금액 이상으로 물리는 일)로 빼앗은 4,000여 냥을 돌려달라고 요구했다. 박희순이 요구를 들어주지 않자 옷을 찢고 발로 차고 시궁창에 처박았다. 나아가 그를 멍석말이해 담장 너머로 내던졌다. 구실아치들은 도망쳤고 주민들은 창고에서 돈을 꺼내 나누어주었다. 이곳에서는 주민들의 행동이 합법적 단계를 거쳤다는 데 주목할 만하다.

함평에서는 4월 16일에 봉기가 전개되었다. 주민들은 등소 따위 아무 효과가 없다는 사실을 알고 바로 행동으로 돌입했다. 먼저 토호와 구실아치의 집과 재물을 불사르고 죄수들을 풀어주는 대신 포졸들을 가두어버렸다. 또한 현감 권명규(權命奎)를 두들겨 패서 담장

밖으로 내친 뒤 스스로 고을 행정을 한 달쯤 다스렸다. 이때쯤에야 조정에서는 봉기가 "처음에는 영남에서 일어나 호남에서 더욱 심해지고 호서 지방으로 번지고 있다"는 현지 실정을 파악하고 있었다.

부안에서는 5월 8일에 특이한 일이 벌어졌다. 전국적으로 민란이 일어나자 조정에서는 선무사(宣撫使) 조구하(趙龜夏, 재해나 난리가 일어났을 때 민심을 무마하고 안정시키기 위해 파견하는 임시 관직)를 파견했다. 그는 익산·김제 일대를 돌아다니면서 수령의 잘못을 조사하고 있었다. 조구하의 행차가 부안 삼거리를 지날 적에 주민 1,000여 명이 길을 막고 폐막을 호소하면서 이방 김진열(金晉烈)을 죽이지 않으면 물러설 수가 없다고 말했다. 주민들은 읍내를 돌아다니면서 구실아치들을 쫓아낸 뒤 김진열을 몽둥이로 패고 발로 밟아서 거의 죽음에 이르게 한 상태였다. 이들을 말리던 선무사의 수행원 한 사람도 초주검이 되었다. 조구하 역시 손을 쓸 수가 없었다.

5월 끝 무렵에는 전라 병사 백회수(白會洙)가 이임하여 서울로 가면서 부안을 지나게 되었다. 모내기를 하던 농민들이 그 행렬을 보고 우르르 몰려가서 행차를 막고 호위하는 비장을 끌어내 두들겨 팼다. 여자들은 가마에 타고 있는 백회수의 아내를 끌어내 머리채를 흔들고 주먹으로 때린 뒤 옷을 갈기갈기 찢었다. 이들은 분을 참지 못하고 달려가 구실아치들의 집도 부쉈다.

이런 과격한 모습이 여러 곳에서 자주 목격됐다. 봉기의 불길은 내지로는 금구·무주, 해안으로는 장흥·순천 등지로 번져 조정에서 파악한 대로 영남 지방보다 더욱 거세게 일어났다.

호서 지방의 봉기

충청도에서는 조금 늦게 번졌다. 5월 들어 회덕의 초군들이 관아로 밀려가 항의하고 구실아치와 지주의 집 74채를 불태웠다. 이어 청주로 진출한 이들은 양반의 집을 습격하여 방화했다. 때를 같이해 충청 감영이 있는 공주에서도 초군들이 들고일어났다. 수백 명의 초군들이 금강 나루에 모여 요구 조건을 내걸고 시정을 요구했다. 여기에는 서울과 경상도에 사는 사람들도 끼어 있었다. 다음 날에는 주민 6,000여 명이 충청 감영 앞에 모여들었다. 충청 감사 유장환(柳章煥)은 겁을 먹고 벌벌 떨며 소원대로 다 들어주겠다고 약속했다. 일단 물러난 이들은 고을을 돌아다니면서 한을 풀었다.

5월 중순 은진에서 봉기한 초군들은 보름 동안 이 마을 저 마을 돌아다니면서 이곳 양반붙이인 김씨와 이씨의 가옥 등 집 62채를 방화·파괴했다. 또 이웃 고을인 전라도 여산으로도 몰려갔다. 보고를 받은 조정에서는 충청도에서 경계를 넘어 전라도로 간 것에 우려를 금하지 못했다.

연달아 진잠·연산·회인·문의 등지에서도 봉기가 일어났다. 호서 지방의 특징은 초군들이 봉기의 중심 세력이 되었다는 것이다. 이때 초군에는 땔감을 팔아 생계를 잇는 나무꾼만이 아니라 빈민에 속하는 머슴들이 포함되었다.

다시 전국으로

봉기는 가을 추수기에 들어 전국적으로 다시 확산되었다.

10월 24일에는 함경도 함흥 주민들이 봉기했다. 구실아치를 때려눕힌 주민들은 선화당으로 몰려가서 감옥을 깨고 죄수를 풀어주었다. 이때 도망쳤던 함경 감사와 중앙에서 파견된 순무사(巡撫使, 반란과 전시의 군무를 맡아보는 임시 관직)가 돌아와 포졸을 풀어서 100여 명을 잡아들이고 주동자 3명을 불법으로 처형했다.

10월 말에는 경기도 광주 사람들이 일어났다. 광주에서는 남한산성을 경비하는 수어청(守禦廳)의 경비를 대기 위해 환곡을 활용했다. 이 환곡에 대한 불만이 높아지자 미봉책으로 환곡의 이자를 없애는 대신 토지에 전가했다. 이에 주민들은 삼정이정청(三政釐整廳, 삼정의 폐단을 바로잡기 위해 설치한 기구)의 총재관(摠裁官)인 조두순과 정원용(鄭元容)의 집 앞으로 몰려가 시위를 벌였다. 여기에 참여한 사람의 수가 6~7만여 명이라 하는데 당시 광주 고을의 인구가 5만 명쯤 되었으니 아마 이웃 고을 사람들이 합세한 것으로 보인다. 이들은 이레쯤 시위를 벌여 기어코 환곡 이자를 토지에 전가하지 않겠다는 약속을 받아내고 물러갔다. 드물게 뜻을 이룬 사례에 속할 것이다.

12월 7일에는 황해도 황주 사람들이 봉기했다. 주민 수천 명이 25개의 요구 조항을 내걸고 구실아치들을 몰아냈다. 요구 조건은 궁방전(宮房田)에 관련된 내용이었는데 도장(導掌, 궁방전 관리자)의 불법행위를 막을 것, 기준을 넘어서는 도조를 고칠 것, 호조에서 지정한 말과 되를 사용할 것 등이었다. 하지만 황주 목사는 겉으로 들어주는 척하다가 주모자를 잡아 처형했다.

이 무렵 남해안의 여러 고을에서도 봉기가 연이었다. 특히 섬 지방으로 번지는 양상을 보였다. 어민들이 합세하는 분위기였다.

1년 동안 벌어진 봉기를 정리하면 경상도는 18개 고을, 전라도는 54개 고을, 충청도는 43개 고을로 나타난다. 뒤늦게 제주도에서도 봉기했지만 삼정 관련이 아니라 공물의 부정을 바로잡고 화전세를 없애려 한 것이었다. 아무튼 농업 집산지인 호남 지역에서 가장 봉기가 잦았다. 북쪽과 경기 지역에서는 남쪽 세 도에 비해 비율이 낮게 나타난다.

전라도에서 가장 빈발하게 봉기가 일어난 원인을 감사 김시연(金始淵)의 탐학에서도 찾을 수 있다. 김시연은 익산 등지에서 세차게 봉기가 일어나자 신변의 위협을 느끼고 달아났다. 그의 가족들이 뒤따르다가 주민들에게 잡혔다. 주민들은 그 어미의 음부를 모래로 문지르면서 "네 보지가 더러워서 탐관오리 아들을 낳았구나"라고 모욕을 주었다 한다. 말할 나위도 없이 김시연은 아무런 처벌도 받지 않았다.

"삼정의 폐단을 척결하라"

삼남의 농민과 하층민들은 첫 단계에서 4개월쯤 한과 분을 풀었다. 당시 그들의 활동을 살펴보면 다음과 같다.

첫째, 삼정에 따른 폐단을 낱낱이 들어 시정을 요구했다. 둘째, 폐단을 저지른 수령과 구실아치를 죽이거나 내쫓았다. 셋째, 관련 문서를 불태우고 곡식을 꺼내 빈민에게 나누어주고 무고한 죄인을 풀어주었다. 수령을 죽이는 것은 반역죄에 해당하므로 삼갔다. 정확한 통계를 내기는 힘들지만 불량한 구실아치와 토호 양반을 많이 죽였다.

군사를 보내 토벌할 힘도 없던 조정에서는 관례에 따라 안핵사나 선무사를 보내 경과를 조사하기도 하고 민심을 안정시키기도 하면서 바로잡으려는 척했다. 그러다가 기세가 잠잠해지면 포졸을 풀어서 주모자급은 효수하고 공모자급은 호되게 매를 때려 유배를 보냈다. 진주에서는 유계춘 등 10여 명, 익산에서도 주모자 10여 명이 처형되었으며 전국적으로 100여 명이 넘게 효수된 것으로 드러난다.

한편 박규수 같은 벼슬아치는 실정이 심각하다는 사실을 조정에 알리며 바로잡지 않으면 더욱 큰 탈이 날 것이라고 지적했다. 재야의 유생들도 상소를 올려 그 폐단을 지적하면서 시정책을 건의했다. 이에 조정에서는 임시 기구를 두어 바로잡으려는 뜻을 보이기도 했다. 철종은 내탕금(內帑金, 임금이 개인적으로 쓰는 돈) 5만 냥을 보내 구휼하라고 지시하면서 백성의 고통을 덜어내는 일을 서두르라고 엄하게 분부했다. 안동 김씨들도 어쩔 수 없이 삼정이정청의 설치에 동의했다. 하지만 삼정을 바로잡는 일에는 질질 시간을 끌면서 별다른 대책을 내놓지 않았고 부분적으로 발표된 개혁 방안도 추수기에는 지키지 않았다. 이걸 미봉책이라 할까, 기만책이라 할까? 지사인 강위(姜瑋)는 전국을 돌아다니면서 실정을 살펴보고 이렇게 적었다.

> 여기에 참여한 자들은 유랑민·떠돌이·등짐장수·머슴 들이며 역적 무리한들이 끼어 있었다. 좋은 세상을 바라볼 수 없는 자들이 백성의 분을 틈타서 앞장서기를 원해 한번 가슴속에 쌓인 원한을 풀어보려고 했다.《의삼정구폐책(擬三政求弊策)》

강위의 분석은 사태를 정확하게 진단했다는 평가를 받는다.

그렇다면 농민 봉기의 한계를 지적해보자. 무엇보다 다른 지역과 연계 투쟁을 벌이지 못했다. 자신들이 사는 고을의 문제만을 풀어보려 했는데 이는 합법의 범위를 고려한 것이다. 다음으로 폐정(弊政)을 바로잡지 못한 채 해산해 지속적인 투쟁으로 이어지지 못했다.

그래서 수령이나 조정의 감언이설에 넘어갔다. 아직 변혁 의지가 빈약했다고 볼 수 있을 것이다.

강위의 삼정책

시대 상황의 이해를 돕기 위해 강위의 경우를 살펴보자. 전라도 무주에 살던 그는 봉기꾼들이 격문을 지어달라고 했을 때 거절한 탓에 집이 불탔다. 그는 서울로 올라오는 길에 조정에서 삼정이정청을 설치하고 그 의견을 묻는 '삼정구폐책'을 널리 구한다는 소문을 들었다. 시기가 너무 늦었다고 생각했다. 그가 전국을 떠돌며 민심을 살필 때 농민 봉기의 조짐이 익히 드러났던 것이다. 조정에서는 실정을 너무 모른다고 여겼다.

서울에 와서 며칠 어슬렁거렸지만 무료하기만 했다. 그는 입을 다물고 숙맥처럼 지내는 것이 옳다고 생각했다. 당시 조정이나 재야에서 삼정이 어떻고, 난민이 어떻고, 벼슬아치가 어떻다고 떠들어대는 소리가 도통 못마땅했다. 백성의 실정, 농민의 참상과는 동떨어진 공허한 소리로만 들렸다. 제주도로 들어갈까 생각하며 옛 친구 정건조(鄭健朝)에게 이별의 인사를 하러 찾아갔다. 정건조는 그를 반기며 말했다.

"그대를 생각한 지 오랠세. 자네의 고향 땅인 광주 유수 남병철(南秉哲) 판서께서 자네를 보고 싶어 하네. 만나보려는가? 남 판서께서 자네의 글을 보고 싶어 하는데 글을 지어 바치고 싶지 않은가? 조두순 판서께서도 자네의 거처를 묻고 있으니 자네가 삼정책을 지을 수 있겠는가?"

강위는 코웃음만 치고 대꾸하지 않았다. 정건조는 화를 벌컥 낸 뒤 그를 이끌고 후원 다락으로 갔다. 삼정책을 짓지 않고는 빠져나갈 수 없다고 했다. 정건조가 나간 뒤 방 안을 둘러보니 문은 모두 빗장이 걸려 있고 지게문은 꽁꽁 닫혀 있었다.

꼼짝없이 갇힌 채로 강위는 밤낮을 두고 방책을 고민했지만 별 뾰족한 생각이 나오지 않았다. 그리하여 거듭 사양했지만 정건조는 "자네의 거짓에 내 속지 않네"라고 말하면서 끝내 짓기를 강요했다. 그리고 정창(鄭昌)이라는 일종의 조수까지 붙여주었다. 이곳을 빠져나가려면 아무렇게라도 빨리 쓰는 것만이 상책이었다. 강위는 국가를 구제할 만한 근본적인 방책에 골몰했지만 영 마음에 들지 않았다. 종이에 써 내려가다가 곧 내버렸다. 그 가운데 하나의 단락을 지어놓으면 정건조가 기뻐하며 거두어갔다.

이렇게 해서 한 달여에 걸쳐 겨우 완성했다. 무려 3,000자의 장문이었다. 정건조는 완성본을 자세히 읽어보고 나서 "군더더기가 많아 남에게 보여줄 수 없으니 조금 다듬으면 좋겠네"라고 당부했다. 강위는 다시 이리저리 뜯어고치려 했지만 기진한 상태였다. 또 이런 방책이 과연 썩은 조정과 문벌 정치와 그 유력자들에게 받아들여질지도 의심스러웠다.

어느 날 강위는 술 서너 사발을 한숨에 들이켰다. 취기가 오르자 그간 쓴 글을 한번 읽어보고 불태워버렸다. "취기를 틈타 불을 질렀다"고 했지만 한 달 동안 고심참담한 끝에 이루어진 글을 불구덩이에 집어넣을 때 어떤 심정이었을까? 붉게 취한 얼굴이 타오르는 불에 비쳤을 때 어떤 형상이었을까? 그는 그곳을 몰래 빠져나왔고 이 일을 새까맣게 잊고 있었다. 4년 뒤에야 강위는 정건조를 찾아갔다. 이때 정건조는 책 한 권을 그에게 내보이며 "그대는 이것을 아는가?"라고 말했다.

강위는 책을 뒤적이다가 깜짝 놀랐다. 바로 그가 불태운 삼정책 《의삼정구폐책》이었다. 그 전해진 내력은 이러했다. 조수 역할을 한 정창이 그가 내버린 종이를 주워서 잘 베껴두었다가 강위가 자신이 쓴 글을 불태우고 달아나자 대신 내놓았던 것이다. 그러니 전혀 다듬지도 않은 내용이었고 문장도 거칠었다. 하지만 그의 생각이 여실히 나타났고 울울한 심정이 그대로 드러났다. 정건조는 이를 수습해 간수하면서도 무슨 생각인지 조정에 내놓지 않았다. 그리고 다시 원래의 작자인 강위에게 전해준 것이다.

훗날 강위는 함경도 안변의 삼방폭포 옆에서 한 승려가 이 책을 외우는 걸 목격했다.

"내 흉중에 쌓였던 것이 내 입에서 토로되었고 내 손에서 벗어났다가 다시 읽게 되었지만 내가 짓지 않은 것 같다는 생각이 드는 까닭은 무엇인가? 예와 지금의 사정이 다른 탓이리라."

이렇게 해서 이 삼정책이 오늘날 전해지게 된 것이다. 이 책을 통해 열정에 찬 강위의 정치철학과 현실 인식의 깊이를 엿볼 수 있다. 그 내용을 더듬어보자.

첫째, 국가의 현실을 위기로 보았다.

오늘날 군정과 농정이 문드러져서 위아래가 모두 곤궁하다. 백성은 아침저녁의 끼니를 이을 수가 없고 나라에는 1년의 저축이 없으니 갑작스러운 흉년이나 전쟁이 일어난다면 무엇으로 막겠는가?《의삼정구폐책》

그는 위기의 원인을 국가와 벼슬아치들의 부정에 두었다. 그 부정은 크게 제도와 권력, 두 분류로 나뉘었다. 제도의 부정으로는 법의 폐단과 토지 겸병 따위를 들었다.

법의 폐단에는 여러 갈래가 있지만 무엇보다 귀천의 구분을 들 수 있다. 양반들은 군역을 지지 않고 전세에서도 온갖 특권을 누렸다. 이들에게 모두 공평하게 조세를 매기고 군대의 의무를 지게 해야 한다는 것이다. 또 토지 겸병을 한없이 허락해 부의 편중은 물론 국가 재정에 막대한 손실을 끼치고 있다는 것을 지적했다. 실제로 양반들은 이런저런 구실을 붙여 군역을 지지 않았고, 게다가 군의 경비로 내는 군포도 물지 않았다. 이 때문에 양반이 되려고 신분을 속이거나 벼슬을 사거나 족보를 위조하는 사례들이 비일비재했다.

가난한 자들은 먹을 것이 없어서 고향을 떠나거나 도망가거나 산적·화적으로 전락하고 있었다. 있는 자들은 쌀 한 말 또는 닷 되, 서 되로도 논 한 마지기와 맞바꾸었다. 없는 처지로서는 기왕에 굶어 죽을 바에야 닷 되, 서 되라도 한 마지기 논과 바꾸는 게 나았던 것이다. 그리하여 '닷 되 배미', '서 되 배미'라는 이름이 생겨나는 실정이었다.

권력의 부정은 이른바 문벌 정치를 통해 드러났다. 안동 김씨와 풍양 조씨의 발호가 사뭇 왕권을 흔들며 온갖 부정을 저지르고 있다는 것은 말할 나위도 없었다. 게다가 이서들이 농간을 부리고, 향품 (鄕品, 지방에 거주하는 품관)들이 결탁하고, 호족들이 위세를 부리고, 수령들이 탐학하고, 장수들이 가렴주구를 일삼고 있으니 온갖 부정이 제도나 구조를 통해 이루어지고 있음을 지적한 것이다. 이리하여 실제 토지는 모두 농민의 손을 떠나 10만 석지기니, 1만 석지기니 하는 관리 또는 이서 출신의 지주가 전국을 막론하고 횡행했다.

둘째, 부정을 뜯어고치기 위해서는 군주의 독단이 필요하다고 보았다. 도대체 군주가 이리 흔들리고 저리 흔들려서는 왕권이 확립될 수 없을 뿐만 아니라 조그마한 개혁도 이룩할 수 없다고 본 것이다. 낡은 법을 시의에 맞게 뜯어고치고 잘못된 제도를 근본적으로 바로잡기 위해서는 왕의 권한이 제대로 시행되어야 했다. 몇 사람이 권력을 쥐고 흔들어 왕을 나약하게 만들고 법이나 제도를 고치려 하면 벌 떼처럼 일어나 반대만 일삼는 조정의 풍토로는 한 가지 일도 해낼 수 없다고 본 것이다. 그러므로 수령은 왕의 명령을 무시하고, 이서는 수령을 농락하고, 백성은 이서를 무시하게 되는 것이다. 이래서는 상명하달(上命下達)이 되지 않고 위엄이 서지 않는다고 보았다.

그 가운데 국가재정은 고갈의 지경에 이르고, 군량미는 태반이 부족하고, 농민들은 끼니를 이을 수가 없는 현실에 놓여 있다고 했다. 삶의 터전을 잃은 농민들은 결국 어떻게 되는가? 대부분 유민으로 전락했다. 유민들은 도시로 밀려와 떠돌이 생활을 했다. 그리하여 북한산 주변에는 팔도의 목소리가 뒤섞여 있다고 지적했다. 이런 현실에서 삼남 농민 봉기가 일어나자 여기에 참여한 부류를 이렇게 분석했다.

향품은 참여하지 않았고, 사족도 참여하지 않았고, 이서도 참여하지 않았고, 평민으로서 스스로 만족해하는 자도 참여하지 않았다. 여기에 참여한 자들은 유랑민·떠돌이·등짐장수·머슴 들이며 역적 무리 한들이 끼어 있었다. 좋은 세상을 바라볼 수 없는 자들이 백성의 분을 틈타서 앞장서기를 원해 한 번 가슴속에 쌓인 원한을 풀어보려고 했다.(《의삼정구폐책》)

한곳에 정착해 있는 농민들은 마지못해 따라갈 뿐, 정작 난을 이끄는 자들은 정처 없는 백성들이었다. 그중에서도 보부상 가운데 가장 기초 단위의 우두머리인 접장(接長)이 행동대의 선봉이 되었다. 바로 접장과 유민을 봉기의 주도 세력으로 보았다. 이들 수만 명이 흰 두건을 쓰고 몽둥이를 들고 관아를 습격하면 수령이나 이서는 물론 군사 지휘권을 쥔 병사나 영장(領將, 관아에 속한 하급 장교)도 목숨을 부지하려고 꽁지가 빠지게 달아나는 것이 현실이라고 통탄했다. 조정에서는 까맣게 모르는 사회 현실을 참으로 날카롭게 파헤쳤다고 할 수 있으리라.

강위는 이 책을 쓰면서 1862년의 삼남 농민 봉기에만 초점을 맞춘 것이 아니었다. 전 시대의 잘못을 지적하고 전면적 개혁 없이는 앞으로 이런 일이 꼬리를 물고 일어날 것이라고 점쳤다. 그러면서 자신은 관중(管仲)·상앙(商鞅)·한비(韓非)를 공부한 바 있다고 전제하고 유형원(柳馨遠)·이익(李瀷)·정약용의 글에 심취했다고 밝혔다. 그러고는 필요할 때마다 이들의 글을 인용하기도 했다.

이 책은 부국강병으로 나라를 일으켜야 한다는 그의 정치철학을 나타내는 것이요, 현실 개혁으로 국가·사회 발전을 기할 수 있다는 현실 인식을 보여주는 것이다. 전국을 떠돌며 사회 밑바닥의 실정을 꿰뚫어보고 자신의 지식과 결부시켜 그 방책을 제시한 것이기도 하다. 《의삼정구폐책》의 내용을 통해 강위가 백면서생(白面書生)이 아니었음은 물론, 광범위한 현실 개혁 이론에도 밝았음을 알 수 있다.

앞에서 말한 정건조는 문벌 정치에 가담한 동래 정씨 문중이요, 추사 김정희는 그의 스승이었다.

무산된 삼정 개혁

그러면 삼정의 개선책을 낸다는 구실로 발족한 삼정이정청의 설치와 폐지 과정에 대해 알아보자. 1862년 5월 26일, 삼정의 폐단을 바로잡고 그 대책을 세우겠다는 뜻으로 조직이 구성됐다. 총재관은 4명으로 정원용을 비롯해 김흥근(金弘根)·김좌근(金左根)·조두순이었으며 실무를 총지휘하는 당상(堂上)에 김병기(金炳冀)·김병국(金炳國)·김병덕(金炳德)·정기세(鄭基世)가 임명됐다. 실무자를 포함해 모두 20명으로 구성했다.

이들의 면면을 살펴보자. 정원용은 동래 정씨로 김조순 밑에서 높은 벼슬을 연달아 누렸고, 조두순은 한양 조씨로 문벌 정치의 구성원이었다. 그 밖에도 안동 김씨의 벼슬아치가 다섯 사람이나 끼어 있었다. 참신한 인물이라고는 눈을 씻고 찾아봐도 보이지 않는다. 이들이야말로 봉기군이 타도하려는 우두머리였다. 그동안 벼슬자리를 팔아먹거나 삼정을 통해 착취한 돈을 뇌물로 받아먹었던 것이다.

어쨌든 삼정이정청은 대대적으로 경장(更張, 묵은 제도를 새롭게 바꾸는 일)을 선포하고 민심을 수습하려 들었다. 이들은 '착하디착한' 철종을 등에 업고 건성으로 재가를 받았다. 아무리 무식쟁이 철종이라도 10년 넘게 임금 노릇을 하면서 궁중 생활을 했으니 눈치챌 것은 채고 있었다. 하지만 어쩔 수 없었다. 다만 보고를 받으면 그저 잘해보라는 말로 넘어갔다.

이들은 먼저 6월 12일부터 8월 27일까지 조정의 벼슬아치와 재야의 유생에게 개혁 방안을 모집한다고 공포한 뒤 삼정책을 내게 했다. 그러자 한자리 얻어걸리기를 노리는 어중이떠중이 무리가 앞다퉈 방안을 냈다. 대부분 정작 지탄의 대상이 되는 문벌 세도가의 비리는 지적하지 않고 하수인인 지방의 수령이나 구실아치들의 부정 행위만 지적했다. 또 임금을 성군으로 받들면서 괜히 하급 벼슬아치들만 탓했다.

그래도 허전(許傳) 같은 몇몇 유림은 바른말을 냈다. 그 요지를 보면 첫째, 수령과 이서의 비리를 말하고 둘째, 수령의 일을 돕는 좌수와 별감의 폐해를 알리고 셋째, 토호와 지주의 횡포에 대해 지적했다. 하지만 서두에서 모호하기만 한 유교식 애민 정치에 관해 늘어놓고 말미의 대책으로는 윤리를 진작하라는 등 공염불만 떠벌렸다. 이러한 과정을 거쳐 8월 19일에 그나마 개혁 방안을 공포했다. 그 요지는 이러하다.

첫째, 전정에서 모든 부가세의 도결을 철폐하고 궁방전 등 지나친 도조 징수를 금한다. 곧 규정 외 수취를 하지 않고 국가 소유가 아닌 궁방전의 도조를 적절하게 받기로 했다.

둘째, 군정에서 16세 미만의 소년과 60세 이상의 노인에게는 군역세를 거두지 않고 유생 또는 사대부를 사칭하는 자는 철저하게 가려낸다. 곧 16세 이상, 60세 미만의 장정에게만 규정대로 군포를 받기로 했다. 또 군역의 특권이 부여된 유생과 사대부 가운데 가짜를 철저히 가려내기로 했다.

셋째, 환곡을 전면적으로 철폐하고 그 이자로 관아에 내는 몫을 토지 1결당 2냥씩 더 거두게 한다. 곧 관아의 재원인 환곡제도를 전면적으로 없애고 그 부족분을 토지에 부가하기로 했다. 일종의 복지 정책인 셈이다.

이를 분석해보면 토지 소유의 특혜를 주는 궁방전은 그대로 두는 것, 유생과 사대부의 특권을 인정하는 것, 환곡을 토지에 전가하는 것, 그리고 무엇보다 양반·상놈을 가르는 신분제도를 고수하는 것 따위로 제대로 된 개선책이 하나도 없었다. 고육지책이나 미봉책도 아닌 사술에 지나지 않았다. 하지만 환곡의 철폐는 농민들을 고무시키기에 모자람이 없었다. 적어도 하나는 먹힌 꼴이었다.

그런데 조정에서는 이 정도 방안조차 실시를 차일피일 미루었다. 그러다가 봉기가 잠잠해지자 "너무 서둘러서 완벽하지 못할 염려가 있으니 옛 규례대로 돌아가는 것이 좋겠다"거나 "환곡제도는 수백 년 동안 지켜온 법제인데 하루아침에 폐지하는 것은 안타깝다"고 말하며 흑심을 드러냈다. 마침내 10월 29일에는 예전대로 삼정 제도를 복구한다고 공포했다. 다음 해에는 백낙신·김시연 등 유배된 수령들을 풀어주었다.

이렇게 요란하게 출범한 삼정이정청은 문벌 정치의 하수인들과 현지 수령들과 양반 지주들의 반대로 폐지되고 말았다. 만일 이때 삼정을 바로잡았다면 조선 말기는 더 생동감이 있는 사회가 되었을 것이요, 농민 봉기도 잦아들었을 것이다. 결국 삼정의 운영은 문벌 정치 아래에서 더욱 파행으로 치달아 조선을 끝장내고 말았다.

전라도의 광양 봉기와 경상도의 통영 봉기

1869년에 전라도 인사들의 주도로 일어난 이른바 '광양 민란'은 특이한 경우에 속한다. 이 시기는 문벌 정치가 물러가고 흥선대원군이 집정한 때였다. 1862년에 삼남을 중심으로 전국에서 불길처럼 번진 봉기는 대체로 그 지역에서 우발적이고 즉흥적으로 일어난 경우가 많았는데, 광양 봉기는 다른 고을 사람들이 주동이 되어 조직적으로 유도했던 것이다.

이들 중에 주모자 민회행(閔晦行)은 의술을 생업으로 하면서 영남과 호남 지방을 두루 다녔다. 그러면서 거사에 동조할 일꾼을 구했다. 그는 관가의 압제와 부패를 지탄하면서 "난리가 일어날 터이니 피난을 해야 한다"고 외치며 각지를 돌아다녔다. 이재문(李在文)·최두윤(崔斗允) 등을 수하로 삼은 그는 강진에 사는 김학원(金學元)을 만나 뜻을 같이했다. 민회행과 김학원은 강진 향리인 김문도(金文道)를 끌어들이고 1868년에 강진의 병영을 습격하기로 했다. 많은 무기를 구입한 이들은 주동자 25인과 함께 상여에 무기를 감추고 투장을 핑계로 병영에 쳐들어갈 계획을 세웠다. 동원된 사람들을 속이기 위해 강진 향교에 투장한다는 말을 전하고 곧바로 병영에 돌입하려 한 것이다. 상여가 강진 오리정의 주막에 이르자 마침 비바람이 몹시 불어 다음을 기약하고 일단 해산했다.

이들은 이어 장성 본읍에 쳐들어가기로 했지만 이 역시 실패로 끝났다. 이에 민회행은 수하를 데리고 하동 장터로 나와 사람들을 시켜 "장차 난리가 날 것인데 이인(異人)인 민회행의 말을 듣고 그와 함께 일을 도모하면 화를 면할 수 있다"는 소문을 퍼뜨렸다. 이때 모여든 70여 명을 거느리고 미리 준비한 배로 우손도에 들어갔다. 그들은 미리 내통한 최영길(崔永吉)의 집에 머물면서 소를 잡아 먹으며 용기를 북돋고 갑옷과 투구, 죽창을 만들기도 했다. 또 산제(山祭)를 지내면서 하늘에 맹세하고 광양의 거사가 잘 이루어지게 해달라고 빌기도 했다.

3월 23일, 무장한 난민 70명이 준비한 무기를 배에 싣고 초남포에서 기회를 엿보고 있다가 밤을 틈타 총을 쏘며 광양 관아로 돌진했다. 봉기군은 관아를 차지하고 나서 인부를 빼앗고 군기는 거두어들였다. 또한 사창(社倉, 환곡을 저장하는 창고)의 곡식을 풀어서 나누어주고 이청(吏廳, 관리가 사무를 보는 관청)에 보관된 돈을 들어냈다. 이날 밤이들은 네 성문을 엄하게 지키고, 시간마다 군사 명부에 따라 군졸을 점호하고, 죄수를 모두 풀어주고, 백성 가운데 건장한 자를 뽑아 군정(軍丁)으로 삼았다. 백성은 한 명도 살해하지 않았고 읍민을 위무하는 격문을 적어 곳곳에 내걸었다. 그리고 동모자인 강진에 있는 김학원에게 광양 거사의 성공을 알리기도 했다. 봉기군은 아전을 뜰에 꿇리고 탐학한 죄를 따지면서 백성을 안심시켰다.

그러나 25일 밤에 쫓겨갔던 현감 윤영신(尹榮信)이 관군을 이끌고 쳐들어왔다. 봉기군은 완강하게 저항하다가 붙잡히고 말았다. 민회행은 봉기 동기에 대해 "진주의 민란을 본받고자 70여 명의 도당을 불러 모았다. 민란을 일으켜 고을의 폐단을 바로잡고자 한 것이다"라고 말했다.

이 사건은 비록 짧은 기간의 거사에 그쳤지만 주동자의 구성과 치밀한 준비 등으로 인해 다른 민란과는 달리 크게 주목을 받았다. 조정에서는 추국청을 열어 이들을 대역부도죄로 다스렸다. 주요 연루자들의 신상은 다음과 같다.

조직의 주요 인물

이름	나이	거주지	직업	역할
민회행	44	광양	의술	주모자
전찬문	44	구례	대금업	총찰
이재문	27	광양	미상	동조
권학여	23	남원	미상	동조
강명좌	41	구례	미상	동조
김문도	49	강진	구실아치	내통

민회행에 대한 최종 결안에는 이렇게 적혀 있다.

늘 다른 계획을 품은 지 오래되었는데 영남·호남을 돌아다닌 종적은 거의 도당을 규합하기 위함이었다. 이재문의 우익(羽翼, 보좌)이 된 전찬문(田贊文)이 거사의 계획을 일러주었다. 지난가을 강진에서 불궤를 시도한 행적이 드러났고, 금년 가을 광양의 난을 일으킨 것은 역모의 계획을 잠깐 팔아본 것일 따름이다. 아무도 몰래 상여에 무기를 감추고 상두꾼 행세를 한 것은 이인좌의 궤술에 들어맞고, 명산에서 일의 성사를 위해 제사 지낸 것은 정여립의 버릇인데, 총을 사들이고 무기를 만든 것 따위는 자질구레한 일에 속할 뿐이다.《추안급국안》

이 사건은 결안의 내용처럼 철저하게 계획된 것이었다. 또한 전라도 지역의 여러 인사들이 연루되어 있었다. 정부에서도 호남을 중심으로 변란을 일으킨 정여립과 호서를 중심으로 봉기한 이인좌에 비유할 정도로 여타 민란의 주모자와는 다른 수준으로 다루었다. 이 사건의 과정과 전말은 그 성공과 규모에 관계없이 봉기를 도모하는 이들에게 하나의 표본이 되었다.

한편 같은 해 가을에는 삼도수군통제영(三道水軍統制營)이 있는 통영의 관할구역인 고성 춘원면을 중심으로 민중 봉기가 전개되었다. 통제영에서는 관할인 고성 주민의 호적을 정리하면서 규정을 어기고 갖가지 부정행위를 저질렀다. 천민을 유생으로 둔갑시키기도 하고 유생을 종으로 바꾸기도 하고 죽은 사람을 산 사람으로 뒤집어놓기도 하면서 때로는 양반들에게 특권이 생기도록 문서를 조작한 것이다.

통영과 그 관할 행정구역의 주민들은 경상 병영이 있는 진주의 주민들과 마찬가지로 갖은 수탈을 당했지만 풀어갈 방법이 없었다. 최고 책임자인 통제사에게 호소를 해봐야 늘 야료를 부린다고 해서 쫓겨나기 일쑤였다. 이때도 춘원면의 집강(執綱, 면의 행정 사무를 맡아보는 사람)과 약정(約正, 향약 조직의 임원) 등 지도급 인사들은 민회를 열고 주민들의 동의를 얻어 통제사에게 부정행위를 막아달라고 요구했다.

통제사는 처음에 주민들의 기세에 눌려 들어주는 척했다. 하지만 추석을 맞이해 뭉개면서 흐지부지한 분위기로 끌고 가다가 군납을 문서대로 징수하려 들었다. 그러자 주민들은 2차 민회를 열고 합의를 끌어낸 뒤 고성 관아로 쳐들어갔다. 주민 수천 명이 관아를 차지한 뒤 구실아치 3명을 때려죽이고 시체를 불에 태우는 등 과격한 행동을 보였다. 이때 봉기군의 선두에 선 것이 거지와 떠돌이, 장사치들이었다. 이들은 누구보다도 과격하게 반응하며 폭력과 방화를 일삼았다. 지리산 일대에서 나무꾼들이 봉기를 주도한 것과 상통하면서도 대조되는 부분이다.

관군은 이들을 평정하고서 거지 행동대의 우두머리를 잡아 죽이고 다른 동조자들에게도 가혹한 처벌을 내렸다. 이 봉기를 '고성 민란'이라 부르지 않고 '통영 민란'이라 부르는 것은 군사 요충지인 통영의 관할구역에서 발생했기 때문이다. 지역적 특성이 있지만 우발적이었다는 데서 광양 봉기와는 차이가 있다.

지리산과 조령의 봉기

1870년에 들어 지리산과 진주를 중심으로 한 세력이 봉기를 계획했다. 이들은 광양의 봉기가 실패로 끝난 뒤 통영에서도 봉기했으나 흐지부지 끝난 사실을 거울로 삼아 좀 더 치밀하게 준비에 나섰다.

다양한 출신의 주모자들

주모자들은 광양과 통영에서 민란이 성공하지 못한 이유는 바른 지도자가 없었기 때문이라고 보았다. 또 광양에서는 서너 군데 이웃 고을을 장악했더라면 성공할 수 있었을 것이요, 통영에서는 주사(舟師, 수군)와 군병을 장교의 수중에 놓아두어 실패했다고 공언했다. 그리하여 먼저 진주 병영을 쳐서 무기를 빼앗고 차례로 이웃 고을을 장악해 힘을 모은 뒤 서울로 올라간다는 계획을 세웠다. 한편으로 북벌을 단행해 청나라 땅으로 들어간다고 선동했으며 진주 등의 고을을 친 뒤 남해에 있는 금병도로 들어가 힘을 기른다는 계획을 세웠다. 그러나 이 계획은 영리 김낙운(金洛雲), 유생 홍종선(洪鍾宣) 등의 고변으로 전모가 드러나고 말았다. 주요 연루자들은 다음과 같다.

조직의 주요 인물

이름	나이	본적	거주지	역할	직업	비고
정만식	48	미상	고령	추대	유생	
양영렬	42	평양	거창	주모	미상	
양성중	44	충주	합천	주모	유생	
성하첨	44	미상	창녕	자금	유생	
박만원	60	미상	고령	자금	유생	정민식과 관계있음
심영택	67	미상	서산	미상	미상	
정재영	46	미상	거창	미상	농업	
정홍철	51	미상	덕산	미상	상인	한량 출신
어정원	41	미상	거창	미상	나무꾼	유학 출신
최봉의	49	고성	거창	미상	의술	수삼 장사
박사원	66	미상	합천	미상	약국	
장경로	48	미상	진주	미상	유생	
김희국	47	미상	진주	미상	벼슬아치	
김낙운	미상	미상	진주	미상	영리	고변
홍종선	미상	미상	진주	미상	유생	고변
조용주	46	미상	진주	미상	유생	고변
주성칠	미상	홍천	미상	주모	미상	도주

＊ 연루자는 《추안급국안》의 추고인을 중심으로 엮음.
《경상감영계록(慶尙監營啓錄)》에는 100여 명이 등장함.

주성칠의 봉기 계획

이 사건을 실질적으로 주동한 인물은 주성칠(朱成七)이었다. 주성칠은 1869년에 지리산 일대로 잠입해 동조 세력을 끌어모으고 있었다. 그는《정감록》의 참설을 빌려 정만식(鄭晩植)을 꼬드긴 뒤 수괴로 추대했다. 또 성하첨(成夏瞻)의 몸에 별 모양으로 난 점을 두고 귀하게 될 징표라고 말했다. 이어 관서 지방에서 흘러온 양영렬(楊永烈)과 접촉해 그의 전폭적인 협조를 얻었다. 양영렬은 주성칠과의 첫 만남을 이렇게 진술했다.

> 작년 가을에 주성칠이라는 사람이 우연히 찾아왔다. 그의 문사와 언어를 보니 반고(班固)·사마천(司馬遷), 그리고 소진(蘇秦)·장의(張儀)와 다름이 없었다. 내가 깊이 사귀기를 원한 뒤 못 할 말이 없었다. 성칠이 강개해서 눈물을 흘리며 말하기를 "지금 민생이 도탄에 빠져 있으니 시대의 걱정이 작지 않다. 만약 영걸이 있다면 민생을 구제할 수 있을 터인데 그대는 따르지 않겠는가?"라고 했다.《추안급국안》

이를 보면 양영렬이 주성칠에게 깊이 빠져 있음을 알 수 있다. 어쨌든 이들 동조 세력은 토지를 팔아 자금을 대기도 하고 돈을 빌려주기도 하고 삼을 팔거나 염전을 일구기도 해서 철편(鐵鞭)·장검(長劍) 등의 무기를 마련하는 데 썼다. 주성칠은 "영남의 인물은 진주가 반이요, 지리산에는 차력사들이 많으니 큰일을 해낼 것"이라고 말하면서 계속 세력을 넓혔다. 그는 고령 율목정에 사는 박만원(朴晩源)의 집에서 동조자들과 굳은 결의를 나누었고, 덕산 정홍철(鄭弘哲)의 집에 머물 때는 머슴을 시켜 손수 지은 격문을 돌리기도 했다.

이런 준비 끝에 주성칠은 '어사'를 사칭하면서 먼저 남해에 출두해 자금을 마련하기로 했다. 김재문(金在文) 등 17명을 데리고 남해로 가는 도중에 이 가짜 출두 사실을 안 6명이 겁을 먹고 돌아갔고, 이어 일행이 곤양 율점에 이르렀을 때 또 3명이 돌아갔다. 일행은 하동에서 남해 죽도로 가는 배를 탔을 적에 한 군교가 동승하자 일이 탄로 날까 봐 두려워서 후일을 기약하고 돌아갔다. 그리하여 남해 봉기는 실패로 끝났다.

주성칠은 홍종선·조용주(趙鏞周) 등 지역의 유력한 유생들을 설득했고, 진주 병영의 영리 김낙운을 내응자로 삼고자 촉석루에서 의중을 떠보기도 했다. 이 동조 세력이 진주 병영을 먼저 치느냐, 통영 관아를 먼저 습격하느냐로 논란을 벌일 적에 위의 유생과 영리에 의해 고변된 것이다. 이 사건의 성격에 대해 추국 당상들은 이렇게 보고했다.

이 사건은 비록 성칠이 도망했으나 만식이 그 수괴요, 이하 여러 도둑들은 혈당이며 동모자들이다. 혹 요언·참어를 만들어내기도 하고 혹 흉서·흉찰을 돌리기도 했다. 남도 어사출두의 계획은 경영한 바가 따로 있어 재산을 빼앗는 것에 그치지 않았으며 덕산에서 장정을 모은다는 계획에는 장차 병란을 일으키려는 속셈이 있었다.(《추안급국안》)

그리하여 정만식·양영렬 등 12명은 추자도·흑산도 등지로 귀양 보내졌고 그 밖에 나머지 사람들은 도망가거나 국문 도중 숨지기도 했다. 주동 세력이 참수를 면한 것은 사건이 음모에 그쳤고 주성칠에게 모든 혐의가 씌워진 탓이었다.

직업적 봉기꾼, 이필제

주모자 주성칠은 어떤 인물인가? 양영렬은 공초에서 주성칠이 이필제의 가명이라 했다. 이때서야 처음으로 이필제라는 이름이 등장한 것이다. 이필제는 충청도 홍주 출생의 반족으로 과거에 응시한 경력이 있었다. 공주의 부호인 심홍택(沈弘澤)은 1869년 공초에서 그와 관련해 다음과 같이 진술했다.

8,9년 전 우연히 출신(出身, 무과에 급제하고 벼슬에 나서지 못한 사람) 이홍(李泓, 이필제의 또 다른 가명)과 서로 친하게 되었다. 이홍은 언어와 거동과 풍채가 범상치 않은 평생 처음 보는 기남자(奇男子, 재주와 슬기가 남달리 뛰어난 남자)였다. 이같이 기품 있는 자가 출신을 벗어나지 못하고 동서로 떠돌아다니는 것이 실로 가긍했다. 그래서 천금의 비용을 아끼지 아니했다.《좌포도청등록》

이를 보면 이필제는 무과 향시에 합격한 적이 있으며 양영렬의 말처럼 학식과 인품이 뛰어났음을 짐작할 수 있다. 그의 내력을 살펴보면 공주에 잠시 머물다가 진천으로 옮겨 살았다. 젊을 때부터 무슨 사건에 연루되어 도망 다니기도 했고 귀양살이를 한 적도 있었다. 1860년 귀양에서 풀려나 진천으로 온 뒤 1869년 봄에 충청도 일대를 중심으로 봉기를 계획하고 있었다. 그는 이홍으로 행세하면서 김낙균(金洛均)·양주동(梁柱東) 그리고 심홍택 등의 동조자를 얻어 은밀히 거사를 추진했으나 고변에 의해 사전에 발각되었다. 이때도 몸을 숨겨 지리산 주변으로 들어왔다. 지리산 일대에서는 주성칠로 행세했으며 거주지도 서울 또는 안동이라고 속였다.

기록을 종합해보면 홍주에 살 때 그의 본명은 근수(根洙)였는데 처음에 필제로 고쳤다가 진천 등지에서는 이홍으로, 진주에 온 뒤에는 주성칠로 행세했다. 그 밖에 영해에서는 이제발(李濟潑), 문경에서 잡힐 적에는 전명숙(全明淑) 등으로 바꾸기도 했다. 그는 "주성(朱姓)은 드물어서 표가 나니 서가로 행세하겠다"고도 말했는데 적어도 15개 정도의 이름을 번갈아 쓴 것으로 나타난다. 또 다른 사람들에게도 성명을 바꾸게 하면서 양영렬은 서영렬로, 양성중(楊聖仲)은 권가로 만들어주었고 정만식 또한 이선전으로 부르게 했다.

다음으로 양영렬은 어떤 인물인가? 그는 본래 평양 사람이었는데 10여 년 전 진주로 이사를 와서 안면을 넓히며 살았다. 그리고 은밀하게 이필제를 만나면서부터 첫손에 꼽히는 그의 협조자가 된다. 이 필제의 조직력과 철저한 보안 능력을 단적으로 보여주는 사례라 하겠다. 양영렬과 이필제는 진주에서도 잡히지 않았다.

이필제의 마지막 계획

이필제는 동학의 2대 교주인 최시형(崔時亨)을 만나 '영해 변란'을 일으킨 뒤(다음 장 참고) 1870년 8월 2일 문경새재의 초곡에서 유회(儒會, 유생들의 모임)를 빙자해 변란을 모의했다. 처음에 이들 50~60명이 선비 차림을 하고 초곡의 주막에 모여들자 조령의 별장은 낌새를 알아차리고 군졸을 보내 군기고에 저장된 군기를 지키도록 했다. 그날 밤에 이들이 함성을 지르며 군기고로 들이닥쳤다. 이들 중에 김태일(정기현(鄭岐鉉)의 가명)이라는 자가 다리에서 떨어져 동민에게 붙잡혔다. 김태일은 수천 명이 작당해 조령에서 빼앗은 무기로 병란을 일으키려 했다고 말했다. 이에 이 일대를 수색해 44명을 체포했는데 그중 이필제가 포함되어 있었다.

조직의 주요 인물

이름	나이	본적	거주지	역할	직업	비고
정기현	35	용인	단양	주모	농업	정몽주의 후손
김낙균	미상	미상	진천	주모	농업	도주
정옥현	38	용인	단양	추대	농업	정몽주의 후손
최응규	미상	미상	충주	미상	농업	훈장
박덕유	미상	미상	괴산	미상	미상	
최해진	미상	음죽	단양	미상	미상	
이필제	47	홍천	진천	주모	유랑	홍주 출신
곽석대	미상	미상	여천	행동	유랑	
이섭이	미상	미상	음죽	행동	유랑	
최진하	미상	미상	음죽	동조	미상	
김희균	미상	미상	음죽	동조	미상	
정국현	미상	미상	양양	동조	미상	
임희태	미상	미상	음죽	동조	미상	
최낙의	미상	미상	음죽	동조	미상	
윤병선	미상	미상	순흥	동조	미상	
이범주	미상	미상	순흥	동조	미상	
초운	미상	미상	오대산	주선	승려	도주

＊ 경상도와 전라도 인사가 참여한 것으로 되어 있으나 자료의 미비로 정확하지 않음.

그러면 유회의 목적은 무엇이었을까? 주모자의 한 사람인 정기현은 다음과 같이 진술했다.

김낙균·최응규(崔應奎) 두 사람이 내 집으로 와서 장차 유회를 갖고자 한
다고 말했다. 그리고 이홍이 지은 통문을 자세히 보라는 뜻으로 내보였는데
내가 보니 별다른 내용은 없었다. 다만 지금 서원을 많이 철폐하는데 선비 된
도리로 가만히 있을 수 없으니 어쩔 수 없이 한번 복합(伏閤, 나라에 위중한 일
이 있을 때 유생이 대궐 문 앞에 엎드리는 일) 상소를 하는 것이 좋겠다고 했다.
김과 최가 이 같은 통문을 누설해서는 안 되며 복합 상소 따위의 뜻은 동지들
에게 의논하는 것이 옳겠다고 말했다. (…) 김낙균이 이홍의 편지를 가지고
내 집에 와서 말하기를 유회 날짜는 8월 2일로 정했고 장소는 조령 초곡이라
했다. 또 문경·상주·괴산·연풍·충주 등지의 사람들이 많이 온다고 했다.
상주 화령에 사는 김공선(金公先)이 100여 명을 데리고 올 듯하며 충주의 정
운기(鄭雲起), 연풍의 정해청(鄭海淸) 등이 데리고 오는 사람도 30명은 될 듯
하다고 했다.《포도청등록》

유회의 표면적 이유는 서원 철폐에 대한 복합 상소였다. 정기현이
비록 이필제에게 그 주동 사실을 떠밀고 있으나 실제로는 두 세력
의 결합이었다. 정기현은 정몽주(鄭夢周)의 후손으로 승려인 초운(樵
雲)이 "복이 있을 것"이라고 한 말을 믿고《정감록》의 도참설에 빠져
변란을 꿈꾸다가 이필제를 만나 함께 거사를 다짐했다. 그리하여 이
유회도 두 세력이 의기투합해 각자 자기 계통의 인물을 동원한 것이
었다. 그 과정에서 물론 이필제의 노력이 절대적이었다. 이때 정기
현도 관례에 따라 김태일로 성명을 바꾼 것이다. 이 조령 모의의 목
적과 계획은 애당초 다음과 같았다.

전라·충청·경상 삼도의 사람을 끌어모아 서원 철폐의 일을 건의하는 유회를 가탁하여 조관(鳥關)에 모여서 그대로 그곳을 차지한다. 조관을 차지한 뒤에는 군사를 삼도에 나누어 먼저 문경을 점령하고 이어 연풍을 취하고서 끝내 서울을 깨뜨리고 그대로 서향(西向, 청나라를 친다는 뜻)의 계획을 세우는 것이다.《《금영계록(錦營啓錄)》》

이것은 바로 이필제가 평생 꿈꾸던 계획으로, 구체적인 실현을 목표로 한 것이다. 이필제에 대한 결안은 이러했다.

본래 모질고 사나운 성품으로 평소에 흉역한 계획을 품고 호남과 영남에 출몰하면서 도당들을 불러 모아 참위를 빙자해 인심을 선동했다. 얽어낸 것은 유언을 퍼뜨리고 비방을 만드는 것이요, 품은 것은 군사를 동원해 난을 부르는 것이었다. 작변이 한두 번이 아니었는데 지역은 진천·진주·영해였고 화신(化身)은 가히 헤아릴 수 없었는데 바꾼 이름은 명숙·성칠·제발이었다. (…) 유회를 가장해 새재에 동류를 긁어모은 뒤 병기를 빼앗아 미친 창끝을 군읍에 들이대려 했다.《《추안급국안》》

어쨌든 이필제와 정기현, 정옥현(鄭玉鉉) 등은 관례대로 참형을 당했다. 이들의 팔다리는 잘려서 남해 등지에 조리돌려졌다. 그 외 17명은 각지에 유배되거나 고문을 받다가 숨졌다. 이 사건 뒤에도 민중 봉기가 계속되었는데 1894년에 와서야 극에 달한 봉건 체제의 모순을 타도하려는 민중의 도전이 전면적으로 전개되었다.

미궁에 빠진 남은 이야기

이상의 얘기에서 끈질기고도 조직적인 지도자들에 의해 민중 봉기가 주도되었음을 엿볼 수 있다. 한편으로 여러 의문도 제기된다.

우선, 우리에게 시사점이 될 만한 것을 요약해보자. 지역이 다르든, 행동 범위가 다르든 간에 어떤 줄이 시간과 공간으로 연결되어 있음을 알 수 있다. 그리고 온갖 신분 계층이 망라되어 있기도 하다. 해서 옥사에서 나타난 황해도와 영남 인사의 교류라든가, 남해의 금병도가 다른 사건에서 연이어 등장한다든가, 산과 섬을 통해 사건을 전개시키려는 모습 등에서 이런 분위기를 느낄 수 있다.

해서 옥사에 나타난 영남의 정가·이가가 뒤에 영남에서 일어난 사건에 나타난 인물 누구일 수 있으며 주순장이 삼남 지방을 휘저은 이필제일 수도, 양영렬이 유홍렴일 수도 있다. 또 김수정이 말한 영남의 장사들을 진주 작변의 세력들로 점칠 수 있으며 광양 봉기의 잔당이 진주 작변과 새재 유회에 가담했다고 가정할 수 있다. 새재 유회에 삼남 세력이 연계되었음도 알 수 있었다. 이필제의 활약상을 보면 동학의 창시자인 최제우(崔濟愚)를 만나 동학에 입문했다거나 최시형을 만나 봉기를 부추기고 필요 인원을 요구했다는 기록 등이 남아 있다. 그의 활동 영역이 광범위했음을 짐작할 수 있다.

다음으로, 사건의 전말이 대부분 뚜렷하지 않아서 주순장을 이필제로, 유홍렴을 양영렬로 확정하고 논증할 수 없다는 한계에 부딪힌다. 이들이 모두 신분을 숨기고 있기 때문이요, 또 서로를 감싸 동조자들을 보호하려는 뜻에서 나온 것이리라. 각 사건의 연결 고리를 살필 때 관변 측의 기록이 남아 있지 않으면 답을 풀 수가 없게 된다. 그 동기에 있어서도 관변 측 기록은 언제나 '불궤지도'나 '불인도 지설(不忍道之說)'로 얼버무리기 때문에 정확히 파악할 수가 없는 것이다. 그래서 여러 사건을 연계해서 이해하려 할 때 마치 탐정소설을 읽는 분위기를 느끼게 된다. 얽히고설킨 사건들을 이해하기 위해서는 상상력을 동원해야 할 지경이다.

어쨌든 민중 의식은 신분과 분야를 뛰어넘어 성장하면서 불평등과 압제를 벗기려는 봉기의 밑거름이 되었다. 또 봉기가 지역 단위로만 전개된 게 아니라 직업적 봉기꾼에 의해 다른 지역과도 연계되면서 지속성을 보여주고 있다. 이는 다음 시기의 더 큰 변혁 운동을 예고한 것이다.

삼정을 바로잡아야 나라가 일어설 수 있다

(원제: 삼정책, 출전: 《임술록》)

왕이 이렇게 말씀하셨다.

나라에 큰 정사가 있는데 그 조목은 가로되 전부(田賦)요, 가로되 군적(軍籍)이요, 가로되 환곡이다. 삼정을 설치함이 처음부터 어찌 나라를 경영하고 백성을 다스리는 큰 기본이 아니겠는가? 중국의 고대는 멀어 따질 것 없겠으나 중국 역대 왕조의 규제가 자못 다르니 지금 재앙의 근심을 맞이해 어찌면 사례를 널리 끌어다 그 설을 지루하게 할 겨를이 있으리오. 우리 왕조의 개국이 500년 가까이 되었는데 무릇 규모가 좋은 법과 아름다운 제도 아님이 없도다.

전부로 말할 것 같으면 토지 개량의 시한을 20년으로 두었고 토년(土年, 토지의 비옥도를 구분한 전분과 수확의 등급을 매긴 연분)은 6등과 9등으로 구분했다. 토지 개량이 이루어지지 않고 등급 구분이 없어진 것은 어느 때부터인가? 군적으로 말할 것 같으면 오위(五衛, 중앙 군사 조직) 제도가 폐지되고 세 군영에 상번(上番, 차례가 되어 군영으로 들어가는 일)의 규정을 설치해 군포를 거두기 시작했는데 그 연혁과 득실을 상세히 말할 수 있겠는가?

환곡으로 말할 것 같으면 신라·백제 이래 이미 시작되었는데 일찍이 먼저 임금들이 살피고 돕는 뜻이 아님이 없다. 서경(지금의 평양)의 곡식을 빌려주어 구휼하는 정책으로 모곡(耗穀, 백성에게 양곡을 빌려줬다가 추수 후 받아들일 때 그 손실을 보충하기 위해 덧붙여 받는 곡식)을 받아 사용한 것은 어쩔 수 없는 정사에서 나온 것이다. 그것을 경비로 사용함은 또한 옛 제도에서 인용할 수 있는가?

175

내 널리 전거를 찾아서 사람을 틀에 맞춰 곤궁하게 하려는 게 아니라 비교해서 잘 짜보려는 뜻이다. 상세히 근원을 살피지 않고서는 바로잡을 방법을 만들 수 없기 때문에 대략 그 개요를 알아보려는 것이다. 내가 아는 바로써 먼저 드러내 보이면 처음 나라가 열릴 적에 삼정은 본시 나라를 위하고 백성을 위하려고 설치한 것인데 전지에는 부세를 거두지 않고 군사는 나라를 지키지 않고 환곡은 진휼을 베풀지 않고서 나라를 이룬 경우는 있을 수 없다. 나라가 나라를 이룩하지 못하면 백성이 누구를 의지하리오.

그러므로 삼정이 다스려지지 않은 책임은 임금과 백성 모두에게 있을 것이다. 법이 오래되면 폐단이 생김은 예전부터 그러했다. 오늘날 삼정은 폐단이 극도에 이르렀다. 토호들이 겸병해서 토지 경계가 문란해졌으며 교활한 무리가 숨겨서 척적(尺籍, 군역 사항의 기록)이 비어 있으며 간교한 무리가 농간을 부려서 적법(糴法, 환곡의 규정)이 무너졌다. 백성이 목숨을 감내하지 못하고 나라가 장차 기울어질 지경인데도 아무렇지 않고 바로잡으려 하지 않는다면, 어찌 궁하면 바꾸고 바꾸면 통한다는 뜻을 회복하겠는가?

내가 두서를 좇아 바로잡으려 하면서 그 주장이 없음을 걱정하지 않는다. 경계가 문란하면 장차 다시 측량해서 고르게 하고 척적이 비어 있으면 장차 조사해서 채워 넣고 적법이 무너졌으면 장차 탕감해서 너그럽게 풀어주면 된다. 바로잡는 일은 이밖에 없을 것이다. 이 일을 생각해보건대 좌우에서 견제를 하고 꾸며 만든 말들이 모순이 된다. 진실로 토지를 고쳐 측량하려면 먼저 사람을 얻고 다음으로 경비를 마련해야 하는데 인재는 이미 예전만 못하고 경비는 어디에서 마련하리오. 진실로 장정을 조사하려면 가짜 유학(幼學, 벼슬하지 않은 유생)을 찾아내고 투탁(投託, 이름 있는 남의 조상을 자기 조상이라 하는 일)하는 한정(閑丁, 국역에 나가지 않는 장정)을 없애야 하는데 가려낼 적에 뒤섞이기가 쉽다. 진실로 환자(還子)를 견감하려고 하면 한나라의 상평창(常平倉), 수나라의 의창(義倉)은 모두 좋은 규정이 된다. 모곡을 취해서 경비를 만드는 것은 지금보다 더 심한 적이 없었다. 내가 궁실 잔치의 경비로 즐겨 쓰는 탓이지만 곧 서울의 관사와 와영(外營, 대궐 밖 병영)에서 날마다, 달마다 지급하는 비용인데 견감해주면 진실로 상쾌하지 않겠는가? 하지만 장차 무엇을 취해서 그 대신으로 줄 것인가? 이미 혁파할 수도 없고 또 바로잡지도 못한다면 손을 묶고 앉아서 백성과 나라가 위험에 빠지는 걸 멀거니 볼 것인가?

아아, 내가 조종(祖宗)의 큰 유업을 잇고서 조종의 적자들이 구렁에 빠지는 것을 차마 볼 수 있겠으며 한밤중에라도 잠자리가 편안하겠는가? 백성이 있은 뒤에 나라가 있을 수 있고 나라가 있은 뒤에 가정이 있을 수 있도다. 오늘날 조정의 신하들이 이에 생각이 미친다면 조심스럽고 두렵게 탄식해서 눈물이 줄줄 흐르지 않으랴. 사랑하는 대부와 사랑하는 유생들은 반드시 마음에 평소 익힌 지식과 폐단을 막을 방안이 있을 터이니 모두 숨김없이 모조리 방책을 내면 내 친히 이를 살펴보리라.

주: 1862년 6월 12일 창덕궁 인정전에서 팔도에 반포했다. 착하디착한 철종의 뜻과는 달리 삼정 개혁은 이루어지지 않았다. 《철종실록(哲宗實錄)》에는 전문이 실려 있지 않다.

제3부

반봉건·반침략의 동학 농민전쟁

삼남 농민 봉기는 분산적으로 이루어져 그 한계가
명확했다. 조직적으로 봉기한 게 아니라 그냥 분노
를 이기지 못해 우발적으로 이루어졌다고 볼 수 있
다. 그리하여 삼정의 문란을 바로잡지 못했다. 뒤이
은 봉기들도 연계를 모색했으나 뜻대로 되지 않았다.
동학 농민전쟁은 동학사상과 교단 조직을 이용해 전
국적 규모로 전개되었다. 동학교도와 민중이 연합한
결과였다. 19세기 민중의 역량을 총결집했다고 볼
수 있다. 1차 봉기는 신분 해방을 위한 반봉건 운동,
2차 봉기는 일본 세력을 몰아내려는 반침략 운동으
로 규정한다. 다만 지역에 따라 벼슬아치와 양반과
지주를 타도하려는 의지가 강력하게 작용하면서 사
뭇 다른 양상을 보였다.
이 농민전쟁을 '동학 농민혁명'이라고도 하는데 사
건의 전개 과정은 농민전쟁, 그들이 지향한 이념은
농민혁명으로 규정하는 게 맞을 것이다. 안타깝게도
일본군의 개입과 대량 학살로 뜻을 이루지 못했다.

동학의 성장

사람 중심 종교, 동학

최제우는 1860년 무렵 서학과 구분하여 '동쪽의 배움'이란 뜻을 따서 동학을 창도했다. 그리고 '사람이 한울'(人是天)이라며 인간 평등을 외치고 후천개벽(後天開闢)의 세상을 말하며 새로운 사회의 도래를 예기했다.

동학의 창시자 최제우의 사상적 기저는 아버지 최옥(崔鋈)의 영향으로부터 찾을 수 있다. 최옥은 과부의 개가를 금지하고 그 자손을 차별하는 정책이 옳지 못하다는 글을 남기기도 했다. 실학자의 풍모를 지녔다고 볼 수 있을 것이다.

조선왕조는 통치 질서의 골간을 차별적 신분제도에 두었다. 양반을 정점으로 해서 상민·천민으로 계층을 분류해 차별을 가했다. 양반 사회 내부에도 적서(嫡庶)의 차별을 두었다. 또 과부의 재가를 허락하지 않았고 그 자손에게도 사회적 불이익을 주었다. 최옥은 과부를 아내로 맞이하고 그에게서 아들을 두었으니 최제우는 서자였던 셈이다. 최제우는 의식 속에서 자신이 서자라는 관념을 떨쳐버릴 수 없었을 것이다. 후일 계집종을 해방시킨 뒤 며느리와 양딸로 삼았던 데에는 이러한 인식이 자리하고 있었다.

최제우는 교도들에게 주문을 외우게 했다. '지기금지 원위대강(至氣今至 願爲大降)'을 강령주(降靈呪)로, '시천주조화정 영세불망만사지(侍天主造化定 永世不忘萬事知)'를 본주문으로 삼았다. 그 뜻을 풀면 이러하다.

지극한 기운이 오늘에 이르러 오게 내려졌다.
한울님을 모시고 조화가 정해져 있음을 길이 잊지 아니하면 온갖 일을 알게 될 것이다.

부연 설명이 필요할 것이다. '지기'는 기일원론(氣一元論)의 우주관이다. 유교에서 말하는 '이기(理氣)'는 주리설(主理說)과 주기설(主氣說)로 나뉘는데 서경덕(徐敬德)은 이를 인정하지 않고 기일원론으로만 해석했다. 곧 우주 만물은 기의 작용으로 생성하고 발전한다고 본 것이다. 이 주문은 경주를 중심으로 퍼져나가 경상도 내륙 지방에서는 골골마다 들렸다고 한다.

동학은 자연과 인간이 조화를 이루되 인간을 중심으로 하는 사회 종교, 나라와 시대의 모순을 고민하고 돕는 보국 종교, 기층민을 고통에서 해방하려는 민중 종교로 정의할 수 있다. 이러한 특징은 "사람을 한울처럼 섬겨라"(사인여천(事人如天)), "나라를 돕고 백성을 편안케 하라"(보국안민(輔國安民)), "널리 창생을 구제하라"(광제창생(廣濟蒼生))고 가르친 데서 뚜렷이 드러난다.

최제우는 "나쁜 가르침으로 정도를 어지럽혔다"(좌도난정(左道亂正))
는 죄목으로 1864년 경상 감영 앞에서 처형되었다. 문벌 정치의 조
정이 저지른 최후의 죄악이었다.

1801년 조정에서는 척사위정의 이론을 내세워 서학(천주교)을 신
봉하는 교도들을 몰아 죽이는 신유박해를 일으킨 뒤 지속적으로 탄
압을 가했다. 동학도 서학과 같이 다루어 압박을 가하자 교도들은
도망을 쳐서 지하로 숨어들었다.

최시형의 지하활동

최시형은 1세 교주 최제우가 처형당한 뒤 '북접 대도주(大道主)'라
는 이름으로 지하에서 줄기차게 포덕 활동을 벌였다. 그는 잠행(潛
行)을 통해 강원도·충청도·경상도 등지의 산악 지대를 누볐다. 그런
끝에 1870년에 들어서는 교도의 수가 상당한 수준으로 늘어나서 재
건에 성공한 모습을 보였다.

최시형이 강원도 영월에서 남몰래 포덕을 하고 있을 때였다. 충청
도 내륙과 경상 하도 일대에서 끊임없이 변혁 운동을 벌이던 이필제
가 최시형에게 접근했다. 이필제는 최시형을 찾아와 교조 신원(伸寃)
을 위해 선사(최제우)의 순교일인 3월 10일을 기해 봉기하자고 건의
했다. 최시형은 처음에 시기를 기다리자면서 거절하다가 마침내 허
락했다. 그리하여 1871년에 군사 500여 명을 모아 무장을 하고 동해
근방의 군사 요지인 영해부를 습격했다.

이필제와 김낙균 등은 동학교도와 변란 세력들에게 죽창과 조총
그리고 횃불을 들렸다. 이들이 영해부의 관아를 습격하자 군교와 구
실아치들은 모두 달아났다. 봉기군은 먼저 군기고를 습격해 무기를

거두고 동헌으로 뛰어들어 부사 이정(李珽)의 죄를 물어 살해했다. 성안을 손아귀에 넣은 이들은 소를 잡아 나누어 먹었다. 이어 방에 보관되어 있던 돈 궤짝을 부수어서 동민들에게 골고루 나누어주었다. 민간에서 밥이나 솥을 가져갈 적에도 꼬박꼬박 돈을 지불했다.

하룻밤 마음껏 호기를 부린 다음 날, 이들은 부중(府中)에서 물러났다. 영양 쪽으로 달아나다가 일월산으로 들어갔다. 밀려드는 관군에 맞서 유격전을 펼쳤지만 수십 명이 죽거나 잡혔고 최시형과 이필제 등은 사방으로 뿔뿔이 흩어졌다. 관군은 이들을 색출하려고 일대에 수색령을 내렸다. 이렇게 해서 동학 조직은 무너졌고 교도들은 달아났다. 최시형은 몇몇 제자들과 함께 영월 산중으로 숨어들었다. 이 사건을 동학에서는 신미사변이라 부른다. 앞서 서술한 대로 이필제는 문경새재 등지에서 동지를 모아 다시 봉기를 준비하다가 잡히고 말았다. 그는 모반을 계획한 대역 죄인으로 포도청에서 신문을 받다가 의금부로 넘겨졌다. 이필제의 문초는 이렇게 시작되었다.

성명을 이리저리 바꾸고 종적을 숨겨 도당을 긁어모은 뒤 난을 일으키려 한 것은 무슨 복심인가? 한 번 굴러서 호중(湖中, 충청도 지방)을 선동했고 두 번 굴러서 영남에서 옥을 일으키고 영해까지 손을 뻗어 작변했으니 지극히 끔찍하다. 또 독한 말은 간담을 흔들어놓는다. 이미 오래전 도마 위에 오른 고기였는데 그물을 빠져나간 고기가 아직도 목숨을 붙이고 있으니 신인(神人, 신과 사람)이 다 같이 분을 참지 못하는 바이다. 또 조령에서 도둑 무리를 매복시켜 흉측한 계획을 품었다가 죄악이 차서 저절로 잡혀온 것이다.(《추안급국안》)

이필제가 새재에서 동지인 정기현과 함께 잡혀 1871년에 처형당한 뒤 최시형은 다시 수색을 벗어나려 잠행을 거듭했다. 다음 기록을 보자.

8월에 이르러 갑작스레 문경의 변고를 듣고 놀라 마지않아 여러 경로를 통해 수소문해보니 필제와 기현의 거사였다. 좌석이 따뜻해지기도 전에 이 같은 변고가 있는가? 필제의 목숨이여, 하늘이 어찌 이 사람을 태어나게 해서 망령되이 스스로 화를 만들어내니 이보다 심하게 어그러진 이치가 있겠는가?(《도원기서(道源記書)》)

전국적으로 다시 동학교도에 대한 수색령이 내려졌다. 최시형은 모진 홍역을 치르고 나서 동학 재건에 나섰다. 하지만 이때의 수난을 바탕으로 이후 모든 기록에서 이필제 사건을 경계의 본보기로 삼았다. 이 사건으로 최시형의 10년 적공이 날아갔던 것이다. 이필제는 직업적인 봉기꾼으로 활동하면서 동학 조직을 이용하거나 동원하려는 계획을 세웠고, 최시형은 교조의 신원을 위해 한때 동조했다. 이것이 동학교도가 최초로 변란에 가담한 사례였다.

재건 운동의 결실

최시형은 잠행하는 동안 '최 보따리'라는 별명을 얻었다. 언제나 보따리를 싸놓고 마을 입구를 바라보면서 수상한 사람이 들어오는지를 살폈다고 한다. 그러면서도 쉴 새 없이 옮겨 다니면서 포덕을 했다. 그리고 동학교도들에게 서로 평등을 뜻하는 '접장(接長)'이라 부르게 했으며 조직의 중간 책임자를 '접주(接主)'라 부르게 했다.

1880년 5월에는 오랜 준비 끝에 강원도 인제 갑둔리에 각판소(刻板所)를 설치하고 《수운문집(水雲文集)》의 간행을 서둘렀다. 최시형의 기억에 따라 유실된 최제우의 글들을 복원하고 인쇄해 배포했다. 이렇게 차례로 복원해 배포한 책자가 《동경대전(東經大全)》이며 1881년에는 최제우가 지어 부르게 한 가사를 모은 《용담유사(龍潭遺詞)》를 단양 천동에서 개간했다. 두 책자의 배포로 동학교도들은 책을 통해 교리와 교훈을 익힐 수 있었다.

1883년에는 손병희(孫秉熙)·손천민(孫天民)·박인호(朴寅浩)·황하일(黃河一)·서인주(徐仁周) 등이 몰려와 교도가 되었다. 이어 유교 이론가인 김연국(金演局)도 합류했다. 이들은 충청도를 중심으로 활동하던 지식인 그룹으로, 뒷날 일제 치하에서 민족 지도자로 부상했다. 포덕은 더욱 활기를 띠었다. 최시형은 조직을 정비한 뒤 거처를 보은 장내리로 옮겼다. 교주가 거주하기 시작하면서 장내리는 도접소의 역할을 했고, 많은 교도들이 이곳으로 모여들었다. 이 무렵부터 이곳은 동학의 본거지가 되었다.

최시형은 1888년 전주에서 기도식을 거행하고 도제와 함께 삼례로 나와 포덕 활동을 벌였다. 호남 지방으로 진출한 것이다. 이때 마당에서 포덕식을 거행해야 할 정도로 인파가 몰렸다. 하지만 문경사변의 주동자로 지목된 최시형을 체포하려고 관가에서 연달아 수색령을 내려 인제로 피신하기도 했다.

그 뒤 최시형은 충청도 서쪽에 위치한 공주 등지에서 포덕을 하기도 하고 다시 호남으로 진출해 손화중(孫華仲)·김기범(金箕範, 김개남(金開南)의 본명)·김덕명(金德明) 등을 입도시켰다. 이때부터 호남에서 많은 교도들이 몰려들어 새로운 분위기가 조성되었다. 이제 최시형은

'최 보따리'가 아니라 엄격한 동학 교조로서 위치를 굳혔다. 이 무렵 동학 조직에는 왕조에서 소외된 지식인 그룹을 비롯해 새 세상을 열망하는 민중, 일대 변혁을 도모하려는 세력들이 복잡하게 얽혀 있었다.

삼례 집회와 광화문 상소 운동

동학의 교세가 충청도·전라도를 중심으로 확대되자 관가에서 이를 포착했다. 1892년 1월에 충청 감사 조병식(趙秉式)은 동학이 좌도 난정의 도이니 금한다는 명을 내리고 수색에 나섰다. 포졸들은 연달아 도인을 수색하고 잡아들였다. 또 전라 감사 이경직(李耕稙)도 금령을 내리고 탄압에 나섰다. 최시형은 다시 진천·상주 등지로 잠행할 수밖에 없었다.

그러자 서인주·서병학(徐丙鶴) 등 강경파는 최시형을 찾아가서 최제우의 신원을 위해 상소문을 만들어 광화문에 모여 호소하자고 건의했다. 최시형은 이 신원 요구가 뜻대로 되지 않을 것이라고 판단하고 신중하게 대처해야 한다며 허락하지 않았다. 그러나 서인주·서병학은 최시형의 허락을 받지 않고 공주에 교도를 모아서 조병식에게 항의의 글을 보냈다. 조병식은 동학교도들의 움직임이 심상치 않다고 판단했다. 그는 다음과 같은 관문을 각 고을에 보냈다.

수재(守宰, 수령)가 된 자들이 동학 보기를 함정과 같이 해서 요민(饒民, 부호)을 거짓으로 얽어 재물을 토색하고, 각 고을의 구실아치들이 이를 빙자해 침어함이 열에 여덟아홉에 이르고 있다. 양민이 이미 보존하기 어려우니 어찌 죄를 다시 따지고 회개하며, 자신(自新)의 방법이 있으나 어찌 얻을 수 있으리오. 이 무리 또한 우리 성상의 화육(化育)의 하나이니 비록 이교에 빠졌으나 그 정상을 알아보니 가히 용서할 만하다.(《천도교 교회사 초고(天道教教會史草稿)》 포덕 33년 10월조)

조병식은 동학교도에 대한 탄압을 중지시켜 거세게 항의하는 교도들을 무마하고자 했다. 동학교도들이 구실아치의 횡포에 굴하지 않고 민활하게 움직이는 모습을 보면서 변란의 기미를 읽고 막으려 했던 것이다. 최시형도 강경파의 끈질긴 요구를 묵살할 수만은 없었다. 이미 신원을 요구하는 목소리가 쉽게 잦아들지 않았다. 최시형은 마침내 신원을 이루어야 한다고 말하며 전국의 문도들에게 통유문을 보내 삼례로 모이라고 지시했다.

강경한 어조로 엮인 이 통유문은 최시형이 전국의 동학교도들에게 동원을 지시한 최초의 문서가 되었다. 수천 명의 교도들이 삼례에 모여들었다. 교도들은 전라 감사 이경직에게 두 차례에 걸쳐 원정(原情, 사정을 하소연하는 일)을 내고 최제우가 동학을 창도한 의의를 설파했다. 또 조정에 자신들의 뜻을 전하라며 선사의 억울함을 알리고 부당한 압제를 막으라고 강경하게 요구했다. 이경직은 처음에 동학은 조정에서 금지하는 것이니 물러가라고 했지만 일주일이 되도록 교도들이 흩어지지 않고 불온한 기색을 보이자 겁을 집어먹고 교조 신원의 건에 대해서는 조정에 알릴 것이며 수령이나 이서들이 교도를 탄압하는 일은 막겠다고 약속했다. 감사의 약속을 받아낸 교도들은 해산했다.

삼례 집회를 끝낸 뒤 지도부의 강경파는 연달아 복합 상소를 주장했다. 이제 상소 운동은 거스를 수 없는 흐름이었다. 최시형도 이를 허락할 수밖에 없었다. 그는 다시 통유문을 내서 광화문 앞 복합 상소에 참여하라고 독려했다. 1893년에 들어 상소 운동이 구체적으로 추진되었다. 2월 8일 김연국·손천민·박인호·손병희 등이 서울에 봉소도소(奉疏都所, 신원 운동 본부)를 차리고 2월 11일 광화문 앞에서 복합 상소를 단행했다. 이들 대표자 수십 명이 광화문에 엎드려 소문(訴文)을 올렸는데 그 요지는 다음과 같았다.

첫째, 동학을 서학으로 지목하고 최제우를 좌도난정으로 얽어 극형에 처한 것은 부당하다고 했다. 동학은 동방에서 나와 동인이 배우는 바가 되니 이단이 될 수 없다고 변설했다. 그러므로 "동학을 가리켜 서학이라며 공격하지 말고 동포를 몰아서 이단이라며 꾸짖지 않는 게 옳다"고 했다.

둘째, 감사와 수령들은 민족을 초개(草芥, 쓸모없고 하찮은 것)와 같이 보고 향촌의 간악한 구실아치와 토호들은 도인을 화천(貨泉, 돈 나오는 샘)같이 보면서 주구와 토색이 끊임없지만 동학교도는 안심정기(安心正氣)를 근본으로 삼고 있으니 이를 막아달라고 호소했다.

이 두 가지를 기본으로 깔아놓았으니 궁극적으로 이들의 요구는 교조의 원통함을 풀어주고 동학을 공인하라는 것에 지나지 않았다. 시정에 대해서는 한마디도 적시하지 않았다. 하지만 임금은 전교에서 "정학을 높이고 이단을 배척하는 것은 열성조에서 전해오는 법"이라 전제하고 "이단을 내세워 야료를 부리는 자들은 선비로 대우할 수 없으며 나라 법에 따라 죽임이 내려질 것"(《고종실록(高宗實錄)》고종조 30년 2월 15일)이라 했다. 결국 동학교도들은 아무런 성과를 얻지 못하고 물러났다.

그러면 이 상소 운동은 변혁 지향인가, 단순한 교조 신원인가. 교조 신원을 빙자한 변혁 운동으로 연결될 수 있겠지만 드러내놓고 변혁을 지향하는 모습은 보이지 않았다. 일본 측 기록에는 이때부터 동학을 진심으로 신봉하는 '진동학당(眞東學黨)'과 동학을 믿는 체하는 가짜인 '위동학당(僞東學黨)'이 구분된다는 해석이 나왔다.

전국적 규모의 집회

광화문 복합 상소가 실패로 끝나자 교단 지도부는 새로운 결의를 다졌다. 교도들은 두려움에 떨면서도 한편으로 새로운 사태를 예견하고 있었다. 강경파는 새로운 행동을 위해 더욱 민활하게 움직였다.

광화문 복합 상소 운동이 끝난 뒤 전주 주변과 서울에서 방문이 나붙거나 소요가 연달아 일어났다. 일본 공사가 외무대신에게 보낸 보고서에 의하면 전라 감사는 동학당 수만 명이 서울을 향해 올라갔고 그중 20여 명이 포도청에 잡혔다고 보고했다. 이들은 전라 감사에게 외국의 선교사와 상인이 모두 나라에 해를 끼치니 속히 물리치라는 등 요구 조건을 내걸었고 총대(總代) 20여 명이 서울로 올라와 정부에 건의하려다가 포도청에 잡혔으며 그들 무리 1만여 명이 서울에 모여들었다고 한다.(《도쿄니치니치신문(東京日日新聞)》 1893년 음력 3월 3일 자) 또 프랑스 공사관에 "너희는 우리나라의 법을 어겨가면서 교당을 짓고 선교하고 있다. 만약 행장을 꾸려 속히 돌아가지 않으면 3월 7일에 우리 당이 너희 공사관으로 들어가서 깡그리 쓸어버릴 것이다"(김윤식(金允植), 《속음청사(續陰晴史)》)라는 방문을 붙였다. 이와 비슷한 내용의 방문이 미국 공사관과 일본 공사관, 교회당, 학당 그리고 서울 거리 곳곳에 나붙었다. 일본 공사관에 붙은 방문의 내용은 이러하다.

너희는 비록 오랑캐지만 천품을 받음이 대략 같음을 아는가, 모르는가. 이미 인도에 처했으면 각기 나라를 다스리고 각기 생산을 보호해 길이 강토를 보존하며 위로는 받들고 아래로는 백성을 기르는 것이 옳으리라. 망령되이 탐욕의 마음을 가지고 남의 나라에 웅거해 공격을 장기로 삼고 살육을 근본으로 삼으니 진실로 무슨 마음이며 끝내 무엇을 하려는가? 안위의 기회는 너희가 스스로 잡는 것이니 후회하지 말라. 우리는 두말하지 않겠노니 급히 너희 땅으로 돌아가라.(일본 외교문서(日本外交文書) 1893년 4월 10일 자)

이 방문은 광화문 상소와는 달리 '척왜양(斥倭洋)'을 분명하게 내걸었다는 점에서 주목을 끈다. 이들은 3월 7일(양력 4월 21일)을 거사일로 내걸었다. 서울의 인심은 요동쳤다. 프랑스 공사관에서는 이를 대비키 위해 본국에 군함 세 척을 인천으로 보내달라고 요청했고, 일본 공사관에서는 연일 본국에 정세를 보고하며 대책 강구에 골몰했다. 서울에 거주하는 외국인들은 가슴을 졸이며 몸을 숨긴 채 나들이를 삼갔고 도성에서는 난리가 난다며 보따리를 싸서 낙향하는 사람들이 줄을 이었다.

당시 주도 세력은 누구였을까? 손천민·손병희·박인호 등은 광화문 복합 상소 뒤 각기 자기 처소로 돌아갔으나 서인주·서병학 등은 복합 상소에 참여하지 않고 독자 행동을 벌였다. 또 "거괴로 전주에 있는 자"라는 표현이 나오는데 서인주와 황하일을 지목한 것으로 보인다. 당시 '즉시 봉기'를 주장하는 전봉준이 이끄는 전라도 지역의 동학교도를 남접, '시기를 보아 신중하게 행동하자'는 최시형이 이끄는 충청도 지역의 동학교도를 북접이라고 불렀다. 서인주와 황하일은 남접의 지도자인 전봉준·김개남 등과 연결되어 있었다. 따라서 뒷날 최시형 중심의 북접 세력은 보은 장내리로 모였고 서인주·전봉준 등 남접 세력은 금구 원평으로 모였던 것으로 추정할 수 있겠다.

1893년 봄 광화문 복합 상소 뒤 동학 지도자들은 일단 서울에서 물러 나왔으나 아무런 성과를 거두지 못하고 물러났다는 자책을 했다. 그래서 다음 단계로 대대적인 집회를 서둘렀고 최시형도 이를 더 이상 거부할 수 없었다. 다시 전국 교도들에게 보은 장내리로 모이라는 통문을 띄웠다. 3월 10일 보은 장내리에서는 충청도와 경상도 내륙, 전라도 이북 지역의 동학교도들이 중심 세력을 이루고 경상도 진주·하동, 강원도 강릉·정선, 경기도 이천·안성, 충청도 서산·홍성, 전라도 해남·장흥 등 멀리 떨어진 지역에서도 교도들이 합류해 수만 명이 인산인해를 이루었다. 이들은 장내리 언저리에서 보국안민·광제창생·척양척왜의 기치를 내걸고 기세를 올렸다. 이날 보은 관아의 삼문 밖에는 '동학 창의 유생'의 이름으로 통고문이 나붙었다. 그 내용은 "지금 왜양의 도둑이 심복에 들어 큰 난리가 극도에 달해 있도다. 진실로 지금의 서울을 보건대 끝내 이적의 소굴이 되었다"고 했고 "왜양을 쓸어버린다"고도 했다. 이에 대해 조정에서 선무사로 파견된 어윤중(魚允中)은 이렇게 분석했다.

처음에는 부적이나 주문을 끼고 사람들을 현혹하거나 참위를 전해 세상을 속이려 하다가 끝내 지략과 포부와 재기를 안타깝게 펴지 못하는 자가 여기에 들어왔고 탐관오리가 날뛰는 걸 분히 여겨 백성을 위해 그 목숨을 바치려는 자가 여기에 들어왔고 외국 오랑캐가 우리 이권을 빼앗는 걸 통분히 여겨 망령되이 그들을 내쫓는다고 큰소리치는 자가 여기에 들어왔고 탐욕스러운 장수나 부정한 관리의 학대를 받아도 호소할 곳 없는 자가 여기에 들어왔고 경향에서 무단에게 위협을 받아 스스로 목숨을 보전할 수 없는 자가 여기에 들어왔고 (…)《취어(聚語)》

어윤중은 조정에 보고를 올리면서 이들이 모두 소외되어온 계층으로, 불평불만에 찬 세력이 모여들었다고 분석했다. 관변 측에서 최초로 동학교도의 성향을 정확하게 분석한 사례가 될 것이다. 이 불만 세력은 바로 기층 민중이었다.

조정에서는 이 첩보를 미리 입수하고 어윤중을 양호(兩湖) 선무사로 임명해 군중을 해산하고자 했다. 또한 충청 병사인 홍재희(洪在羲)에게 군사 300명을 이끌고 가도록 조처했다. 어윤중은 용감하게 장내리로 와서 임금이 내린 칙유문을 반포하고 관리의 횡포를 막겠다는 따위 온갖 감언이설로 회유했다. 한편으로 군사들을 시켜 대포를 설치하게 하고 다른 한편으로 임금에게 동학교도들의 뜻을 전달하겠다며 강온 작전을 구사했다.

그러자 순진한 교도들은 눈물을 흘리면서 감읍하기도 하고 일부는 믿어봐야 한다며 흔들렸다. 이에 지도부에서는 3일 안에 해산하기로 약속하고 추후 조치를 기다리기로 했다. 그 뒤 최시형·손병희 등 지도자들은 야음을 타서 도피했다. 서병학은 자신이 불행하게도 동학에 들었다면서 이 집회는 자신들이 아니라 원평 집회의 주도자들이 이끌었다고 말하기도 했다.

물론 어윤중의 기술이 과장되었다고 볼 수도 있을 것이다. 하지만 선무사가 본 집회에 나타나 회유하자 지도부가 흔들린 것은 분명해 보인다. 무기도 제대로 갖추지 못한 조건에서 대결하려는 의지가 약했던 것이다. 다른 지역에서 기일을 맞추지 못한 교도들이 꾸역꾸역 몰려오고 있는 상황이었는데 지도부는 중간에서 몸을 뺐다.

하지만 보은 집회의 역사적 의미는 특별하다고 볼 수 있다. 무엇보다 2~3만 명이 최시형의 통유문에 따라 일시에 한 장소에 모였다는 것은 그만큼 교도들의 결집력이 견고했다는 증거다. 당시 아래로부터의 변혁 의지를 충분히 읽을 수 있다. 또한 이 집회에서 처음으로 보국안민·광제창생·척양척왜라는 구호가 내걸린 점도 의미가 있다. 이후 농민군의 강령이라고 할 수 있는 이 구호들을 통해 단순히 교조 신원에만 초점을 맞추었던 게 아니라는 사실을 알 수 있다. 보은 집회에서는 반봉건과 함께 반외세의 지향이 분명하게 드러났다. 그다음으로 이 집회에서는 양목(洋木, 서양 옷감)의 불매 등 외국 상품 배격 운동을 벌이기도 했다. 농민적 이해를 내걸어 수입 상품을 배격하고 면포 등 국산 상품을 보호해야 한다는 주장을 펼쳤다. 서양과 일본의 상품 시장화를 배격한 것이다. 보은 집회는 동학 농민전쟁사에서 하나의 기폭제가 되었다고 볼 수 있다.

어윤중은 양호 선무사의 자격으로 4월 3일에 호남으로 발길을 돌렸다. 그의 임무는 처음부터 호서·호남의 소요 사태를 진정시키는 것이었다. 조정에서 호남의 집회에 관한 첩보를 미리 입수한 뒤 취한 조처였다. 하지만 그는 금구의 원평 집회가 해산되었다는 전갈을 듣고 중간에서 발길을 돌려 상경했다.

전봉준 계열은 보은 집회와 때를 같이해 원평에서 집회를 열었다. 이 집회에는 수만 명이 참석했다고 한다. "전봉준이 사사로이 교도들을 빼앗아 전라도 금구군 원평에 주재했다"고도 하고, 보은 집회에서 남접들이 교도들의 난동을 도모하려 한다고 해서 최시형이 단속했다고도 한다.

　이 두 집회를 주도한 세력을 두고 의정부에서는 통문을 보내고 방문을 붙인 인물로 호서의 서병학, 호남의 김봉집(金鳳集)·서장옥(徐璋玉) 등을 지목해서 잡아들이라고 지시했다. 김봉집은 전봉준의 가명이었다. 황현(黃玹)은 강경파인 서장옥 계열의 전봉준이 원평 집회를 이끌었다고 보았다. 남접의 행동대장인 전봉준을 비롯해 김개남·손화중 등은 보은 집회가 해산하는 걸 보고 원평 집회를 해산시켰다. 그 뒤 계속 잠적하면서 준비를 거친 끝에 1894년의 동학 농민전쟁을 주도했던 것이다.

농민전쟁의 전개

농민군의 처절한 항전

　전봉준은 1893년 끝 무렵부터 자신이 거주하던 전라도 고부에서 사발통문(沙鉢通文, 격문을 쓸 때 누가 주모자인가를 알지 못하도록 서명에 참여한 사람들의 이름을 사발 모양으로 둥글게 돌려 적은 통문)을 돌리기 시작했다. 1894년 봉기를 일으켜 군수 조병갑(趙秉甲)을 몰아냈지만 안핵사로 파견된 이용태(李容泰)가 압박을 가하자 봉기군을 해산하고 무장으로 갔다. 같은 해 3월에 전봉준 등 지도부는 무장에서 정식으로 선전포고를 했다. 전라도 각지에서 모여든 농민군은 백산에 총집결해 부서를 결정하고 항전을 다짐했다. 동학 농민군은 규율을 엄히 하고 민심을 얻고자 민폐를 끼치지 않았다.

　첫 단계에서는 고부 관아를 다시 점령하고 황토현에서 전라 감영군을 쳐부쉈다. 그러자 중앙에서 장위영군 800명을 파견했다. 이 군사들은 서울에서 남쪽으로 내려오면서 고을을 휩쓸며 횡포를 부렸다. 농민군은 중앙군을 유인해 장성에서 관군 선발대를 격파했고 이어 4월 27일에 전라 감영을 점령했다. 조선이 건국한 이래 처음으로 한 도의 감영이 농민군에 의해 점령된 것이다.

전라 감영을 차지한 농민군은 중앙군 초토사(招討使, 중앙에서 변란을 평정하기 위해 보내는 임시 관직)인 홍계훈(洪啓薰)과 협약을 맺었다. 홍계훈은 농민군이 제시한 폐정을 중앙에 보고해서 시정하겠다고 약속했다. 여기에는 조세를 중심으로 한 개혁 조항이 들어 있었다. 일종의 휴전 협상이었다. 양측은 현실적으로 휴전할 수밖에 없는 사정이 있었다. 홍계훈은 일본군이 서울에 진주해 경복궁을 점령하려는 음모를 막아야 했고, 전봉준은 호남 남쪽과 호서의 지원군이 오지 않아 오래 버티기가 어려웠다. 농민군은 일단 후퇴한 뒤 각지에 집강소(執綱所, 개혁 기구)를 차리고 스스로의 힘으로 폐정 개혁에 나섰다. 집강소는 농민 통치 기구였고, 집강소 활동은 반봉건 운동이었다.

한편 동학 농민군이 전주성을 점령하자 고종과 민씨 정권은 청나라에 군대를 보내 토벌해달라고 요청했고, 청나라는 톈진 조약에 따라 일본에 알리고 군대를 파견했다. 호시탐탐 기회를 노리고 있던 일본도 군대를 파견하면서 그 구실로 자국 거류민 보호를 내걸었다. 두 나라의 군대가 서울과 인천 앞바다에 멋대로 출몰했다. 일본군은 6월 21일에 불법으로 경복궁을 점령해서 고종을 유폐하고 친일 정권을 출범시키는 등 주권을 유린한 뒤 군사 지휘권을 거머쥐었다. 나라는 반식민지 상태로 접어들었다.

일본군은 같은 해 8월 1일에야 정식으로 선전포고를 하고 평택에서 청군을 격파했다. 이후 여세를 몰아 청군을 추격한다. 8월 17일, 청군은 평양의 대회전에서 다시 패전하고 북으로 도망쳤다. 일본군은 중국 영토로 들어가 요동 일대와 산둥 반도 언저리에서 청군을 계속 공격해 승리를 거두었다. 일본군은 북양 함대(北洋艦隊, 청나라 해군의 주력 함대) 사령부가 있는 웨이하이로 진격해 청군의 항복을 받아 냈다. 7개월여에 걸친 전쟁은 일본군의 대승으로 마무리되었다. 이 것이 청일전쟁이다.

청일전쟁이 한창이던 9월, 전봉준은 전라도 농민군에 동원령을 내려 접경지대인 삼례로 모이게 했다. 무기 등 준비를 갖추고 기다리다가 추수기 때 일본과 정면 승부를 겨루려는 심산이었다. 이 전투를 위해 전 농민군을 집결시킨 것이다. 전봉준은 삼례에 전라도 창의대중소(倡義大衆所, 농민군 처소)를 두어 남쪽 농민군의 집결지로 삼았다. 또한 흥선대원군과 연계를 모색했고 북접에 호응을 요구하는 밀사를 보내기도 했다.

전봉준은 마침내 북접의 호응을 얻었다. 관군의 탄압이 계속되고 일본의 침략이 가속화되면서 전국의 교도들로부터 봉기 명령을 내려달라는 재촉이 빗발쳤다. 그럼에도 최시형은 신중하게 정세를 관망하며 때를 기다렸다. 마침내 그는 "앉아서 죽겠는가"라고 분연히 외치며 전국에 대동원령을 내렸다. 최시형의 대동원령은 강원도·경상도·황해도 등지의 농민군에게 큰 호응을 얻어냈다. 그리고 농민전쟁을 전국적 규모로 확산시키는 효과를 가져왔다. 이때 모인 농민군이 10만 명이라고 한다. 북접 농민군은 손병희의 지휘 아래 논산으로 집결했다. 하지만 일본군은 다른 지역의 농민군이 논산·공주로 합류하는 길을 완전히 통제했다. 이 때문에 경상도·강원도·황해도·경기도 그리고 충청도 해안 지대의 농민군은 현지로 되돌아가서 활동을 벌일 수밖에 없었다.

일본군은 북쪽으로 청나라와 전쟁을 벌이면서 후방의 동학 농민군을 섬멸하려는 작전을 폈다. 이를 위해 후비(後備, 후방의 수비) 독립대대를 새로 편성해서 파견했다. 또 개화 정부에 중앙의 장위영군 등 모든 군대를 동원하도록 사주했다. 독립대대 대대장으로 미나미(南次郎) 소좌가 임명되었고 장위영의 좌선봉장으로는 이규태(李圭泰), 우선봉장으로는 이두황(李斗璜)이 임명되었다. 교도중대 등 나머지 군사들도 일본군의 지휘를 받게 했다. 한편 강원도·경상도 그리고 충청도 서해안의 농민군이 주력 전선인 공주로 합류하지 못하게 하고 현지 활동을 막으려고 소규모 일본군 병력을 배치했다. 부산 등지에도 일본의 군함을 정박시켜놓고 지원병으로 투입할 태세를 갖추었다. 이들은 연발 소총인 독일제 '스나이더'와 기관총 그리고 성능이 좋은 대포로 무장하고 있었다. 일본군과 관군은 먼저 공주로 내려와 농민군 토벌 작전을 벌였다.

11월 들어 전봉준과 손병희는 연합 전선을 형성해 보국안민·광제창생·척양척왜의 깃발을 내걸고 공주 일대에서 관군·일본군 연합부대와 처절한 전투를 전개했다. 마침 눈이 많이 내리고 추위가 몰려왔으나 농민군은 무기와 장비도 제대로 갖추지 못한 채 산과 들을 오르내리면서 철저히 항전했다. 공주 언저리에서는 이들의 함성이 강산을 울렸고 시체 더미가 골골마다 나뒹굴었다.

마지막 격전인 우금재 전투에서 동학 농민군은 일본군의 기관총과 스나이더 소총 등 신무기의 위력에 밀려 패배하고 말았다. 노성으로 후퇴한 전봉준은 군사와 구실아치와 시민(장사꾼)에게 "나라를 위해 힘을 합해 일본을 몰아내자"는 고시의 글을 피 토하는 심경으로 띄웠다. 전봉준이 이끈 주력군은 남쪽으로 후퇴한 뒤 마지막 태인 전투에서 해산했으나 그 뒤에도 남쪽의 장흥과 강진, 북쪽의 영동과 북실에서 전투가 전개되었다(다음 장의 각 지역 봉기 양상 참고).

연구자들은 일반적으로 1차 봉기는 반봉건, 2차 봉기는 반침략으로 그 성격을 구분한다. 하지만 기본 흐름을 보면 정도의 차이는 있으나 근본적으로 두 성격이 동시에 추구되었다. 이 과정에서 농민과 동학 사이의 연관성이 새롭게 제기된다. 참여 세력의 성격을 두고도 의견이 분분하다. 어윤중은 보은 집회 당시 소외된 부류들이 잡다하게 끼어들었다고 했고, 황현은 봉기 과정에서 동학과 난민이 결합했다고 봤으며, 전봉준은 고부 봉기 당시 동학교도보다 원민(寃民, 원한을 품은 백성)이 더 많았다고 했고, 일본의 분석가들은 참여 세력을 진동학당과 위동학당으로 나누어 살폈다. 그러므로 변혁을 추구한 세력이 동학의 가르침을 따르면서 교단 조직을 이용하려는 의도 역시 품고 있었다고 봐야 할 것이다. 그 대표적 인물이 바로 전봉준이다.

차별 철폐·평등을 향한 싸움

전봉준 등 농민군 지도자들이 전주에서 후퇴할 때 홍계훈에게 보낸 요구 사항은 국가정책의 비리와 농민의 과중한 부세 부담을 개혁해달라는 항목으로 채워져 있다. 농민군은 27개 조항을 통해 폐정을 개혁해달라고 요구했고 홍계훈은 이를 조정에 보고하겠다고 약속했다. 그래서 갑오개혁 때 신분 차별 철폐 등 여러 조항이 포함되었다. 하지만 농민군은 집강소를 통해 스스로 폐정 개혁에 나섰다. 집강소는 군현 단위로 설치되어 지방행정을 접수했다.

새로 부임해온 전라 감사 김학진(金鶴鎭)은 이 문제를 풀어야 했다. 1894년 7월에 들어 전봉준과 김학진은 선화당에서 회합을 갖고 당면 문제를 상의했다. 김학진은 면리에 집강을 두고 수령이 협조하게 했으나 전봉준은 일단 합의를 하고 나서도 군현 단위로 농민 통치를 실시했다. 김학진이 전봉준에게 전라도의 행정권을 공식적으로 이양한 것이나 다름없었다. 김학진은 조정에서 감사의 임명장을 받을 때 편의종사(便宜從事)의 관례에 따라 임금에게 보고하지 않고 현지 사정을 감안해 일을 처리할 수 있는 권한을 함께 받았다. 이 권한에 따라 전봉준에게 집강소의 행정을 맡긴 것이다.

전봉준은 독자적으로 잘못된 정사를 바로잡을 계획이었으니 감사의 동의와 협조가 없었더라도 어차피 집강소는 운영되었을 것이다. 그래서 수령이 협조하지 않게 되면 한바탕 소동이 일어날 수밖에 없었다. 김학진은 이런 정세를 감안해서 관과 민이 서로 협조하는 모양새를 갖추었다고 볼 수 있을 것이다. 이를 관민상화(官民相和)라고 한다. 편의종사의 권한을 위임받은 감사 김학진이 전봉준과 합의해 관과 민이 서로 화해하는 계책으로써 집강소를 설치했고, 농민군이 공식적으로 각 고을에 세력을 둔 채 집강소를 운영했으며, 집강소에는 집강을 비롯해 서기·성찰(省察)·집사(執事)·동몽(童蒙) 등의 직책을 두었다.

김학진은 전라도 각 고을의 수령들에게 보낸 공문에서 농민군은 무기를 반납하고 수령은 농민군에 대한 탄압을 일체 중지하라고 지시했다. 또 수령이 집강소의 일에 적극 협조하라고 당부했다. 직속 상관으로부터 집강소를 인정하고 협조하라는 지시가 내려진 것이다. 이 지시에 따르지 않는 수령은 처단하는 경우도 있었다. 추진 강도는 지역에 따라 달랐다. 김개남의 지휘를 받는 남원·보성 등에서는 신분 해방 운동이 더욱 강렬하게 전개되었다.

전봉준은 김학진을 대신해 감사 노릇을 하게 되었고, 김학진은 선화당의 골방에서 뒷짐을 지고 전봉준이 하는 일을 지켜보게 되었다. 그래서 사람들은 전봉준을 예전 후백제를 세운 진훤(甄萱)에 비유했고 김학진을 '도인 감사'라 불렀다. 전봉준이 일을 보던 곳을 '대도소'라 한다. 전봉준은 전주의 대도소에서 일을 보기도 하고 원평에 둔 대도소에서 머물기도 했다. 당시 집강소의 실시 기간은 길게 잡아 8~9개월 정도로 보인다.

집강소에서는 국가에 낼 전세·군포·공물을 대신 받아서 경비로 사용했고, 별도로 군수전 등을 거두어 2차 봉기의 군수물자를 마련했다. 호남에서는 지역 단위로 설치했으나 다른 지역에서는 인적 단위 또는 지역 단위로 설치해 제한적이나마 독자적 행정을 맡아보았다. 집강소는 농민 자치 조직이 아니라 통치 조직이라고 해야 마땅할 것이다. 전라 감사 김학진이 뒤로 물러나고 일선 행정은 전봉준·김개남 등 농민군 지도자들이 맡았으며 군현 단위에서는 집강소와 도소의 책임자들이 수령을 골방에 들어앉히고 구실아치를 턱짓으로 부렸기 때문이다.

집강소의 전위 행동대는 규율과 감독 그리고 치안 역할을 맡은 성찰과 동몽이었다. 이들은 부정한 벼슬아치와 구실아치를 징치하기도 하고 집강소의 규율을 어긴 자들을 감시하거나 적발하기도 했다. 심지어 결혼 적령기인 양반집 딸을 찍어 강제로 혼인하는 역할을 맡기도 했다. 그래서 동몽군은 중국 공산당의 전위 조직인 '홍위병'에 비유되기도 한다.

집강소의 농민군은 존비귀천을 떠나 누구를 가릴 것 없이 서로 '접장'이라 부르며 맞절을 했다. 신분 해방을 추구하면서 서로 동등한 호칭을 사용하고 같은 자세로 절을 해서 평등 의식을 실천한 것이다. 전봉준을 부를 적에도 '전봉준 접장'이라 불렀고 어린애나 부녀자를 부를 적에도 예외가 없었다. 농민군 두령은 졸개들을 보면 먼저 절을 했다. 종과 상전, 백정과 양반, 여자와 남자, 어린애와 어른, 평민과 벼슬아치를 가릴 것 없이 서로 동등한 호칭으로 부르고 대등하게 맞절을 했던 것이다.(황현,《오하기문(梧下紀聞)》)

인류 역사에서 볼 때 호칭 면에서 평등을 실현한 첫 사례로 1914년 러시아에서 혁명이 일어난 뒤 '동무'라는 호칭을 사용한 것이 꼽힌다. 최시형도 포덕을 하면서 도인들에게 서로 '접장'이라 부르도록 가르쳤다. 동학과 농민군은 러시아보다 적어도 20여 년 앞서 호칭의 평등을 실행에 옮긴 것이다. 또 맞절은 신분의 차이를 형식부터 없애는 방법이었다. 예전 중국 당나라의 무측천(武則天)은 남녀의 차별을 없애는 첫 방법으로 남자와 여자가 절을 할 때 대등하게 하라고 지시한 적이 있었다.

집강소 기간에는 노비·백정 등 천민들의 활동이 두드러졌다. 전라도 고창에서 농민군 지도자로 활동한 홍낙관(洪樂寬)은 천인으로만 구성된 농민군 부대를 거느렸다. 이때 천인은 재인 패를 중심으로 한 노비·백정을 말한다. 또 김개남의 수하에서도 노비와 백정을 중심으로 한 천민 부대가 활발하게 활동했는데 동몽군이 그 주역이었다. 천민 부대의 활동은 아주 강력했고 이들은 신분 차별의 타파에 앞장섰다. 집강소에서 활동한 오지영(吳知泳)은 다음과 같이 기록했다.

소위 부자·빈자, 양반·상놈, 상전·종놈, 적자·서자 따위 모든 차별적 명색은 그림자도 보지 못하게 되었으므로 세상 사람들은 동학군의 별명을 지어 부르기를 나라에 역적이요, 유도에 난적이요, 부자에 강도요, 양반에 원수라고 하는 것이며 심한즉 양반의 뒤를 끊으려고 불알까지 까는 흉악한 놈들이란 말까지 떠돌았다.(《동학사(東學史)》)

당시 떠돌던 말을 아주 사실적으로 적었다고 할 수 있겠다. 또 황현은 적당이 모두 천인·노예여서 양반과 사족을 가장 미워했다고 전제하고 다음과 같이 쓰고 있다.

노비로 도둑을 따르는 자는 말할 것도 없거니와 비록 도둑을 따르지 않는 자도 모두 도둑들에 묶여 상전을 겁주었다. 그래서 노비 문서를 불태우고 강제로 해방해 양인으로 만들게 했다. 혹은 그 주인을 결박해서 주리를 틀고 매질을 했다. 노비를 둔 자들은 지레 겁을 먹고 노비 문서를 태워 그 화를 풀려 했다. 순박한 노비들이 더러 태우지 말기를 원했지만 기세가 원체 거세어 노비 상전들이 더욱 두려워했다. 혹 사족이나 노비 상전 가운데 노비와 함께 도둑을 따르는 자들은 서로 접강이라 부르며 그 법을 따랐다. 백정 재인들이 평민 사족과 맞절을 하자 사람들은 더욱 이를 갈았다.(《오하기문》)

한편 7월에 공포된 갑오개혁에는 문벌과 반상을 타파하고 인재를 뽑아 쓴다는 것, 부녀의 재가는 귀천을 가리지 않고 자유에 맡긴다는 것, 공사 노비를 혁파하고 인신매매를 금지한다는 것, 역인·재인·백정을 모두 천인 지위에서 벗긴다는 것 등의 조항이 있었다. 하지만 농민군의 요구 사항인 조세·부채·토지 등의 항목은 빠져 있었다. 농민군의 실천 사항을 부분적으로 수용한 것이다. 봉건 체제를 떠받치던 신분 문제는 가장 먼저 풀어야 할 당면 과제였다. 조선 후기에 들어 신분에 따른 계급 사이의 갈등과 저항이 사회의 통합 기능을 저해했다. 어떤 방식이나 제도로든 풀어야 했다. 갑오개혁이 공포되자 농민군은 처음에 그 의미를 확실하게 파악하지 못했지만 7월 15일 남원 대회에서 정식으로 논의되고 전라 감사 김학진과 관민이 계책에 합의한 뒤 신분 문제는 실천 항목이 되었다.

이 사실이 다른 지역에도 알려지자 노비들은 크게 요동쳤다. 일부는 상전에게 항의해서 풀려나기도 하고 또 일부는 먹고살 재산을 나누어달라고 요구하기도 했다. 일반 천인과 백정도 노비와 함께 민활하게 움직였다. 이런 현상은 집강소가 있는 곳에서만 벌어진 것이 아니다. 충청도 청주에 사는 신응조(申應朝)는 정승을 지낸 인물인데 그의 집에 천인들이 들이닥쳐 그 증손(신일영(申一永)의 아들)의 불알을 까면서 "이런 도둑의 종자는 씨를 받아서는 안 된다"고 호통을 쳤다. 또 충청도 홍성에서는 홍주군 갈산리 안동 김씨 집의 두 종이 자기 상전인 김씨를 발가벗겨 대추나무에 매달고 불알을 깠다고 한다. 평소에 양반의 횡포와 유세 아래 울던 민중이 양반 개인을 징벌하는 동시에 그 종자를 없애려 불알을 가격한 것이다. 당시 양반에 대한 원한이 얼마나 심각했는지를 알 수 있다.

집강소 활동 기간에 농민군은 빈민 구휼에 열성을 다했다. 전봉준은 지주와 부호에게 강제로 돈과 쌀을 빼앗지 않았다. 대신 그들로부터 시세보다 싼 값으로 쌀을 사서 시세보다 싼 값으로 빈민들에게 되팔았다. 부호에게는 남아도는 것이나 마찬가지인 식량이었고 빈민에게는 거저 얻는 것이나 다름없었지만 쌀을 받을 적에는 어김없이 표지(어음과 같이 뒷날 지불을 약속하는 증표)를 발행해서 대가를 지불한다는 의식을 갖게 했다. 물론 모든 집강소에서 이같이 실행한 것은 아닌 듯하다. 전봉준 관할의 집강소에서는 이를 어김없이 실행한 것으로 보이나 김개남 관할의 집강소에서는 부호들의 돈과 쌀을 강제로 빼앗은 것으로 보인다. 또 '고리채 정리'를 구호로 내걸었으나 구체적으로 실행된 예는 많지 않았다. 고리채는 장리(長利)로 불린 비싼 이자를 말한다.

다음으로 봉건 체제의 버팀목이 된 토지문제가 남아 있었다. 이 문제는 그야말로 단순하지 않았다. 신분제도만큼 쉽게 합의에 이를 수 있는 사안이 아닐뿐더러 일개 현지 사령관이 함부로 합의할 사항도 아니었다. 하지만 농민군이 가장 핵심적으로 지향한 개혁 조항임에는 틀림없다. 느슨한 사적 소유, 불분명한 재산권 인정 관계에서 토지문제를 제외한 밑으로부터의 변혁은 알맹이가 빠진 것이나 다름없었다. 오지영은 《동학사》에서 집강소의 폐정 개혁안 12조에 '토지의 평균 분작'이 들어 있다고 했으나 구체적인 실행 사례는 거의 보이지 않는다. 동학 농민 봉기의 한계라고 지적할 수 있겠지만 짧은 집강소 설치 기간에 이를 실현하는 데는 시간적으로 제약이 있었다.

곳곳에서 벌어진 마지막 항거

현지에서 활동하던 농민군과 주력부대에서 떨어져 나온 농민군은 전국 곳곳에서 끝까지 항전을 거듭했다. 그 범위는 호남을 비롯해 충청도·경상도·경기도·강원도·황해도에 걸쳤다. 이들은 분산되어 항전을 벌였으나 저마다 지역적 특성을 지니고 있었다.

일본군과 관군 그리고 현지의 수성군은 이들의 토벌에 열을 올렸다. 농민군은 많은 희생을 치른 끝에 산악 지대나 섬으로 도망쳤다. 그리하여 1894년 12월 무렵에는 항일 전선이 거의 해체되었다. 이를 권역별로 나누어 살펴보자.

전라도 지역의 항전

주 전선을 형성했던 호남 지역은 마지막 패주 단계에도 곳곳에서 치열한 항쟁을 벌였다. 한편 일본군은 농민군을 남쪽으로 내몬 뒤 바다에 빠뜨려 몰살시키거나 섬에 가두어 색출하려는 작전 계획을 짰다. 일본 군함이 남쪽 바다에 배치되어 작전을 도왔다. 이를 '남조선 대토벌 작전'이라고 불렀다.

전라좌도 지역인 남원과 운봉에서는 전라우도 지역과는 달리 농민군과 지방 관군 또는 수성군이 밀고 당기는 처지에 놓여 있었다. 그 가운데 운봉에서 박봉양(朴鳳陽)의 수성군이 기세를 올렸다. 김개남이 북상하자 남원과 운봉의 수성군은 그 틈을 타서 2,000여 명을 거느리고 농민군의 근거지인 남원 공략에 나섰다. 그리하여 11월 13일경에는 남원의 농민군과 운봉의 수성군이 남원 교외에서 전투를 벌인 끝에 농민군은 많은 사상자를 내고 다시 남원 성내로 돌아왔다. 경상 감사 조병호(趙秉鎬)가 수성군에 총통 300여 개, 화약 수천 근을 보내 성원했고 이 전투 이후 진주 병영에서 200명의 지원병이 운봉 민보군(民堡軍, 민병)에 합세해왔다.

남원의 농민군 3,000여 명은 성을 굳게 지키고 있었다. 11월 28일에 운봉 수성군은 남원의 네 성문을 포위하고 공격을 서둘렀다. 그러나 농민군은 문밖으로 나오지 않고 성안에서 대응했다. 수성군이 성 주변에 땔나무를 쌓고 불을 붙이자 성문이 타들어갔다. 농민군은 북문을 열고 달아날 수밖에 없었다. 이렇게 해서 남원성은 농민군이 차지한 지 6개월 만에 다시 관의 손에 돌아갔다. 농민군은 많은 사상자를 남긴 채 남쪽으로 쫓겨갔고, 성안으로 들어간 박봉양은 수백 명을 베어 죽이며 포악성을 드러냈다.

호남 서남부 지역은 나주를 중심으로 함평·무안·해남·진도 등지를 말한다. 해남은 전라 우수영이 있는 요해지(要害地)다. 무안의 배상옥(裵相玉)은 1차 봉기에 참여한 뒤 무안 일대에 집강소를 차리고 활동을 전개했는데, 좌선봉장 이규태는 "전봉준보다 더 큰 거괴는 무장의 손화중, 무안의 배상옥이다"라며 체포에 열을 올렸다.

이곳 농민군은 정작 공주 대회전이 전개될 시기에 현지에서 대대적인 전투를 서둘렀다. 배상옥은 무안 대접주의 이름으로 5~6만 명의 농민군을 이끌고 나주 관아를 공격하기 위해 11월 17일에 나주의 들머리인 고막포에 이르렀다. 나주 수성군 3,000여 명이 출동해 고막포 언저리에 있는 호장산과 돌다리 근처에서 치열한 전투를 벌인 끝에 농민군은 후퇴했다. 그 뒤 12월까지 농민군은 함평·무안·해남 등지에서 관아의 창고를 헐어 곡식을 나누어주기도 했다. 좌선봉장 이규태와 일본군이 진격해와서 토벌전을 전개할 때 배상옥은 살해되고 남은 농민군은 섬으로 도망쳤다.

한편 나주 관아는 호남에서 유일하게 처음부터 농민군의 손에 떨어진 적이 없었다. 최경선(崔景善)이 나주 접주 오권선(吳權善)과 연합해 나주 관아를 몇 차례 공격했으나 실패해서 집강소 활동에 많은 지장을 주었다. 이와 달리 광주는 손화중이 차지하고 있으면서 아래쪽 전라도 농민군의 중심지가 되었다. 나주의 영병과 수성군은 10월에 많은 농민군이 북상한 틈을 타서 광주 토벌에 나섰다. 그러나 두 차례의 싸움을 벌이고도 광주를 회복하지 못한 채 되돌아왔다. 11월 24일 조정에서는 나주에 초토영(招討營)을 설치하고 목사 민종렬(閔種烈)을 호남 초토사로 임명했다.

이 무렵 태인 전투가 끝난 뒤 흩어진 농민군은 대부분 최경선·손화중이 이끄는 부대로 모여들었다. 이들은 오권선의 농민군과 합세해 다시 나주 공략에 나섰다. 마침 날씨가 몹시 추웠다. 그래서 불을 지폈는데 바람이 불어 막소(幕所)에 옮겨붙었다. 이때 막소에 있던 폭죽이 타면서 대포가 터지는 듯한 우렛소리가 연이었다. 깜짝 놀란 농민군은 남산촌 부근으로 후퇴했다. 농민군은 추운 날씨 탓으로 야숙을 하지 못하고 민가에 들어 잠을 자는 수밖에 없었다. 농민군이 깃발을 꽂아놓고 소를 잡아 밥을 먹고 있을 적에 나주 군사의 습격이 있었다. 치열한 싸움 끝에 농민군은 무너지고 말았다.

무수한 사망자와 포로를 남긴 채 최경선은 동쪽으로, 손화중은 북쪽으로 쫓겨갔다. 지도자를 잃은 농민군은 작은 무리를 이루어 능주·남평 등지로 흩어졌다. 이때의 정경을 두고 황현은 "죽은 자와 포로의 수를 헤아릴 수 없었고 양민들이 많이 죽었다"면서 "시체가 들판에 가득했고 흐르는 피가 냇물을 이루었다"고 기록했다.《오하기문》)

장흥은 접주 이방언(李芳彦)의 활동 지역으로 진주·하동과 함께 농민군의 활약이 두드러진 곳이다. 11월 들어 일본군과 관군의 합동 토벌 작전이 모색되기도 했다. 11월 26일에 이방언·이인환(李人煥) 등이 농민군 수만 명을 거느리고 회령진에 주둔하고 있었다. 이에 장흥부의 수성군 1,000여 명이 나가 싸웠으나 참패하고 돌아왔다. 강진 병영의 군사 400여 명이 장흥으로 밀려오자 농민군은 일시적으로 밀리면서 보성 쪽으로 후퇴했다. 이어 농민군 수천 명이 장흥 성 공격을 앞두고 외곽을 둘러쌌다. 여기에는 장흥 출신만이 아니라 원평·태인·나주·영암 그리고 남원·곡성·보성의 패잔군들이 합세해 있었다.

12월 5일 새벽에 농민군은 커다란 나무로 성문을 밀쳐 부수고 물 밀듯 지쳐 들어갔다. 부사 박헌양(朴憲陽)은 농민군의 칼을 맞고 죽 었다. 농민군은 관아에 불을 지르고 구실아치들을 잡아 죽였는데 이 과정에서 수성군과 민간인 400~500여 명이 희생되었다. 흩어져 있 던 농민군이 속속 장흥으로 집결했다. 이들은 강진 병영을 목표로 그곳에서 40리 거리인 장흥 사창 장터에 집결해 농민군과 합세하려 는 계획을 세우고 있었다.

장흥 함락과 농민군의 사창 장터 집결 소식은 곧바로 나주 초토영 과 인근 군읍에 전해졌다. 그리하여 일본군과 관군이 급박하게 출동 을 전개했다. 이에 농민군은 강진읍과 전라 병영에 대한 공격을 서 둘렀다. 7일 채 한낮이 되기 전 농민군은 강진읍으로 몰려들었다. 이 들은 강진 병영을 향해 세 갈래로 나누어 진격해 들어왔다. 10일 한 밤 농민군이 병영을 향해 돌격할 때 그곳의 군사는 감히 출격하지 못하고 성을 지키면서 성 주위에 목책을 둘러칠 뿐이었다.

겁을 집어먹은 병사 서병무(徐炳武)는 두루마기를 입고 패랭이를 쓴 채 피난하는 사람들 틈에 섞여 영암 쪽으로 달아났다. 성안의 군 사 1,000여 명은 병사가 달아났다는 소문을 듣고 사기를 잃었다. 농 민군이 목책에 불을 지르고 성가퀴를 올라오자 병영의 군사들은 여 지없이 무너졌다. 이때 병영의 군인과 민간인 등 수백 명이 죽었으 며 관아 건물과 여염집이 대부분 불탔다.

이렇게 해서 전라 우수영과 좌수영 사이의 군사 요충지인 세 고을이 농민군의 손에 떨어졌다. 나주의 관군과 일본군은 세 갈래로 나뉘어 강진으로 출격했다. 이때 농민군은 한두 차례 접전한 뒤 장흥 석대로 물러가 진을 치고 있었다.

12월 15일 장흥읍에 도착한 일본군이 먼저 온 관군과 합세했다. 장흥 석대에서 먼저 싸움을 건 쪽은 농민군이었다. 주변의 산을 차지한 농민군은 봉우리마다 기를 꽂아놓고 함성을 지르며 포를 쏘아댔다. 일본군과 관군은 농민군을 평야로 유인했다. 농민군이 산에서 내려오자 숨어 있던 일본군은 양쪽에서 에워싼 뒤 공격했다. 농민군 수백 명이 죽었다. 살아남은 일부는 해남·무안으로 진출하기도 하고 일부는 천관산 곰재로 들어가기도 했다. 이렇게 약 열흘간의 전투 끝에 농민군 1,000여 명이 희생됐다. 마지막 농민 항쟁으로 꼽을 만큼 끈질기고 강인한 최후였다. 남은 무리는 대부분 섬으로 숨어들었다.

한편 호남의 동남부인 순천·광양 지역은 대접주 김인배(金仁培)가 주도하고 있었다. 김인배는 6월 이후부터 순천에 영호 도회소(嶺湖都會所)를 차리고 농민군 10만여 명을 거느리면서 '영호 대접주'로 불렸다. 영남과 호남을 아우른다는 의미의 호칭이었다. 김인배는 김제 출신으로 구성된 순천접의 협조를 받아 순천 관아를 차지하고 집강소 통치를 단행하면서 순천부 관할인 광양·보성·낙안 등지를 석권했다.

같은 해 7월에 들어 광양의 농민군 600여 명은 섬진강을 건너 하동 농민군과 합세해 하동 관아에 집강소를 차렸다. 하지만 하동 부사 이채연(李采淵)은 화개동 민포군을 동원해 이들을 광양으로 쫓아

보냈다. 이에 김인배와 유하덕(劉夏德)이 이끄는 농민군 1만여 명이 9월 1일에 하동 관아로 들이닥쳤는데 그 치열한 전투를 두고 황현은 "앞에 오는 자는 엎어지고 뒤에 오는 자는 시체를 밟고 넘어왔다. 산 위를 바라보면서 점점 앞으로 전진해왔다"고 표현했다.

김인배가 이끄는 농민군은 9월 17일에 진주 병영을 점령했다. 김 인배는 일주일 정도 진주에 머문 뒤 현지 농민군에 병영을 맡기고 하동을 거쳐 순천 지방으로 돌아왔다. 이들은 여수 좌수영 공격을 서둘렀다. 이곳의 수사 김철규(金徹圭)가 농민군에 복종하지 않고 연 달아 농민군을 색출해 처단하고 있었던 것이다. 김인배는 일본군이 개입해오는 상황에서 좌수영을 차지해 장기 태세를 갖추려 했다.

11월 들어 농민군이 좌수영을 세 차례 전면 공격했다. 이 시기에 는 통영에서 출발한 일본군 100여 명이 곳곳에서 농민군을 공격해 타격을 입혔고, 군함 쓰쿠바호가 여수 앞바다에서 대기하고 있었다. 끝내 농민군의 좌수영 공격은 실패로 끝났다. 농민군은 분산했고 김 인배는 광양으로 진출해 재기를 도모하다가 민포군에 잡혀 처형되 었다.

영호 대접주 김인배의 활동은 영남과 호남의 농민군이 연합했다 는 점, 진주 병영을 점령했다는 점, 섬진강을 경계로 동선의 범위를 넓혔다는 점 등에서 특별한 의미를 찾을 수 있다.

충청도 지역의 항전

충청도에서는 전라도의 1차 농민 봉기와 거의 동시에 봉기가 일 어나 그 세력을 크게 떨쳤다. 2차 봉기가 일어나자 이곳 세력은 호남 의 농민군과 연계 작전을 모색해 그 기세를 더욱 올렸다. 9월 그믐께 최시형이 대동원령을 내리자 이 일대 농민군은 일제히 공주로 진출하려 했다. 그러나 중도에 가로막혀 현지에서 때로는 승리를 거두고 때로는 패전을 거듭하다가 끝내 공주·논산의 패전 소식을 접했다. 이후 각 지역에서 분산적인 활동을 벌였다.

조정에서는 1894년 10월에 홍주 목사 이승우(李勝宇)를 호연 초토사로 임명해 농민군을 평정하도록 했다. 호서 지역은 한산·서천 지방, 서산·내포 지방, 영동·청산·보은 지방, 공주·부여 지방 등 네 권역으로 나눌 수 있다. 특히 내포 지방은 12월 말경까지 저항이 드셌다.

2차 봉기 과정에서 먼저 대전평 사건과 세성산 전투가 전개되었다. 대전평(지금의 대전광역시)에서는 그해 봄부터 많은 농민군이 모여 주변 마을을 석권하고 있었다. 이에 청주 진남영의 영관 염도희(廉道希)가 군졸을 이끌고 출동했다가 10월 3일에 전투를 제대로 벌이지도 못하고 몰살당하는 사건이 일어났다. 이 군졸들은 농민군이 주는 술을 받아 마시고 취해 있다가 염도희 이하 73명이 집단 살해를 당했다. 관군이 일시에 몰살한 최초의 사건으로, 당시 군기가 말이 아니었음을 알려주기도 한다.

10월 21일에는 세성산 전투가 전개되었다. 우선봉장 이두황은 목천 세성산에 비적 수천 명이 몰려 있다는 청주 병영의 연락을 받고 토벌에 나섰다. 이두황은 "목천의 비도(匪徒)는 공주 감영과 청주 병영의 중간에 있어 장차 큰 걱정거리가 될 것이요, 또 서울로 가는 길을 가로막아 선봉진의 앞길에 장애가 될 것이니 먼저 서울에 가까운 이들 적을 격파해 우리 군사의 승리를 드날리고 승리의 군사로 의기당당하게 남쪽으로 내려가야 한다"《양호우선봉일기(兩湖右先鋒日記)》고 말했다.

이두황의 군대는 세성산의 토성을 포위·공격해서 북접 두령 김복용(金福用)·이희인(李熙人)을 사로잡고 조총·양곡 등을 빼앗은 뒤 17명을 잡아 죽였다. 나머지 농민군의 주력은 대부분 서쪽으로 달아났는데 실제로 이때 죽은 농민군이 수백 명이라 한다. 대부분 천안·목천 사람들이었다.

한편 김개남은 전봉준이 논산에서 북접 농민군과 만나 본영(本營)을 설치할 무렵인 10월 14일에 뒤늦게 남원에서 전주로 나왔다. 그리고 곧바로 금산으로 올라갔다. 그는 막강한 포병 8,000명을 거느리고 있어서 진잠 등 중간에 거치게 된 고을의 관아를 파괴하고 문서들을 불태웠다. 11월 13일에 청주로 밀어닥친 그는 청주 병영을 공격했으나 여지없이 관군에 깨졌다. 미리 대기하고 있던 청주 병영의 병사가 농민군 1,000여 명을 죽이고 군기를 빼앗았다.

10월 들어 한산·서천 지방에서는 하부 조직들이 연합해 관포 칠산에서 총회를 열어 "호남을 방어하며 보국안민한다"고 선언하고 나섰다. 그리고 곡식과 돈을 거두어들이며 군사 연습을 하고 있었다. 대접주 이종필(李鍾弼)이 10월 15일에 수천 명의 농민군을 이끌고 임천의 도회로 나갔다. 이달 22일에는 전라도 농민군 수천 명이 임천읍에 들이닥쳐 군기를 빼앗았고 그다음 날에는 입포 나루에 들이닥쳤다. 이 무렵 호남 농민군이 군산·장항을 거쳐 충청도 해안 지방에 상륙했고 이어 한산·서천의 농민군과 연합해 한산과 서천을 점령하고 임천과 홍산 지방까지 진출했다.

서산 군수 성하영(成夏永)은 공주 전투를 끝낸 뒤 경리청의 군사를 이끌고 부여·홍산을 거쳐 이 지역으로 출동했다. 그는 당시 한산의 정경을 두고 "성에 가득 찬 여염집이 깡그리 불에 타버렸고 각처의 관아가 한갓 네 벽만 서 있었으며 이민(吏民, 지방의 아전과 백성)이 울부짖는 참상을 차마 볼 수 없었다"(《갑오군정실기(甲午軍政實記)》)고 보고했다. 이때의 한산 전투는 그만큼 처절했던 것이다.

한산 수성군 그리고 보부상의 연합 부대는, 서천에서 퇴각해 한산 언저리로 들어온 농민군과 일대 접전을 벌였다. 두 부대로 나뉜 관군은 농민군을 위아래로 협공해서 수백 명을 죽였다. 같은 해 겨울에 일본군과 관군은 홍산·비인·남포로 들어왔고 군산진까지 진출해 농민군에 협조한 도포수 등을 포살하고 서산으로 전진했다. 이 무렵 함열·웅진의 농민군이 다시 한산읍성을 공격해왔다. 이들이 마을에 불을 지르고 다녀서 주민들이 죽산 나루에서 배를 타고 피난길에 나서기도 했다.

온양·태안·안흥·서산 등지의 농민군이 예산 목소리로 집결했다. 이때 일본군은 대대적으로 이들을 토벌했다. 10월 25일에는 일본군 89명과 관군 40명이 합세해 홍주·당진·해미로 진출했다. 이즈음 광천에 모인 서산·태안의 농민군이 덕산·면천 등지에 출몰하면서 예산 신례원 쪽으로 진출하고 있었다. 이에 홍주 목사 이승우는 일본군 300여 명과 유회군(儒會軍, 유림 중심의 군사) 수천 명을 이끌고 11월 11일에 예산 대도소를 공격했다. 채 정비를 갖추지 못한 농민군은 사방으로 흩어졌다. 이 일로 이곳 농민군의 공주 진출이 차단되었다.

농민군은 덕산 구만평야와 예산 신례원에 집결해서 여전히 법소(法所, 북접 본부)로 나갈 결의를 다지고 있었다. 그러나 관군과 접전한 끝에 피차 큰 손실을 입고 예산 전투를 끝냈다. 이때 농민군 수천 명이 희생당했다. 농민군은 공주 진출을 포기하고 해안 지방으로 나갔다. 이 주력부대는 11월 29일에 홍주성을 포위·공격했는데 수성장 이승우는 성에서 나오지 않았다. 한낮에 시작해 밤늦도록 공격했으나 홍주성은 함락되지 않았다. 농민군은 지구전을 벌일 수 없는 처지였다.

농민군은 태안·서산 등지로 흩어져 소규모 부대로 출몰했다. 그 뒤 다시 연합해서 관군에 대항했는데 서산 일대에서는 해미읍성과 매현, 승전곡 등지에서 치열한 전투가 벌어졌다. 태안의 백화산에도 많은 농민군이 집결했다. 11월 13일에 관군과 크게 접전을 벌인 뒤 농민군은 다시 해안 지방으로 흩어졌다. 이때 관군은 태안 읍내를 샅샅이 뒤져 분탕질을 쳤다. 관군은 비류(匪類) 괴수를 잡는다며 양민을 학살하기도 하고 재물을 빼앗기도 했다. 무수한 살상이 일어났다.

한편 손병희가 이끄는 북접 농민군은 태인에서 전봉준과 헤어진 뒤 임실에서 최시형을 만나 함께 장수·무주를 거쳐 호서 지방으로 북상했다. 황간·영동 지방에는 10월 말경부터 수만 명이 모여 있었는데 바로 이곳이 경상도에서 충청도와 전라도로 진출하는 길목이었다. 또 김산(지금의 김천)·지례·거창 일대는 농민군의 기세가 높은 곳이었다. 이곳 농민군은 끊임없이 공주 지역으로 진출하려 노력했다. 그리하여 조정에서는 10월 말경에 상주 출신의 정의묵(鄭宜黙)에게 소모사(召募使, 의병을 모집하기 위한 임시 관직)의 직함을 내려 이 일대의 농민군을 막게 했다. 또 대구에 주둔한 일본군도 공격에 나섰다.

11월 초순 관변에서는 "황간·영동·무주 등지의 많은 농민군은 행인을 만나면 곧 포살했다. 정탐하는 자가 숨어 바라보기만 하다가 돌아왔다"고 보고할 정도였다. 12월 초순에는 영동 용산 장터에 수만 명의 농민군이 모였다. 바로 손병희가 이끄는 농민군이 합류한 것이었다. 한편 경상 감영에서도 이쪽의 동정에 관심을 두고 "비류들이 황간·영동·청산의 군사를 빼앗고 바야흐로 영동 용산 장터에 모여 있는데 영남 쪽으로 향한다고 한다"고 보고했다. 대구의 경상 감영에서는 김산·상주로 영병을 파견했고, 상주의 수성군 김석중(金奭中)은 청산을 거쳐 용산 장터에서 10리쯤 떨어진 곳에 군사를 주둔시켰다.

12월 11일에 먼저 싸움을 돋운 쪽은 상주 수성군이었다. 수성군은 세 갈래로 나뉘어 용산에 집결해 있는 농민군을 공격했으나 별 성과를 내지 못하고 후퇴했다. 이때는 눈이 펄펄 날리고 달빛이 은은하게 산골을 비추고 있었다. 또한 안개가 온 산과 들에 깔려 있어 옆 사람도 분간할 수가 없었다. 다음 날 농민군은 산 사면에 파수를 세우고 구덩이에서 곤한 잠에 떨어졌다. 한낮이 되어 관군은 양면에서 공격해 들어가기로 했다. 관군은 영동 장터에서 1차 접전을 벌여 50~60여 명을 사살하고 이어 용산으로 올라갔다. 이때 농민군의 방비가 굳건하고 세력이 큼을 보고서 시체를 남긴 채 후퇴했다.

당시 농민군은 청산의 동헌을 점령하고 있었다. "거괴가 청산 관아의 동헌에 머물고 있다"는 말이 있었는데 최시형을 가리킨 것이다. 이때 손병희는 옷에 무수한 탄환 자국을 얻었으나 살아남았다. 관군은 보은으로 물러났다. 이 전투는 승리도 패전도 없는 일진일퇴의 공방전이었으나 영남·호남·호서의 농민군이 연합했다는 데 의의가 있다 하겠다. 손병희와 최시형은 잠시 주력부대와 헤어졌다가 다시 만나 보은 북실리로 나갔다.

이때 서병학은 첩자로 관군을 따라다니고 있었다. 그는 보은 집회를 주도했다가 관군에 투항한 뒤 계속 밀정 노릇을 했다. 참모관의 직책을 받은 그는 옛 동지들을 밀고했다. 이후에도 옥천·영동 등지를 돌아다니면서 남은 농민군 지도자들을 철저히 수색하는 데 협조했다.

곧 농민군은 보은 관아를 들이쳤다. 이에 보은 군수 이규백(李圭白)은 청주 병영으로 달아났고 경리청 대관 김명환(金明煥)이 맞서 싸웠으나 견뎌내지 못하다가 참모관 이윤철(李允喆)이 죽자 청주 병영으로 회군했다. 이때 대구에서 일본군 대위 미야케(三宅) 등이 군대를 이끌고 와서 일본군은 모두 37명이 되었다. 일본군이 관군과 수성군을 지휘하면서 진격했고 농민군은 보은 읍내에 웅거하면서 포를 쏘며 함성을 질렀다. 일본군과 수성군이 17일 장안리에 이르자 농민군은 북실로 들어갔다.

북실은 분지의 마을이다. 농민군은 장거리를 행보하면서 전투를 벌이고 추격을 당하고 추위에 떨며 굶주린 상태였다. 이들은 북실에서 잠시 휴식을 취하려 했다. 일본군·수성군이 북실로 진격하면서 농민군의 파수 4명을 잡아왔다. 잡힌 파수들은 이렇게 말했다.

> 우리는 호남으로부터 열일곱 차례나 싸우며 왔다. 지금 삼남이 함께 일어나 한길로는 무주·영동·청산·보은·상주·선산과 일본 병참부와 대구 감영과 동래부를 함락하고, 한길로는 청주·공주를 거쳐 곧바로 한강을 건너 서울을 차지해 대사를 도모하고, 북쪽 한길로는 청나라가 도와주기로 약속했으며 서북 지방의 여러 곳이 또한 호응하고 있다. 지금 북실에 있는 우리는 모두 삼남의 대장이 모은 10만의 병력이다.(김석중, 《토비대략(討匪大略)》)

일본군과 수성군은 12월 17일에 북실을 습격했다. 이날 밤 서로 포를 쏘아댔는데 새벽이 되어서야 그쳤다. 18일 아침 농민군은 산 위에 진을 치고 있었다. 일본군은 좌우로 나뉘어 매복해서 전진했고 가운데 길은 김석중이 차단했다. 적군의 수가 적은 것을 확인한 농민군은 근거리까지 오르내리기를 수십 차례 거듭했다. 또한 시체를 밟고 넘어와 연이어 포를 쏘아대며 기세가 올라 조수처럼 밀려 나왔다. 관군은 일대 위기를 맞이했다.

일본군과 수성군 쪽에서는 별포(別砲, 특별 선발한 포수) 등 45명을 선발해 흰옷으로 갈아입히고 농민군을 가장해 내보냈다. 별포가 산 밑을 기어오르자 농민군은 동료인 줄 알고 제재를 가하지 않았다. 이에 별포들이 산머리에 올라 일제히 방포하니 농민군 수십 명이 낭떠러지로 떨어졌고 산 아래에서 일본군이 일제히 칼을 빼 들고 뛰어올랐다. 청주 영병의 군사들은 서북쪽에서 산을 향해 기어올랐다.

농민군은 흩어져 달아났지만 총에 맞아 죽기도 하고 잡혀 죽기도 했다. 일본군은 사살자를 300여 명으로 보고했지만 김석중은 이 일대에서 모두 2,600여 명을 사살했다고 기록했다. 이틀 동안 1만여 명이 넘는 농민군 중에 4분의 1이 죽은 셈이다. 잔인한 학살이었다.

충청도 지역의 전투는 북실 전투를 마지막으로 마무리되었다. 이 북실 전투야말로 농민전쟁사에서 가장 큰 희생을 치른 전투이자 삼남 연합 농민군의 항전이었다는 데서 중요한 의미를 지니고 있다. 한편 손병희·최시형 일행은 북실에 머물다가 먼저 몸을 피해 이 전투에는 직접 참여하지 않은 것으로 보인다.

경상도 지역의 항전

경상도의 농민 항쟁은 남쪽 해안 지방과 내륙 지방, 그리고 충청도·전라도의 접경 지역에서 주로 전개되었다. 접경 지역에서는 농민군이 서로 연계 또는 연합 작전을 폈으나 내륙 지방에서는 고립성·분산성이 강했다. 물론 이 지역은 초기에 봉기했고 2차 봉기 이후에는 더욱 격렬해졌다. 그 특성에 따라 몇 지역으로 나누어 살펴볼 수 있다.

10월 들어 조정에서는 각지의 소모사와 토포사(討捕使, 각 진영에서 도둑 잡는 일을 맡은 벼슬)를 임명했는데 경상도에서는 다섯 지역으로 나누었다. 소모사들은 곧 상주·대구·인동·선산·거창 등지를 각기 맡아 토벌전을 전개했다. 이렇게 해서 경상도 지방에서는 조직적으로 농민군 토벌이 이루어졌다. 상주 소모사 정의묵은 이서·군교·유림 등으로 수성군 또는 의병을 조직해 관할 구역을 다스렸다. 특히 상주에 보수 집강소를 설치해 농민군 토벌의 전위로 삼았고, 유격장으로 김석중을 임명한 뒤 지경 바깥인 황간·영동으로 진출시켜 전투를 벌였다.

이해 봄부터 지리산 아래 지역을 중심으로 농민군의 활동이 전개되었다. 그동안 경상 병영이 있는 진주를 비롯해 산청·곤양·사천·남해 등지에서 농민군이 활동이 그치지 않았으나 병영을 차지하지 못하고 있었다. 이때 용기를 얻은 진주 농민군은 9월 14일에 먼저 진주목을 점령하고 옥문을 부수어 무고한 죄인을 풀어준 뒤 일단 물러났다. 농민군은 순천·하동에서 활동하고 있는 영호 대접주 김인배에게 진주 병영을 함께 치자고 요청했고, 김인배는 전광석화처럼 민첩하게 이들과 힘을 합해 9월 17일에 진주 병영을 차지했다. 무혈점령이나 다름없었다.

경상 병영이 농민군의 손아귀에 든 일은 커다란 의미를 지니고 있었다. 이때의 정경을 두고 황현은 "김인배의 농민군이 진주 병영에 이르자 영장이 김인배를 맞이해 도인을 죽인 죄를 사죄하고 도적들을 진주성으로 들어오게 했다"고 한다. 진주 대도소에서는 보국안민의 깃발이 나부꼈으며 농민군은 소라(나각)를 불고 북을 울리면서 포를 쏘아댔다. 기세를 올린 것이다. 진주의 경상 병영이 함락된 뒤 농민군은 촉석루 옆 관아에 대도소를 차렸다. 진주에서는 김인배가 물러간 뒤에도 농민군의 활동이 매우 활발했다. 특히 지리산 주변을 근거지로 해서 주변 고을을 석권했다.

이에 외무아문(外務衙門, 구한말 외국과의 교섭 및 통상에 관한 일을 맡은 관청)에서는 부산에 주둔해 있던 일본군의 파견을 부산 감리서(監理署, 개항장과 개시장의 행정 및 통상 사무를 맡은 관아)에 요청했다. 그리하여 일본군 150여 명이 조선군과 함께 출동했다. 또 대구에 있던 지석영(池錫永)을 토포사로 삼아 일본군을 돕게 했다. 이어 이들과 합세할 관군을 통영에서 선발했다. 이 무렵 진주의 농민군은 백목리에 모여 있었다. 이들은 군사를 두 갈래로 나누어 한쪽은 수곡리 장터, 나머지 한쪽은 북평산의 고승당 산성 아래에 머물렀다. 그 수가 10만여 명에 이른다고도 했다.

10월경에 일본군과 관군은 주변의 농민군을 수색했고, 10월 10일에는 하동 금오산에서 농민군을 포살했다. 농민군은 다시 진주 병영을 공격하기 위해 고승당에 이르렀다. 이때 일본군 170명을 포함한 관군의 대부대와 마주쳤다. 10월 14일이었다. 양쪽에서 치열한 전투를 벌인 끝에 농민군은 패주했다.

이 전투에 대해 지석영은 "농민군 186명을 사살했으며 상처를 입고 도주한 자는 헤아릴 수 없었다"고 했는데 여러 기록에 따르면 300~500여 명이 죽었다고 한다. 주민들은 지금도 비만 오면 한꺼번에 죽은 농민군이 "고시랑거리는 소리가 들려서 '고시랑 당산'(고승당)이라 부른다. 동네에 한날한시 제사를 지내는 집이 수십 집이다"라고 증언하고 있다.

일본군과 관군은 하동과 광양 섬거역에서도 전투를 벌여 수많은 농민군을 학살했다. 그러나 농민군의 활동은 쉽게 그치지 않았다. 오히려 더욱 창궐하는 형세로 돌아갔다. 심지어 사천·남해·단성·적량의 군기를 깡그리 빼앗아갔고 농민군이 지나는 동네는 텅텅 비었다. 영남 감영에서는 "저들이 믿는 것은 지리산 골짜기다. 만약 군대를 파견하지 않고 또 일본군을 하동·진주·단성·곤양 등지에 주둔시키지 않으면 반드시 저 무리가 유린할 것이다"라고 보고했다.

상주와 김산 지역에서는 7월 이후 농민군의 움직임이 본격화되었다. 공주 출신 송용주(宋龍珠)가 이 일대를 돌아다니면서 봉기를 선동하기도 했다. 9월 말경 농민군 수천 명이 상주에 대도소를 설치하고 상주목 관아를 공격해 점령했다. 이들은 관아의 무기를 빼앗고 양곡을 거두면서 집강소와 같은 활동을 벌였다. 이 시기 농민군은 영동·청산·황간 등지의 농민군과 합세했으며 그중에는 현지 출신의 향반과 종이 다수 포함되어 있었다.

곧 선산 해평에 있는 낙동 병참부의 일본군이 출동해서 상주읍성을 기습했다. 일본군은 사다리를 타고 성벽을 올라가 농민군을 읍성 밖으로 몰아냈다. 그 후 이곳 양반 유생과 아전들은 보수 집강소를 차리고 읍성을 지켰다. 하지만 농민군은 고을 각처에 출몰하면서 계속 활동을 전개했다. 이에 소모사 정의묵과 유격장 김석중이 중심이 되고 대구 감영의 병정과 용궁·함창·예천의 포군 800~900여 명이 합세해 철저한 토벌전을 벌였다. 두어 달쯤 전개된 토벌전에서 수십 명의 접주가 처단됐고 1,500여 명의 농민군이 귀화했다. 상주의 농민군은 이 일대에서 가장 큰 세력을 이루고 끈질기게 항쟁한 것으로 알려져 있다.

김산에서는 같은 해 8월, 진목에 사는 편보언(片甫彦)이 중심이 되어 장터에 집강소를 차리고 전라도의 집강소와 같은 일을 벌였다. 도집강이 된 편보언은 말단 조직인 포접(包接)을 두고 농민군을 거느렸다. 9월 말경 그는 군사를 일으키라는 최시형의 통고를 받고 각처에 전달해 봉기를 일으켰다. 김산군과 주변 고을에서는 곡식과 말, 창과 칼을 거두고 힘을 합쳐 선산부를 공격했다. 김산과 개령 일대에서 온 농민군이 합세하자 선산읍성을 점거할 수 있었다. 그러나 선산의 관속이 해평에 있는 일본군에 알리고 구원을 청했다. 농민군은 일본군의 기습을 받아 많은 희생자를 내고 물러 나왔다. 또한 대구 감영에서 보낸 영병 200여 명이 선산을 거쳐 김산 장터로 나오자 편보언 등은 흩어질 수밖에 없었다. 관군은 지례로 진격해서 농민군 잔당을 색출해냈다.

다음으로 성주에서는 8월 20일부터 농민군의 활동이 전개되었다. 이웃 고을인 지례와 인동에서 잡직에 종사하는 무리와 금광 노동자와 무뢰배 수십 명이 몰려오자 현지의 농민군이 합세해 100여 명의 대오를 만들었다. 이들은 장날을 기해 거리를 횡행하면서 성주 목사에게 사채의 탕감, 투장의 해결, 호포(戶布, 집집마다 무명이나 모시 등으로 내는 세금)의 감하, 요호(饒戶, 부호로 성장한 세력)와 이서배의 징벌을 요구했다.

성주의 수성군은 열흘가량 활동을 벌이고 있던 농민군을 진압하고 고을 바깥으로 내쫓았다. 그러자 농민군은 다시 더 많은 세력으로 읍성을 들이쳤다. 성주 목사 오석영(吳錫泳)은 대구로 피신했다. 목사가 없는 성주 읍내에 들어간 농민군이 불을 질러서 민가가 대부분 불탔다. 읍내에서 불타지 않은 건물은 관청뿐이었다.

예천·안동·선산 지방은 '양반 고을'이라 일컬어왔다. 그만큼 오랫동안 사족들이 장악하고서 상민을 압제해온 곳이었다. 1894년 3월, 예천 동로면 소야리에 사는 옹기 상인 최맹순(崔孟淳)이 접소를 차리고 집강소 형태를 갖추었다. 6, 7월에 이르러서는 더욱 세력이 커져 농민군이 몇만 명에 이르렀다. 농민군의 접소는 48개소였고 예천 출신만이 아니라 다른 지방 출신들도 이곳에서 함께 활동했다. 7월 들어 이들은 읍내로 들어와 지주·사족·향리의 집에서 돈과 곡식을 빼앗아갔다. 이에 대해 이곳 향리가 주도한 보수 집강소에서는 이렇게 기록했다.

그들은 접소를 마을마다 나누어 설치해서 없는 곳이 없었는데 서북 외지가 더욱 심했다. 대접은 만여 인이요, 소접은 수백 인이었는데 시정잡배나 못된 평민이나 머슴 따위가 스스로 뜻을 얻을 때라고 말하며 관장을 능욕하고 사대부를 욕보이고 마을을 약탈하고 재물을 빼앗고 군기를 도둑질하고 남의 말을 몰아가고 남의 묘를 파헤쳐서 사사로운 원수를 갚았다. 사람을 묶거나 구타해서 죽이는 경우도 많았다.(반재원(潘在元), 《갑오척사록(甲午斥邪錄)》)

농민군은 이처럼 드세게 활동하면서 심지어 안동 부사의 행차를 가로막고 부사를 욕하고 구타하고 지닌 물건을 빼앗는 지경에 이르렀다. 그 가운데 보수 지배층은 집강소를 만들어 농민군 탄압에 나섰다. 보수 집강소에서 동학교도 11명을 잡아와 화적으로 몬 뒤 한천 모래밭에 묻어버린 사건이 일어났다. 이에 최맹순은 통문을 돌려 동학교도의 석방을 요구하고 매장을 문책했다. 8월 20일, 농민군은 예천 집강소를 공격하기로 결의하고 각 고을의 접주 13명이 모여 매장 사건의 책임자를 압송하지 않으면 읍내를 공격하겠다는 통문을 보냈다.

이때 안동에서도 농민군의 공격이 진행되고 있었다. 8월 말경 농민군은 안동·의성 공격에 나섰는데 민보군의 완강한 대항에 부딪혔다. 농민군 선발대가 체포되고 이곳 지방군이 먼저 기습을 벌여 읍내 공격은 실패로 돌아갔다. 안동과 의성에서 물러난 농민군은 예천 농민군과 합세해 예천 읍내 주변을 봉쇄했다. 마침내 8월 28일에 결전이 벌어졌다. 오후부터 새벽까지 싸웠으나 농민군은 예천읍 점령에 실패하고 물러났다. 그 후 보수 집강소는 철저하게 농민군과 동학교도를 색출해 처단했다.

일본군은 이 지역으로 정탐조를 파견했는데 용궁 근처에서 일본군 대위와 병정 2명이 발각되어 대위가 피살되는 사건이 일어났다. 이에 대구 감영에서는 지방군 등 240여 명을 예천 일대로 파견했고 이어 일본군 50명도 증파되었다. 최맹순은 그 후 강원도에 은신해 있다가 11월 들어 평창접의 지원으로 100여 명을 이끌고 다시 예천 적성리에 와서 보복전을 폈지만 끝내 잡혀 죽었다. 이로 인해 이 지방의 농민군 활동은 끝났다.

강원도 지역의 항전

서울과 멀리 떨어진 강원도에서는 이러한 지리적 이점을 이용해 활발한 활동을 벌였다. 이 지역의 농민군은 양양·평창·홍천 등 산악 지대를 중심으로 출몰해 쉽사리 토벌할 수가 없었다. 강원도는 지역적 특성에 따라 두 방면으로 나누어 살펴볼 수가 있다. 하나는 충청도·경상도의 접경 지역에서 동해안을 따라 이어졌고, 다른 하나는 경기도 접경 지역을 따라 원주·홍천으로 이어졌다. 이들은 대관령을 사이에 두고 각기 활동했다.

1894년 여름과 가을 사이에 원주·영월·평창·정선의 네 고을에 동도들이 접소를 설치했다. 9월 초에는 충청도 제천·청주의 농민군과 강원도 영월·평창·정선 세 고을의 농민군이 연합해서 일제히 봉기했다. 이들은 강릉으로 향하면서 각 고을을 석권했고 거의 접전도 없이 강릉부를 점령했다. 강릉부를 차지한 농민군은 재물을 거두어들이고 전답 문서를 빼앗고 불량한 이민을 잡아 가두고 억울한 옥사를 해결하는 등 집강소와 같은 행정을 수행했다. 더욱이 이들은 동문에 '삼정의 폐단을 뜯어고치고 보국안민을 이룩하겠다'는 방문을 내걸었다.

농민군은 강릉의 부호요, 승지 벼슬을 받고 잠시 귀가해 있던 이회원(李會源)의 집인 선교장(仙橋莊)을 공격할 계획을 세웠다. 이 소식을 들은 이회원은 이 고을의 사인(士人, 벼슬을 하지 않은 선비) 및 이서들과 협력해 수성군을 조직했다. 마침 강릉부는 부사가 공석이었다. 이회원은 강릉 관아의 농민군에 물품을 보내 일부러 침입을 늦추게 하고 부근 동네에서 장정들을 규합해 밤을 틈타 습격했다. 마침 비가 억수로 내렸는데 방심하고 있던 농민군은 싸움 한번 제대로 못해보고 폭우를 헤치며 달아났다. 이때 농민군 50여 명이 희생되었다.

그 뒤 이회원과 최동집(崔東集)은 수성군 1,000여 명을 모아 강릉을 지켰다. 농민군은 강원도 각 고을에 계속 출몰했다. 10월 들어 조정에서는 이회원을 강릉 부사 겸 소모사로 임명했다. 이 시기 농민군 수백 명이 봉평에 집결해서 활동을 벌이고 있었고 정선·평창에도 수천 명이 모여 고을을 석권하고 있었다. 또 평창 후평에 모인 1,000여 명은 다시 강릉으로 쳐들어갈 기세를 보였다.

강릉에서는 중군 이진석(李震錫)이 포군을 거느리고 농민군을 공격했으며 이후 삼척과 합세해서 정선·평창을 공격했다. 또 강릉부에서도 각 고을의 장정들을 모았다. 11월 3일, 춘천 감영에서 증원군이 왔고 이어 일본군 2개 중대도 도착했다. 9월 들어 지평의 벼슬아치 출신인 맹영재(孟英在)는 민보군을 이끌고 경기도 일대 농민군의 토벌에 나섰다. 그런 뒤 조정에서는 맹영재를 소모사로 삼아 합법적인 활동을 보장해주었고, 맹영재는 강원도로 진출했다.

홍천 지방에서는 경기도·강원도의 연합 농민군이 10월 22일에 홍천 관아를 습격한 적이 있었다. 강릉 출신의 차기석(車箕錫)과 지평 출신의 고석주(高錫柱) 등 수백 명이 홍천 관아에 들어가 창고를 불태우고 주변 마을을 석권했다. 이에 맹영재는 100여 명을 거느리고 홍천을 들이쳤고, 농민군은 동쪽으로 진출해 강릉 공략에 합세할 움직임을 보였다. 당시 상황이 보고되자 농민군은 더욱 위기감을 느껴 대비를 서둘렀다.

차기석은 9월부터 주변 세력과 함께 오대산을 중심으로 한 주변 통로를 차지하고 상인 수백 명을 죽여 영동과의 왕래를 막았다. 홍천 읍내까지 진출했던 일부 세력이 다시 강릉 공격을 위해 정선 세력과 연합하려 한 것이다. 내면 물골에 모인 차기석과 정운심(鄭雲心)은 봉평을 1차 목표로 삼고 양양·간성 등지에 통문을 보내 협조를 요구했다. 봉평 대장 강위서(姜渭瑞)는 내면 창촌에 들어갔다가 패전하고 돌아갔다. 정선·삼척·평창의 농민군도 활동을 계속하면서 관군의 동정을 엿보고 있었다. 관군과 일본군이 정선에 접근하자 성두환(成斗煥) 등 그곳 농민군은 접전도 하지 않고 도망쳤다. 정선에 들어간 관군과 일본군은 농민군 잔당을 잡아 죽였다.

11월 5일, 관군과 일본군은 평창 후평에서 농민군 1만여 명과 접전을 벌였다. 농민군은 100여 명의 희생자를 내고 접주 이문보(李文甫) 등 5명이 효수당하는 피해를 입었다. 농민군은 뿔뿔이 흩어졌고 한 부대는 정선 쪽으로 달아났다. 양양에서는 농민군 500여 명이 약수포에 모여 있었는데 관군과 민보군 그리고 의병에 의해 쫓겨갔다. 이들은 양양의 통로를 지나다가 수십 명이 포살되었다.

한편 강릉부의 관군은 내면의 비도 정창호(丁昌浩) 등 10여 명을 잡아 효수했고 이어 차기석의 수색에 나섰다. 이때 강릉·봉평·홍천의 민보군 또는 포군이 합세해 11월 11일에 운포(雲包, 운두령 조직)를 들이쳐서 접주 등 17명을 포살했다. 그다음 날 원당리에서 관군과 농민군은 접전을 벌이게 되었다. 차기석의 농민군은 깃발을 세우고 위세를 떨쳤다. 그러나 양쪽에서 협공을 당한 끝에 차기석은 사로잡히고 말았다. 11월 22일, 차기석은 동료 박학조(朴學祚)와 함께 강릉의 교장(敎場)에서 효수된 뒤 머리는 춘천 감영으로 보내졌다. 무수한 신화를 뿌린 차기석이 잡힘으로써 강원도 지방의 농민군 활동은 점차 수그러들었다.

관군은 같은 해 11월 말과 12월에 이 일대에서 대대적인 수색을

벌였고 농민군 지도자들의 목숨은 물론 가재와 토지 등 재산을 몰수
했다. 제 세상을 만난 수성군과 보부상 패는 골골을 누비며 농민군
의 가족이나 친척 또는 조금이라도 연루되었거나 농민군에게 밥이
라도 지어준 집을 골라내 살육과 약탈을 일삼았다.

황해도 지역의 항전

황해도 지역에서는 9월 들어 본격적으로 봉기가 시작되었다. 이곳
농민군은 해주 감영을 공격할 준비를 서둘렀다. 10월 초순에는 해주
서쪽의 취야 장터에 연합 세력 수만 명이 모여 민폐와 민막(民瘼) 등
을 알렸다. 그리고 나서 일단 해산했다.

그러나 이들은 곧 다시 모여 강령현을 들이쳤다. 그곳에서 현감을
욕보이고 군기를 빼앗아 곧바로 해주에 있는 황해 감영으로 들이닥
쳤다. 당시 황해 감영에는 방비할 군사도 제대로 갖추어져 있지 않
았고 또 영리들의 호응이 있어서 농민군 수만 명은 거의 무혈로 입
성했다. 이곳이 감영으로서는 전주 다음으로 농민군이 점령한 곳이
었다.

농민군은 군기고를 습격하고 문서를 불태우고 판관 이하 영리들
을 징치했다. 그리고 늙은 감사 정현석(鄭顯奭)을 잡아 당 아래에 꿇
리고 무수히 난타했다. 정현석은 겨우 목숨을 부지했다. 그는 농민
군이 물샐틈없이 지키고 있는 감영에서 간신히 새끼 속에 위급을 알
리는 보고를 몇 줄 적은 뒤 아들 정헌시(鄭憲時)에게 보냈다. 금천에
있는 일본군 병참소에 구원을 청하라는 내용이었다. 그다음 날 농민
군은 일본군의 공격을 피해 동서 두 대로 나뉘어 성을 빠져나갔다.
조정에서 그 책임을 물어 정현석을 파직시켰고, 일본군의 파견이 이

루어졌다. 10월 초 용산에 와 있던 스즈키(鈴木) 소위는 황해도로 출동하라는 명령을 받았다. 일본군을 이끌고 평산에 도착한 그는 전신 기계가 파괴되고 관아가 불탄 모습을 보며 해주로 전진했다.

이 무렵 해주 감영에서 물러난 농민군은 강령·신천·송화·둔화·옹진·장연·죽산 그리고 주변의 진보(鎭堡, 함경도·평안도의 북방 변경에 있는 각 진)를 습격했다. 때로는 관아에 돌입하기도 하고 때로는 촌락에서 횡행하기도 했다. 주민 전체의 3분의 2가량이 동학도 또는 농민군이라고 할 정도로 큰 세력을 이루어서 영병이나 지방군도 제압할 수가 없었다. 이때 평양에 있던 일본군이 신천 방면으로 나가 농민군 수십 명을 참살했다. 신천에서는 진사 안태훈(安泰勳, 안중근(安重根)의 아버지)이 포군 70여 명과 민정 100여 명을 모집해 농민군과 맞서 싸웠다. 이들은 농민군 두령 3명을 포살하는 등 승리를 거두었다.

10월 20일경에는 농민군의 규모가 더욱 커졌다. 이때는 스즈키가 거느린 일본군이 해주 감영에 도착해 있었다. 해주 죽천에는 5,000여 명, 서쪽 취야 장터에는 수천여 명의 농민군이 모여 있었다. '아기 접주'로 알려진 10대의 김창수(金昌洙, 뒤에 김구(金九)로 개명)가 선봉에 서서 농민군을 지휘했다.

취야 장터에 모인 농민군은 평산·배천·연안의 농민군이 연합한 부대였다. 해주 감영에서 일본군 50명과 포군 100여 명이 새벽에 취야 장터로 나와 싸움을 걸었다. 두 시간에 걸친 싸움 끝에 농민군은 패주했다. 이때 농민군은 피살 11명, 화약 500근, 말 33필, 총알 5,000개를 잃는 피해를 입었다. 일본군의 활동 범위는 매우 넓어서 곳곳에 포진해 있었다. 11월 27일 한낮, 농민군 3만여 명은 산포수를 앞세우고 전진해 해주 성안을 내려다보고 있었다. 영병들이 성문의 요해처를 지키고 있었지만 곧 위기에 빠졌다. 이때 동문으로 출정했던 일본군 40명이 돌아왔고 다섯 시간에 걸친 접전 끝에 농민군은 패주했다.

황해도에서는 다른 지방과는 달리 농민군의 역량이 결집되어 나타났다. 또 포로에게서 입수한 문서에는 농민군이 감사 이하 각 고을의 수령과 판관·중군을 임명한 사실도 나온다. 두 달여에 걸친 황해도 농민군의 활동은 농민전쟁사에서 중요한 의미를 지닌다. 이곳의 농민군은 대부분 황해도 일대의 사금 채취 노동자들이었다. 이들은 전해 조정에서 사금 채취를 막자 불만을 품고 봉기했는데, 여기서 황해도 농민군의 특수한 성격이 드러난다.

평안도 지역에서도 산발적으로 농민군의 봉기가 일어났다. 이 지역의 동학 지도자들은 보은 집회 또는 2차 봉기 때 북접 세력에 합세한 것으로 알려져 있다. 이곳은 청일전쟁 때 일본군과 청군에 의해 큰 피해를 입었고, 또 동학 조직이 제대로 갖추어지지 않아서 조직적인 봉기가 일어나지 않았던 것으로 보인다. 다만 용강에서 산발적인 봉기가 있었다고 전해질 뿐이다.

한편 함경도에서는 여러 곳에서 올라온 강원도 농민군이 합세해 봉기했다. 그리해 온 고을이 소란했다. 포수 홍범도(洪範圖)는 함경도 산골에서 농민군의 활동 소식을 듣고 일본에 맞서 싸울 것을 결심했다고 한다.

일본군과 관군 그리고 민간인 군사인 수성군과 유회군은 농민군이 패주하자 마지막으로 토벌 작전에 나섰다. 일본군은 성능이 좋은 스나이더 소총으로 농민군을 살상했다. 스나이더는 연발식이었고 후면에서 총탄을 장전하면 400여 미터나 날아갔다. 5초에 한 발씩 발사할 수 있었다. 농민군이 가지고 있는 조총은 총탄을 넣고 불을 붙여 발사하는 데 한 발당 1분이 걸렸고 사정거리도 120미터밖에 되지 않았다. 그나마 모두가 소지한 게 아니었고 대부분 죽창이나 창 따위를 들고 다녔다. 화력으로 따지면 처음부터 전투가 이루어질 수 없는 수준이었다.

반면 수성군은 농민군과 비슷한 수준으로 무장하고 있었다. 수성군은 농민군을 잡으면 총탄을 아끼려고 구덩이를 판 뒤 한꺼번에 묻거나 줄줄이 묶어 바다나 강에 처넣었다. 그리해 하동 언저리의 섬진강 하류와 남해안 바다에는 농민군의 시체가 떠돌아다녔다고 한다. 수성군은 처절한 복수전을 전개했다. 당사자를 잡아 죽이는 정도가 아니라 가족을 몰살하기도 하고 재산을 빼앗기도 했다. 또 농민군의 수괴에 해당하는 자는 작두로 목을 자르거나 불을 붙여서 죽였다고 한다.

동학 농민전쟁 기간의 피살자를 두고 박은식(朴殷植)은 사망 30만 명, 장도빈(張道斌)과 권병덕(權秉悳)은 사상 10만여 명으로 기록하고 있다.《전주부사(全州府史)》에는 사망 3만 명으로 기재되어 있다.

지도자들의 최후

"전봉준이 잡혔다"

전봉준·김개남 등 지도자들은 어떻게 잡혔을까? 먼저 김개남의 처지를 간단하게 알아보고 최고 지도자 전봉준의 사정을 알아보기로 하자.

김개남은 태인 종곡리에서 심영병(沁營兵, 강화도 수비병)에게 체포되어 전주로 끌려왔다. 전라 감사 이도재(李道宰)는 12월 초 많은 군민(軍民)을 전주의 군사훈련장인 서교장(西敎場)에 모아놓고 김개남을 불법으로 처형했다. 김개남의 머리는 상자에 담아 도순무영(都巡撫營, 농민군 진압 기구)에 보냈다. 그리고 일단 경기 감영의 고마청(雇馬廳, 말에 관한 업무를 맡아보는 관아)에 유치해두었다. 도순무영에서는 경기도와 황해도 일대에서 활동한 안교선(安敎善)·성재식(成在植)·최재호(崔在浩) 등을 효수경중하기로 결정하고 먼저 김개남의 머리를 동대문 밖 남벌원 교장에서 조리돌렸다. 이어 이들의 머리를 서소문 바깥 거리에 사흘 동안 내걸었다. 마지막으로 김개남의 머리는 전주 등지로 보내 효시했다.

다음으로 민중의 우상인 전봉준의 최후를 좀 더 자세하게 알아보자. 태인에서 마지막 전투를 치른 전봉준은 순창 피노리로 나와 장터의 주막에서 하룻밤을 묵었다. 그는 김개남과 손잡고 재기를 도모할 작정이었고, 또 서울로 올라가서 정세를 살필 생각도 하고 있었다. 당시 김개남은 태인 산내면 종송리 느티나무말로 피신해 있었다. 전봉준은 옛 부하 김경천(金敬天)의 밀고로 무지몽매한 동네 장정들의 손에 잡혔다. 12월 2일 밤이었다. 그는 발목·허리 등 온몸에 상처를 입고 움직일 수가 없었다. 보고를 받은 순창 관아에서는 그를 전라 감영으로 압송하려고 했다. 마침 일본군 소좌 미나미가 지방 순회를 돌면서 순창에 머물고 있었다. 미나미는 전봉준의 신병 인도를 요구하면서 이렇게 말했다.

우리가 남쪽으로 내려온 이유는 오로지 이 한 놈을 잡으려는 것이었다. 그

러니 서로 공동으로 지켜서 서울로 압송해 심문함이 당연할 것이다.(《좌선봉일기(左先鋒日記)》)

곳곳에 방문이 붙어 전봉준의 체포 사실을 알렸다. 그야말로 당시로서는 '빅뉴스'였다. 전봉준이 잡혔다는 소문이 돌자 사람들은 발을 구르며 통탄해 마지않았다. 전봉준 일행은 나주로 옮겨졌다. 당시 나주에는 호남 농민군 토벌의 총본부가 있었다. 개화 정부는 공주에서 패전한 농민군이 남하할 것을 예상하고 나주에 초토영을 설치해 농민군 토벌의 본부로 삼게 했다. 또한 나주 목사 민종렬을 초토사로 삼아 토벌의 책임을 맡겼다. 미나미는 자기 휘하의 일본군에 '대일본 제국 동학당 정토군'이라는 이름을 붙이고 그 본부를 나주에 두었다.

두령급 농민군 장수나 주요 인물이 잡히면 선별해서 나주로 압송했다. 나주에 많은 죄인을 가둘 감옥도 새로 만들었다. 예전 감옥에 모두 수용할 수 없었던 것이다. 일본군은 나주에 죄인을 판결할 임시 재판소를 설치하고 감옥도 별도로 만들었다. 서울에서 정식 재판을 받기에 앞서 임시로 조사를 실시하는 기구였을 것이다.

12월 중순 미나미는 호남의 수령들에게 '농민군을 모두 잡아들이되 거물은 특별히 현지에서 처형하지 말고 나주 순사청으로 보내라'고 지시했다. 그러니까 일본군이 나주에 특별히 순사청을 차려 죄인을 다루었던 것이다. 농민군의 신분은 대개 평민이니 일본 법에 따라 군인이 함부로 취조할 수 없었다. 전봉준은 나주의 일본 순사청 감옥에 갇혔을 때 특별 대우를 받았던 것으로 알려져 있다.

나주 감옥은 아비규환이나 다름없었다. 50여 명의 죄인을 수용하기에는 너무나 좁아서 앉아 있을 수조차 없었는데 피를 흘리는 자, 갈비뼈가 부러진 자, 다리를 다친 자, 머리통이 깨진 자 들이 신음하며 피가 질펀한 바닥에 서서 버텼다. 죄인들은 물을 마실 수 없었고 밥도 먹지 못했다. 그나마 가족이 뇌물을 바치면 밥을 얻어먹을 수 있었고 간혹 석방되기도 했다. 또 가족이 장작을 사서 온돌을 덥혀주기도 하고 토시나 버선을 들여주기도 했다. 하지만 뇌물을 바치지 않은 죄인은 하나씩 불려 나와 임시 재판소의 결정에 따라 즉결 처분되었고 그 시체는 길가에 버려졌다.

1895년 정월 5일에 김덕명·전봉준·손화중·최경선은 서울로 끌려갔다. 일본군은 대포와 총을 앞세우고 삼엄한 경비망을 펴면서 죄인들을 호위했다. 죄인의 가족들이 물건을 지고 행렬을 뒤따랐다. 이들은 서울 진고개에 있는 일본 영사관 순사청(지금의 중부경찰서 자리)의 감옥에 갇혔다. 이 감옥에는 전국에서 잡혀온 중죄인 수백 명이 갇혀 있었다.

한편 들것에 실린 전봉준은 순검들이 앞뒤로 호위하는 가운데 일꾼들이 짊어진 채 서울로 압송됐다. 부상을 당한 그는 걸을 수도 없었거니와 주요 국사범을 다루는 예우에 따른 것이기도 했다. 물론 전봉준을 보호하려는 의도도 있었다. 더욱이 압송 도중에 농민군이 몰려와 전봉준을 탈취할 위험성도 있었다. 실제로 전봉준의 모습을 보려고 곳곳에서 사람들이 몰려나왔다. 특히 서울에서는 군중이 거리를 메울 정도였다. 그래서 더욱 삼엄한 호위를 펼쳤다.

전봉준은 일본군에 의해 압송되는 와중에 조금도 굴하지 않았다. 지나치는 고을의 벼슬아치들이 마중을 나와 일본군을 접대할 때 이들을 서슴없이 '너희들'이라 부르면서 전혀 굴복하지 않았고 조금이라도 불손한 모습이 보이면 주저 없이 꾸짖었다. 또한 자신을 호송하는 수행원들에게도 죽력고(竹瀝膏, 대나무 진액으로 만들며 약용으로 쓰이는 술)와 인삼과 미음을 가져오라고 거리낌 없이 호령했다. 자신이 먹고 싶은 약이나 음식물을 가져오라고 명령한 것이다. 전봉준은 상대가 자신의 말을 고분고분 듣지 않으면 큰소리로 꾸짖기도 했다. 그를 감시하거나 잡아가는 자들도 오직 겸손한 몸짓으로 '예예' 하면서 고분고분 따를 뿐 감히 거부하지 않았다. 다른 농민군 지도자들은 이런 모습을 보고 새삼스럽게 "전 장군은 과연 영걸이로다"라고 감탄했다. 또한 그들도 당당한 모습을 보여서 일본 기자들은 과연 큰일을 벌인 지도자답다는 칭송을 서슴없이 보냈다.

"나를 죽이는 것뿐, 다른 말을 묻지 말라"

일본 영사관 순사청에는 전봉준 일행만이 아니라 충청도·강원도에서 잡혀온 농민군 지도자들도 갇혀 있었다. 당시 남산 밑에 있는 진고개 주변에는 일본인 거주 지역이 있었고 일본 영사관과 영사 경찰도 있었다. 순사청은 영사 경찰이 업무를 보는 곳이었다.

전봉준이 순사청에 갇혀 있다는 소문이 삽시간에 서울 거리에 쫙 퍼졌다. 그리하여 서울 주민들은 진고개 거리로 꾸역꾸역 몰려들었다. 어떤 사람은 동학군 괴수를 보러 왔다고 했고, 역적의 거괴를 보러 왔다거나 창의군 대장을 만나 뵈러 왔다는 사람도 있었다. 저마다 자기 생각대로 떠들어댔다. 물론 일본 경찰의 엄중한 호위 속에 갇혀 있어서 전봉준의 모습을 쉽게 볼 수는 없었다.

전봉준은 서울에서도 한동안 일본군 군의에게 치료를 받았다. 이노우에(井上馨) 공사를 비롯해 일본군 수뇌부와 공사관 관계자들은

전봉준 등 남접 지도자들을 순사청에 잡아놓고도 아연 긴장을 풀지
못했다. 역적으로 다스리는 것은 물론이거니와 연루 사실을 캐내 흥
선대원군에게 죄를 물을 수도 있었기 때문이다. 이때 어느 유력한
일본인이 전봉준에게 접근했다.

"그대의 죄상은 조선국 법률에 비추어보면 어떻게 적용될지 모르
겠지만 우리 일본 법률로 따져볼 것 같으면 상당한 국사범이라 사형
에까지는 이르지 않을 수도 있다. 그대는 마땅히 일본인 변호사에게
위탁해 재판을 받아보는 것이 좋을 듯하다. 일본 정부에 양해를 얻
어 살길을 찾음이 좋지 않겠는가?"

전봉준은 일언지하에 거절했다.

"일본은 곧 나의 적국이다. 내 구차한 생명을 위해 적국에 살길을
찾음은 본의가 아니다."

재판소에 드나들 적에도 전봉준은 짚둥우리에 앉은 채 들것에 실
려갔다. 담당 법관이 좌우의 나졸에게 호령해 전봉준을 일으켜 세우
려 했지만 굴하지 않고 앉은 채로 재판을 받았다.

당시 개화 정부에서는 박영효(朴泳孝)·서광범(徐光範) 등이 실권을
잡고 있었다. 이들은 일본 사람들보다 더 긴장했다. 개화 정부에서
는 전봉준을 예전처럼 의금부에서 다루지 않고 법무아문(法務衙門, 구
한말 형조를 대신한 관청) 산하에 설치한 임시 재판소에서 다루게 했다.
이 재판소를 '권설 재판소'라 부른다. 권설 재판소에서는 전봉준을
인계받는 형식으로 재판을 진행했는데 재판장은 법무대신 서광범이
었고 '회심(會審)'이란 직함으로 일본 영사가 재판에 빠짐없이 참여
했다. 재판에서 나온 문답의 한 토막을 살펴보자.

문: 소위 동학당은 조정에서 금하는 바인데 네가 감히 도당을 불러 모아 난리를 지었다. 반란군을 몰아 고을을 함락했고 군기·군량을 빼앗았으며 크고 작은 벼슬아치를 마음대로 죽였고 나라 정사를 참람하게 마음대로 처단했으며 나라의 세금과 공공의 돈을 사사로이 받았고 양반과 부자를 모조리 짓밟았으며 종 문서를 불태워 강상을 무너뜨렸고 토지를 평균 분배해 국법을 혼란케 했으며 대군을 몰아 왕성을 핍박했고 정부를 부숴 새 나라를 도모했다. 이는 대역 불궤의 죄에 해당하는데 어찌 죄인이 아니라 이르는가?

답: 도 없는 나라에 도학을 세우는 것이 무엇이 잘못이냐? 동학은 '사람을 하늘'이라 하니 과격하다 해서 금한단 말이냐? 동학은 과거 잘못된 세상을 고쳐 다시 좋은 세상을 만들려고 나선 것이다. 민중에 해독이 되는 탐관오리를 베고 일반 인민이 평등한 정치를 세우는 것이 무엇이 잘못이며 사사로운 욕심이나 음탕하고 그릇된 일에 소비되는 국세와 공전을 거두어 의로운 일에 쓰는 것이 무엇이 잘못이며 조상의 뼈다귀를 우려 행악을 하고 여러 사람의 피땀을 긁어 제 몸을 살찌우는 자를 없애버리는 것이 무엇이 잘못이며 사람으로서 사람을 사고팔아 귀천이 있게 하고 공토(公土, 공유지)로써 사토(私土, 사유지)를 만들어 빈부가 있게 하는 것은 인도상 원리에 위반되니 이를 고치고자 함이 무엇이 잘못이며 악한 정부를 고쳐 선한 정부를 만들고자 함이 무엇이 잘못이냐? 자국의 백성을 쳐 없애기 위해 외적을 불러들였으니 네 죄가 가장 중한데 도리어 나를 죄인이라 이르느냐?(《전봉준 공초(全琫準供招)》)

법관은 연달아 흥선대원군과 연계했는지를 캐물었다. 전봉준이 완강하게 부정하자 거듭 심문했다. 전봉준은 이렇게 대답했다.

너는 나의 적이요, 나는 너의 적이다. 내 너희를 쳐 없애고 나랏일을 바로

잡으려 하다가 도리어 너희 손에 잡혔으니 너는 나를 죽이는 것뿐이요, 다른 말을 묻지 말라.《전봉준 공초》

말을 마친 전봉준은 입을 굳게 다물었다. 법관은 다시 손화중·김덕명·최경선·김방서(金邦瑞) 등을 차례로 불러 심문했으나 이들도 전봉준과 같은 뜻을 말할 뿐 특별한 비밀을 토설하지 않았다. 심문관 앞에서 너무나 당당한 이들의 태도에 일본 기자들도 감탄했다고 한다.

한편 일본 낭인인 다케다(武田範之)는 옥중에 있는 전봉준에게 간곡한 편지를 보냈다. 다케다는 전봉준이 사형을 받던 날, 그 사실을 모르고 히로시마의 대본영(大本營, 태평양 전쟁 당시 일본의 군 통수부)에 찾아가서 동학당의 본질을 설명하고 몇 가지 계책을 제시했다. 그리고 전봉준에게 한 통의 편지를 썼다. 편지에서 그는 전봉준이 추구하는 유불선 합일의 동학사상을 존중하며 이를 유지하도록 도와주겠다고 했고, 귀천이 없고 평등이 보장된 개혁을 이룩하는 데 도움을 주겠다고도 했다. 또 조선은 힘이 약해 자주국을 유지할 수 없으니 일본과 손을 잡아야 한다며, 부정부패가 없는 좋은 세상을 여는 데 도움을 주겠다고 제의했다. 이 긴 편지는 전봉준이 사형을 당하면서 그에게는 전달되지 않았지만 세상을 떠돌아다니면서 많은 사람들에게 읽혔다.

이처럼 일본 낭인들은 전봉준이 추구하는 개혁이나 변혁을 전폭적으로 지지하는 척하면서 회유하려고 했지만 그들의 음모를 알아차린 전봉준은 귀를 기울이거나 손을 잡으려 하지 않았다. 꿋꿋하게 자신의 신념을 표방할 뿐이었다. 일본 영사관에서는 전봉준을 먼저 국사범으로 다루어 살려주고서 일본의 협조자로 만들려는 공작을 꾸몄던 것이다. 천우협(天佑俠, 구한말 일본의 우익 단체) 인사들이 동원되어 전봉준을 회유했는데 표면에 나선 다케다는 그 대표적 인물이었다.

전봉준은 마음먹기에 따라서 높은 자리를 보장받을 수도 있었고 많은 재산을 얻을 수도 있었고 출세의 길을 열어갈 수도 있었다. 하지만 그의 신념은 너무나 단단했다. 그의 마음속에는 결코 일본이나 개화 정부와의 타협이 존재하지 않았다.

새벽을 틈탄 처형

전봉준과 성두환(판결문에는 '한(漢)'으로 기재)·손화중·김덕명·최경선 등은 중죄인으로 취급되어 법무아문에 넘겨졌다. 일본 영사 경찰이 알아볼 것은 모두 알아보고 난 뒤 인도한 것이다. 일본 측은 이들에게서 중대한 내용은 더 나올 것이 없다고 판단했다. 일본 법에 따른 판결도 검토했지만 정당성 문제로 국내외에서 엄청난 비난의 화살을 맞게 될 수 있었다. 일본 법이 적용됐다면 전쟁의 장수 또는 포로의 규정에 따라 얼마든지 살릴 수 있는 근거가 되었을지 모른다.

물론 이들을 넘겼다고 해서 일본이 재판에 간여하지 못한 것은 아니다. 일본 영사 우치다(內田)는 회심이란 직함으로 재판에 끝까지 참여했다. 하지만 조선 법에 따른 형식 요건과 절차를 갖추는 방법으로 권설 재판소에서 판결을 받게 했다.

권설 재판소의 '권설(權設)'은 임시로 설치했다는 뜻을 담고 있다. 예전 의금부의 추국청을 개편한 기구나 다름없었지만 사건에 따라 새로 만든 기구였다. 추국청은 역적질을 한 중죄인을 다루는 기구여서 때로는 임금이 참석해 신문하기도 했다. 권설 재판소에서는 사법의 총책임자인 법무대신이 재판장 역할을 맡았다.

전봉준과 농민군 지도자들은 의금부의 감옥(뒤에 '전옥서(典獄署)'로 개칭)에 갇혔다. 이 감옥은 종각 건너편(지금의 종각역 영풍문고 입구)에 있었다. 전봉준은 몸을 가누지도 못하는 처지에서 다섯 차례에 걸쳐 호된 신문을 받았다. 당당하고 거침없이 답했지만 기억이 흐려질 때도 있었다. 그럴 때면 시간을 두고 기억을 살려내 대답하기도 했다. 특히 중대한 일에 관한 질문에서는 자신의 책임을 강조했다. 결코 다른 사람에게 죄를 전가하지 않았다. 일관되게 의연한 모습이었다.

마침내 1895년 3월 29일에 판결이 내려졌다. 판결문의 주문은 전봉준이 동학 농민군의 대장이 되어 농민전쟁을 일으킨 사실과 전주성을 점령한 뒤 일정 조건으로 화해하고 일본인을 축출하기 위해 2차 봉기를 주도해서 공주 전투를 벌인 사실 등을 늘어놓았다. 그리고 끝에 "함께 모의를 꾸민 몇 사람과 의논해 각기 옷을 바꾸어 입고 가만히 경성으로 들어가 정세를 알고자 했다. 피고는 홀로 장사꾼 맨드리(옷을 입고 매만진 맵시)를 하고 서울로 올라가고자 태인을 떠나 순창을 지날 새 민병에게 잡힌 것이다"라고 기재해 전봉준의 마지막 움직임을 제시하는 것으로 결말을 지었다.

그는 조선 말기 법전인《대전회통(大典會通)》의 '군복기마작변관문자부대시참(軍服騎馬作變官門者不待時斬)'이라는 죄목에 들었다. 꽤나 긴 죄명이었다. 이를 풀이해보면 '군복 차림으로 말을 타고 관아에 대항해 변란을 만든 자는 때를 기다리지 않고 즉시 처형한다'는 내용이다. 이날 전봉준과 함께 사형 언도를 받은 손화중·김덕명·최경선·성두한 등은 돌아오는 새벽에 곧바로 교수형을 당했다. 사형은 모두 5명뿐이었다.(이이화,《전봉준, 혁명의 기록》, 생각정원, 2014)

최시형의 마지막 모습

전봉준이 재판을 받을 무렵, 최시형 일행은 다시 기약 없는 잠행에 나섰다. 강원도로 달아난 이들은 인제·홍천 지방을 헤매고 다녔다. 이렇게 1년을 보낸 뒤 1895년 말 치악산 아래 수레촌으로 자리를 옮겼다. 전에 태백산을 헤맬 적보다는 어려움이 적었다. 이때는 강원도 지방에도 교도들이 많아서 도움을 받을 수 있었다. 하지만 다시 치악산 아래로 왔다는 것은 생애의 종장을 의미했다.

최시형은 이미 몸도 마음도 약해져 있었다. 현실에 대한 좌절과 스승에 대한 연모가 뒤엉켜 방황했으리라. 그런 탓인지 1896년 1월에 그는 손천민에게 송암(松菴), 김연국에게 구암(龜庵), 손병희에게 의암(義菴)이라는 도호를 내리고 세 사람으로 하여금 합의체로 모든 일을 처리하게 했다. 이를테면 2선으로 물러앉은 것이다. 이어 그는 손병희를 대도주로 삼아 도통을 전수했다.

1898년 최시형은 홍천에서 은신하고 있었다. 이때도 동학교도에 대한 일대 수색령이 내려져 있었다. 그리하여 농민전쟁 때 큰 활약을 보인 이상옥(李祥玉, 뒤에 이용구(李容九)로 개명)이 충주에서 잡혔고 또 교도 권성좌(權聖佐)는 이원에서 잡혔다. 권성좌는 매질에 못 이겨 최시형의 거처를 일러주었다. 군사가 홍천의 거처로 들이닥칠 적에 이질을 앓던 그는 자리에 누워 있었다. 군사들은 그를 알아보지 못하고 이웃집을 수색했는데 이때 김낙철(金洛喆)이 스스로 최시형을 자칭해서 잡혀갔다.

체포를 모면한 최시형은 들것에 실려 다른 곳으로 옮겨졌다. 3월에 그는 치악산이 바라보이는 원주 서면 송동으로 거처를 정했다. 이때는 그의 아내와 어린 아들도 와서 함께 지냈다. 이렇게 병을 다스리며 지낸 지 한 달도 못 되어 다시 그의 거처로 군사들이 들이닥쳤다. 교도인 송경인(宋敬仁)이 상금과 공을 탐내 그를 밀고한 것이다. 그렇게 은신술에 뛰어나던 그가 제자의 배반으로 잡힌 몸이 되었으니 천운이 다한 것인가?

교도 몇 명이 잡혀가는 최시형의 뒤를 따르며 울음을 삼키자 군사들은 그들을 주먹으로 때리고 발로 찼다. 이에 그는 군사들을 꾸짖었다.

"죄 없는 사람을 때리면 도리어 그 죄를 받게 된다. 너희는 하늘이 두렵지 않으냐?"

쇠약한 노인으로서는 마지막 풍모를 보인 것이다. 그는 평리원(平理院, 대한제국 때 재판을 맡아보던 중앙관청) 재판장 조병직(趙秉稷)에 의해 좌도난정이라는 죄목으로 교수형을 선고받았다. 그리하여 6월 2일, 일흔두 살의 나이로 파란만장한 생애를 마쳤다. 그는 감옥에 있으면서 아픈 몸으로 동학의 주문을 잠시도 쉬지 않고 외웠다고 전해진다. 그의 시신은 동대문 광희문 밖 북망산(지금의 신당동 일대)에 묻혔다. 이때 밤을 틈타 그의 시체를 훔쳐낸 제자 이종훈(李鍾勳)은 이런 기록을 남겼다.

무덤 안의 시체를 지상으로 운반했다. 운반해놓고 잘 살펴보니 다만 몸에 걸친 것이라고는 다 떨어져 한 겹밖에 되지 않는 누추한 깃저고리 한 벌뿐이었다. 그 깃저고리를 벗겨 파헤친 광(壙) 안에 묻어버렸다. 시신을 칠성판에 모시고 본즉 머리가 파손되어 있어서 차마 눈으로 볼 수 없는 지경이었다. 파손된 뇌수를 마주 맞추고 마포로 엄습했다. 해월 신사께서 묻혀 있던 곳은 전과 같이 흙을 덮어놓고 목패도 역시 세워놓은 후에 즉시 길을 떠났다.《이종훈

일기》

최시형의 시신은 이처럼 함부로 버려져 있다가 문도들에 의해 경기도 광주 땅에 묻혔다. 뒤에 여주 천덕산 기슭으로 옮겨졌다.

일제 관헌이 전봉준의 경우와 같이 그를 회유했다는 기록은 전해지지 않는다. 또 스승과 같이 좌도난정의 죄목으로 죽었지만 그에게는 반역죄가 붙지 않았다. 그의 충실한 교도였다가 뒷날 일제에 회유당해 친일파로 변신한 이용구의 주선으로 신원되었고 동학 교단도 이용구에 의해 공인을 받았다. 이것은 역사의 장난일까? 하지만 손병희는 이때도 살아남아서 뒷날 3·1 운동의 주역이 되어 민족·민중 운동을 마무리했다.

마지막으로 또 한 가지 알아둘 이야기가 있다. 역사의 기억을 위해 농민군 토벌에 공을 세운 자들의 활동 모습을 알아보자.

조병갑은 고부 군수로 있으면서 부정한 수령으로 지목되어 그 벌로 강진 고금도에서 유배 생활을 했다. 하지만 1년 만에 풀려나 서울에서 활동했다. 그는 대한제국 시기에 최고 법원인 평리원의 고등재판관이 되어 최시형을 비롯해 많은 의병에게 사형선고를 내렸다.

이용태는 장흥 부사로 있을 때 안핵사로 임명되어 고부에 왔다. 그곳에서 난민을 다스린다며 양민의 재산을 갈취하고 집을 불태우는 등 만행을 저질렀다. 조정에서는 그의 만행으로 고부 봉기가 재발한 죄를 물어 경상도 김산군에 유배를 보냈다. 하지만 곧 풀려나서 이조참의를 지냈으며 대한제국 시기 평리원 재판장이 되어 의병들에게 벌을 주었다. 이후 내부대신을 거쳐 일제로부터 자작의 작위와 은사금을 받았다.

이두황은 죽산 부사로 재직하고 있을 때 장위영 영관이 되어 우선 봉장으로 농민군 토벌에 나서 일급 공로를 세웠다. 1895년 민비 시해 때는 광화문 경비를 맡아 공을 세웠으나 대한제국 시기 체포령이 내려지자 일본으로 망명했다. 그 뒤 귀국해서 전라 관찰사와 전북 장관을 역임했으며 재판소 판사도 겸했다. 전라 감영이 바라보이는 기린봉 아래 묘를 잡아서 죽은 뒤에도 전주 시내를 내려다보고 있다.

한 사람만 더 예를 들어보자. 이주회(李周會)는 개화파로 일본에 다녀왔다. 그는 여수 앞바다에 유배되어 있다가 일본 배 축파호를 타고 온 일본군을 도와 여수 수영(水營)을 공격한 농민군을 토벌했다. 이 공로로 서울에 올라와 활동하다가 민비 시해에 가담했다. 그 뒤 김홍집(金弘集)이 이끄는 개화 정부에 의해 군부대신 서리에 임명되었으나 민비 시해의 죄를 쓰고 처형되었다.

이 밖에도 농민군 토벌에 나선 뒤 공로를 세운 자들은 대한제국과 일제에 의해 출세하기도 하고 의병 또는 독립군을 토벌하는 일에 앞장서기도 했다. 역사의 오도였다.

썩은 나라를 바로잡자

(원제: 포고문, 작자: 전봉준, 출전: 《오하기문》)

사람을 세상에서 가장 귀하게 여김은 인륜이 있기 때문이며 군신과 부자는 가장 큰 인륜으로 꼽힌다. 임금이 어질고 신하가 충직하며 아비가 자애롭고 아들이 효도를 한 뒤에야 국가를 이루어 끝없는 복록(福祿, 복되고 영화로운 삶)을 불러오게 된다. 지금 우리 임금은 어질고 효성스럽고 자애로우며 지혜롭고 총명하시다. 현량하고 정직한 신하가 있어서 잘 보좌해 다스린다면 예전 훌륭한 임금들의 치적을 바랄 수 있다.

지금 신하가 된 자들은 나라에 갚으려는 생각을 하지 아니하고 한갓 작록(爵祿, 관작과 봉록)과 지위를 도둑질해서 임금의 총명을 가리고 아부를 일삼아 충성스러운 선비의 간언을 요사스러운 말이라 하고 정직한 사람을 비도라 한다. 그리하여 안으로는 나라를 돕는 인재가 없고 바깥으로는 백성을 갈취하는 벼슬아치만이 득실거린다. 인민의 마음은 날로 더욱 비틀어져 들어와서는 생업을 즐길 수 없고 나와서는 몸을 보존할 대책이 없도다. 학정은 날로 더해지고 원성은 줄을 이었다. 군신의 의리와 부자의 윤기와 상하의 구분이 드디어 남김없이 무너져 내렸다.

《관자(管子)》에서 말하길 "사유(四維, 나라를 다스리는 데 지켜야 할 네 가지 원칙인 예의염치)가 베풀어지지 않으면 나라가 곧 멸망한다"고 했다. 지금의 형세는 예전보다 더욱 심하다. 위로는 공경대부(公卿大夫, 삼정승과 아홉 고관, 정일품에서 종사품까지의 벼슬을 아우르는 말) 이하, 아래로는 관찰사·수령에 이르기까지 국가의 위태로움은 생각지 아니하고 거의 자기 몸을 살쪄우고 집을 윤택하게 하는 계책만을 몰두해서 벼슬아치를 뽑는 문을 재물을 모으는 길로 만들고 과거 보는 장소를 교역의 장터로 만들고 있다. 그래서 허다한 재물이나 뇌물이 국고에 들어가지 않고 도리어 사사로운 창고를 채운다. 나라에 부채가 있는데도 갚으려는 생각은 하지 아니하고 교만과 사치와 음탕과 안일로 나날을 지새우면서도 두려움과 거리낌이 없어서 온 나라는 어육(魚肉, 짓밟히고 으깨진 상태)이 되고 만백성은 도탄에 빠졌다. 진실로 수령들의 탐학 때문이다. 어찌 백성이 곤궁치 않으랴.

백성은 나라의 근본이다. 근본이 깎이면 나라가 잔약해짐은 불을 보듯 뻔하다. 그런데도 보국안민의 계책은 염두에 두지 않고 바깥으로는 고향 집을 화려하게 지어 제 혼자 사는 방법에만 몰두하며 녹위만을 도둑질하니 어찌 옳게 되겠는가? 우리 무리는 비록 초야의 유민이나 임금의 토지를 갈아먹고 임금이 주는 옷을 입으며 망해가는 꼴을 좌시할 수 없어서 온 나라 사람이 마음을 합하고 억조창생(億兆蒼生, 수많은 백성)이 의논을 모아 지금 의로운 깃발을 들고 보국안민을 생사의 맹세로 삼노라. 오늘의 광경이 비록 놀랄 일이겠으나 결코 두려워하지 말고 각기 생업에 편안히 종사하면서 함께 태평 세월을 축수하고 모두 임금의 교화를 누리면 천만다행이겠노라.

주: 《오하기문》에 수록되었으나 관변 자료에도 나온다. 농민군이 최초로 선전포고를 한 글로 지목된다. 작자는 확실하게 밝혀져 있지 않으나 전봉준이 직접 쓴 것으로 추정된다. 전봉준이 총대장으로 추대된 뒤 발표했다.

제4부

의병 항쟁과
평민 의병장의
등장

1897년에는 친일 정권을 밀어내고 대한제국이 수립되었다. 이 과정에서 친일파와 친러파가 첨예하게 대립했고 국가 변란과 맞물린 사건들이 연달아 일어났다. 무엇보다 여기에 맞선 의병 활동이 활발했다. 의병 항쟁은 대체로 세 시기로 나뉜다. 1차는 단발령 공포와 민비 시해 이후인 1895~1896년, 2차는 이른 바 외교권을 박탈한 을사늑약 직후인 1905년, 3차는 군대해산과 고종 황제의 양위 등이 일어난 1907년의 항쟁을 말한다. 이 세 차례의 항쟁은 물론 일제 침략 과정에서 두드러진 항쟁을 꼽은 것이요, 따라서 후기 독립 투쟁의 시원(始原)이 된다. 초기에는 유림 의병장이 주도했지만 후기에는 평민 의병장이 등장해 맹렬한 활동을 전개했다. 이때 그 중심 구성원은 농민과 평민이었다.

우스꽝스러운 1차 의병

동학 농민전쟁이 끝난 뒤 일본의 낭인들이 이 나라의 왕비를 궁중에서 살해하는 사건이 벌어졌다. 이때 전국 각지에서 의병이 불꽃처럼 일어났다. 1895년이 저물 무렵의 일이다.

일본의 힘을 빌린 개화파는 일련의 개혁을 단행했다. 남은 동학 농민 세력은 강력한 두 적, 곧 봉건 세력과 개화 세력에 의해 살길을 찾을 수 없었고 발견되는 대로 죽임을 당했다. 농민군이 반체제의 성격을 띤 반봉건적 슬로건을 내세우며 동시에 개화파를 일본 침략 세력과 같은 선상에서 본 것이 그 이유였다.

단발령 시행과 국모 시해

친일 개화파는 일본을 등에 업고 갑오개혁을 단행했다. 그리고 당면한 개혁 정책을 급진적이라고 할 만큼 여러 방면에 걸쳐 펴나갔다. 일본은 수구 사대파의 조종자인 민비를 1895년 10월에 제거했다. 이 과정에서 권력의 핵심에서 밀려난 사대당과 그 이념적·정치적 이해를 같이하고 있던 재야의 전통 유림은 충의 사상에 토대를 둔 근왕병(勤王兵)을 자임했다. 한편 잔여 농민군은 돌아갈 곳과 경작할 토지가 없고 과거를 숨겨야 하는 현실에서 산적이나 화적이 되어야 했다.

이런 상황에서 1895년 11월, 단발령이 내렸다. 종래의 상투가 생활하기에 불편하므로 이를 짧게 깎으라는 것이었다. 고종과 세자가 솔선수범해서 머리를 깎았고 김홍집을 비롯한 내각의 대신들도 이를 따랐다. 박은식은 당시의 사정을 다음과 같이 기록하고 있다.

> 순검들이 마을마다 돌아다니면서 강제로 머리를 깎게 해 울음소리와 통곡소리가 곳곳에서 들렸다. 각 지방의 관리도 내각의 뜻에 따라 강제로 머리를 깎느라고 다른 일은 돌보지 못했다. 《한국통사(韓國痛史)》

단발령으로 인해 온 나라는 가마솥에 물이 펄펄 끓는 형국이 되었다. 모처럼 서울에 나들이를 왔다가 잘린 상투를 싸 들고 통곡하며 내려가는 자, 돼지를 몰고 장터에 나왔다가 상투가 잘려 땅을 치며 통곡하는 자, 순검의 칼날 앞에서 눈물을 떨구며 머리를 깎이는 자, 아예 문을 닫고 안방 벽장에 숨어 있는 자 등 가지각색이었다고 당시 기록들은 전한다. 중앙에서는 각지에 체두관(剃頭官)을 보내 일정한 날에 일제히 깎도록 독려했다.

재야의 전통 유림들은 '내 목을 자를지언정 내 상투는 자를 수 없다'며 강하게 반발했다. 곧 유교의 '신체와 터럭과 피부는 부모에게서 받은 것이라 감히 헐어 상하게 하지 않는 것이 효도의 시작이다'

(신체발부 수지부모 불감훼상 효지시야(身體髮膚 受之父母 不敢毀傷 孝之始也))라는 가르침을 따른 것이었다.

일본은 큰 음모를 꾸미고 있었다. 그들은 조선 정책의 가장 큰 방해자로 민비를 지목했다. 민비는 일본을 견제하기 위해 러시아와 은밀하게 접촉하고 있었다. 일본 공사 이노우에는 무단적 방법을 써서 민비를 제거하기로 결정했다. 이노우에는 신임 공사인 미우라(三浦梧樓)가 부임해왔는데도 돌아가지 않고 남아서 거사를 지휘했다. 결행의 날은 1895년 8월 20일(양력 10월 8일)로 결정했고 그 하수인을 지정했다. 일본 공사관의 외교관, 서울에 거주하는 낭인 패와 경찰관, 신문기자와 통신원, 그리고 일본군 수비병이었다. 일본이 조종할 수 있는 조선인도 포함시켰다. 암호는 '여우 사냥'이었다. 또한 흥선대원군을 옹립하려는 계획으로 꾸미고 새벽에 그를 경복궁으로 데려오게 했다.

암살대는 새벽에 경복궁 앞으로 밀려들었다. 경비를 서고 있던 시위대 대장 홍계훈이 강력하게 저지하자 총을 쏴서 쓰러뜨리고 물밀듯이 궁궐 안으로 들어갔다. 이들은 두 패로 갈라져 궁중을 샅샅이 뒤졌다. 앞장서서 대오를 이끌던 낭인 패가 옥호루의 내실로 들어가서 왕비와 시녀들을 칼로 쳐 죽였다. 그러고 나서 왕비의 옷을 벗기고 시간하려 했다고도 전해진다. 낭인들은 홑이불에 싼 왕비의 시체를 옥호루 옆 숲에서 석유를 뿌려 태웠다.

이 소문은 차츰 퍼져나갔고 사람들은 이를 갈았다. 각지의 유림들은 통문을 돌려 의병 항쟁을 모의했다. 그 명분은 말할 나위도 없이 두 가지, 단발령의 시행과 국모의 시해였다.

1895년 12월에 접어들자 본격적인 움직임이 나타나기 시작했다.

처음으로 의병 활동을 행동에 옮기고 가장 큰 규모로 가장 긴 기간에 걸쳐 항쟁한 것은 유인석(柳麟錫) 휘하의 부대였다. 물론 일본 침략 세력의 규탄과 유교 이념의 고수, 봉건 체제의 옹호가 그 전체적 동기였음은 말할 필요도 없을 것이다. 유인석은 상중(喪中)의 몸으로 당시 거처하던 충청도 제천에서 분연히 일어났다. 그는 강원도 영월군에서 의병 총대장으로 추대된 뒤 '복수보형기(復讐保形旗, 국모 시해에 대한 복수와 단발령 반대의 의지를 표방한 깃발)'를 내세우며 전국에 〈격고팔도열읍(檄告八道列邑)〉이란 이름의 격문을 띄웠다. 유인석의 거사를 앞뒤로 해서 경상도에서는 김도현(金道鉉), 경기도에서는 김하락(金河洛)·이강년(李康秊), 강원도에서는 민용호(閔龍鎬), 충청도에서는 김복한(金福漢), 전라도에서는 기우만(奇宇萬) 등이 일어났다.

의병들은 한때 서울로 진격하기 위해 남한산성을 점거하기도 하고, 각지의 관아를 습격하기도 하고, 관찰사 이하 벼슬아치들을 여럿 잡아 죽이기도 하고, 관군과 일본군의 총격에 쫓기기도 했다. 이들은 1896년 2월 아관파천(俄館播遷)에 따라 친일 정권이 무너지고 단발령이 철폐되자 주춤하기 시작했다. 유생들이 지도층이 된 탓으로 자체의 여러 모순을 노출해서 대대적인 민중의 호응을 얻기에는 부족했다.

양반 출신과 평민 출신 사이의 갈등

황현은 의병 활동의 실상에 대해 이렇게 기록하고 있다.

충성심을 품고 의리를 붙들려고 하는 자는 몇몇에 지나지 않으며 이름이나 날려보려는 자, 떠들어대고 화 꾸미기를 좋아하는 자가 끼어들었다. 그리하여 농민이 100명, 1,000명씩 무리를 이루며 모두 의병이라고 일컬었다. 심지어 동비(東匪, 동학 농민군)의 남은 무리가 얼굴을 바꾸고 그림자처럼 따른 자들이 그 반을 차지했다.《매천야록(梅泉野錄)》

여기서 우리는 동학 농민군이 의병의 반수를 차지했음을 알 수 있으며 그 외 농민까지 포함해서 의병의 구성 비율을 짐작할 수 있다. 실제 1895년 3월 전봉준의 처형을 앞뒤로 해서 정부에서는 동학 농민군의 토벌에 열을 올리고 있었다. 전라 관찰사 이도재(李道宰)는 곳곳에서 동학 농민군을 색출해 잡아 죽였을 뿐만 아니라 무고한 농민까지 동학 농민군으로 몰아 재산을 약탈했다. 그 외 순무사 신정희(申正熙)와 홍주 목사 이승우를 비롯해서 동학 농민군을 많이 토벌했다는 공로로 요직에 오른 자들이 허다했다. 당시 출세해보려는 자들은 동학 농민군 토벌에 공을 세우는 것이 그 지름길이라 생각해서 열을 올렸다.

원래 동학 농민군은 항쟁 과정에서 많은 적을 맞이해야 했다. 첫째는 관군이고 둘째는 일본군, 셋째는 유림 세력이었다. 비록 그들이 왕권에 도전하지는 않았지만 관리의 부패를 규탄하고 일본 침략 세력의 구축(驅逐)을 내걸고 묵은 체제에 기생하는 양반·문벌의 타파를 주장하고 그 특권을 인정하지 않으며 거기다가 척화(斥和)까지 내걸었던 데 원인이 있었다. 그러므로 개화파나 유림이나 동학 농민군을 토벌하는 데는 뜻을 같이했던 것이다. 농민군은 반체제·반개화 그리고 반침략의 기치를 내걸고 그동안 쌓인 불만을 바탕으로 세상을 한바탕 뒤엎으려 했는데 이는 전통 유림으로서 용납할 수 없었던 것이요, 개화파의 처지에서도 위험한 세력이었다.

정착할 곳 없던 농민군은 대부분 산적이나 화적 떼로 변모했고 더러는 흩어져 몸을 숨기고 있었다. 1차 의병이 일어나자 거기에 가담한 것은 자연스러운 현상이라 하겠다. 이런 현상은 후기 의병 활동에서도 마찬가지였다. 그리하여 친일 개화파는 의병 진압의 한 명분으로 의병들이 동학 농민군이라고 지목해서 선전했으며 일본군과 함께 의병을 토벌한 장기렴(張基濂)도 대민 선동의 한 방법으로 써먹었다.

전통 유림이자 의병 총대장이었던 유인석은 동학 농민군이 의병에 끼어드는 것을 용납할 수 없었다. 그래서 처음 의병을 일으킬 적에 동학 농민군을 가려내 처형했다. 이것은 초기 의병의 이율배반성을 단적으로 드러낸 사건이다. 그러나 동학 농민군은 앞서 말한 사정으로 인해 각 의병장 휘하에 끼어들지 않을 수 없었다. 유인석도 나중에는 동학 농민전쟁 때 활약한 농민을 다수 받아들일 수밖에 없었을 것이다.

평민 출신으로 의병장이 된 예는 극히 드물다. 하지만 유인석 휘하의 김백선(金伯先), 후기 영남에서 독자적으로 봉기한 신돌석(申乭石), 그리고 전라도의 안규홍(安圭洪) 등이 눈부신 활약을 보인 것은 주목할 만하다. 이들 평민 의병장은 실제 전투에서 많은 제약을 받아야 했다. 먼저 포수 출신인 김백선의 경우를 알아보자.

김백선은 경기도 지평에서 의병을 일으켜 활약하다가 포수를 포함한 부하 500여 명을 데리고 제천에서 유인석의 휘하로 들어가 선봉장이 되었다. 김백선은 유림 의병장들의 열렬한 환영을 받았고 전투가 있을 적에는 언제나 앞장서 싸웠다. 그의 용맹은 모든 의병들의 거울이 될 만했다. 수안보 전투에서 승리한 유인석 부대는 몇십리 거리인 충주에 주둔하고 있던 일본군을 공격하기로 했다. 김백선이 선봉장으로서 충주성을 공격하고 중군장인 안승우(安承禹)가 후원군을 이끌고 오기로 했다. 김백선은 용감히 싸워 충주성을 점령하고 충주 관찰사요, 일본 통역관 출신인 김규식(金奎軾)을 죽였다. 또한 일본군이 쓰고 있던 전선을 끊었고 달아나는 일본 군인들을 죽였다. 일본군과의 접전에서 드물게 보는 승리였다. 그 뒤 며칠을 두고 싸웠는데 일본군이 군량미의 통로를 끊고 반격을 시작하면서 우세한 무기로 의병들을 무수히 죽였다. 그러나 후원군을 이끌고 오기로 한 안승우는 끝내 나타나지 않았다. 그리하여 김백선은 남은 부대를 이끌고 제천으로 도망갔다.

김백선은 나약한 유림 출신 의병장들에게 분노를 느꼈고, 군율에 따라 약속을 어긴 안승우의 목을 베려 했다. 또 제천 독락정에서 세월을 보내던 유인석에게 칼을 뽑아 들고 서울로 진격할 것을 요구했다. 그러나 유인석은 도리어 김백선의 목을 베고 안승우의 일은 불문에 부쳤다. 김백선은 홀어머니를 만나보고 죽는 것이 원이라 했지만 이마저도 허락하지 않았다. 상민 출신의 의병장으로서 양반 출신의 의병장에게 대들었다는 것이 처형의 이유였다. 유인석은 양반·상놈의 상하 관계가 흐려지면 바로 질서가 문란해진다고 받아들인 반면, 군기의 문란은 다른 차원에 두고 있었다. 앞서 동학 농민군을 색출해 죽인 것과 같은 의식에서 나온 행위였다.

그로부터 3개월 뒤 선유사 장기렴이 제천을 공격해왔을 때 바람이 몹시 불어 포와 화살을 쏠 수가 없었다. 결국 의병은 패전했고 안승우도 죽었다. 유인석은 단양으로 나왔으나 의병들이 거의 흩어진 상태여서 강원도 쪽으로 물러나는 길밖에 없었다. 여러 가지 조건을 따져봐야겠지만 이 패전의 주된 원인을 동학 농민군의 색출과 김백선의 처형에 두고 있는 학자들이 많다.

사기가 꺾여가는 의병들

한말의 지사인 송상도(宋相燾)는 이렇게 기록했다.

> 이 뒤로부터 여론이 뒤숭숭해서 군대의 사기가 제대로 잡히지 않았다. 뒤에 안승우는 참령(參領) 장기렴과 제천에서 싸웠으나 군대가 무너져 죽었으며 의병들도 드디어 기세가 갑자기 꺾여 거의 남지 않았다.(《기려수필(騎驢隨筆)》)

이는 당시의 실상을 잘 전해주고 있다. 곧 패전의 원인이 의병들의 사기를 꺾은 김백선의 처형에 있었다는 것이다. 농민 의병들로서는 양반 없는 사회를 가장 열망했는데 그 막연한 기대가 무너졌고 또 자기들도 언제 어느 때 김백선과 같은 처지에 놓일지 모른다는 불안한 분위기가 조성되었을 것이다.

한편 민씨 척족의 한 사람인 민용호는 강원도 지방으로 진출해 강릉·정선을 거쳐 원산의 일본군을 공격하려다가 실패하고 함흥으로 올라가서 활동을 전개했다. 그는 〈회심가(回心歌)〉 등 언문 노래를 짓기도 했는데 여기서 "상하 등급 분명함이 국가의 원맥(元脈)인데 벽파문벌(闢破門閥)하단 말가"라든지 "우리 친구 사양 마소, 산호 동곳 눌러 꽂고 호기 있게 다니던 게 어젯날이 옛날이라, 너도 중놈 나도 중놈, 중놈 보고 샌님 할까"라든지 "거향사부(居鄉士夫) 하는 말이 누대로 지킨 반명(班名) 벽파문벌하단 말가"라는 구절들이 들어 있었다. 또 "적자와 서자, 양반과 상놈, 상전과 종은 하늘이 낸 것이다" 따위의 가사를 지어 부르게도 했다.(《관동창의록(關東倡義錄)》) 이런 모습을 본 민중은 의병을 동지로 보기보단 오히려 적대시했던 것이다.

또 다른 사례가 있다. 이제마(李濟馬)는 함흥부의 관찰사 김택수(金澤秀)의 참모가 되어 민용호와 연계되어 있는 최문환(崔文煥)을 잡아 가두기도 했다. 이제마는 서자이자 문벌이 없는 함흥 사람이었다. 당시 의병들은 왜놈으로부터 나라를 지키겠다는 결의로 나섰으나 머리 깎는 것, 옷차림을 바꾸는 것 따위의 개화 정책에 반대했고 심지어 양반과 문벌을 지키며 서자와 천민을 차별하는 것을 가리켜 하늘이 내려준 질서요, 진리라고 외치고 있었다. 개화의 의지를 지니고 있던 이제마는 의병들의 주장에 동조할 수 없었던 것으로 보인다. 이제마는 바로 사상 의학을 창시해 민족 의학에 기여한 사람이다.

한편 모든 물자는 가난한 백성들에게서 염출했다. 의병들은 일정한 지역에 들어가면 강제로 식사와 물자를 요구하고 부호의 재산을 빼앗았다. 돼지와 소 따위 가축을 마구 잡아먹었으며 심하면 한 동네를 분탕질했다. 선비 출신으로 진주 일대에서 활동한 어느 의병 부대는 가는 곳마다 민가에 불을 지르고 재물을 약탈했다고 한다. 더러 재산을 털어 빈민에게 나누어주는 일도 있었지만 드문 사례에 불과했다. 평소에 사이가 나쁜 이웃 고을이나 동네에 들어가서 행패를 부리거나 집안끼리 대대로 원수 사이인 가문에 들어가서 복수를 하는 사례도 있었다. 전라도 장성에서 의거한 선비 출신의 기우만은 일가붙이를 모아 '동학 마을'을 습격한 뒤 보복 삼아 행패를 부리기도 했다.

떠도는 말로는 '낮에는 관군, 밤에는 의병'이라고 해서 누가 오건 백성들이 무서워하고 떨기는 마찬가지였다고 한다. 그리하여 백성들은 문을 걸어 잠그거나 산으로 숨었다. 이런 현상은 비조직성에서 나온 것으로 어쩔 수 없는 일이었는지도 모른다. 전투 경험이 없는 유림들이 주도하고 그 구성원은 대부분 농민이었으니 어쩌면 자연스러운 폐단이었을 것이다. 어쨌든 일본 측이나 관군 쪽에는 의병을 화적이나 폭도로 취급할 만한 구실을 주기도 했던 게 사실이다.

이상은 물론 1차 시기에 해당되는 사실이지만 후기에도 이런 폐단이 전혀 없었던 것은 아니다. 다만 초기에 더욱 심했던 것으로 나타난다. 의병 활동은 첫 봉기 시에는 드높은 기세를 보였지만 규율이 부재한 상태에서 저질러진 폐단으로 전체 민중의 적극적인 호응을 얻을 수 없었고 자체의 전투도 지리멸렬할 수밖에 없었다. 그러나 관변의 지원이 전무한 민병으로서 불가피한 현실적 여건이었다고 볼 수 있고, 동학 농민전쟁 이후라는 사정에 원인을 둔 현실적 조건으로 파악할 수도 있을 것이다.

느슨했던 2차 의병

1900년대에 들어 일제를 비롯한 열강의 이권 침탈이 더욱 속도를 더해갔다. 그리하여 애국 운동과 민중 운동이 일어났다. 일본은 철도 부설을 비롯해 광산 개발과 산림 벌채 따위 이권을 앗아가고 더욱이 개항장을 통해 미곡을 실어가서 농민의 고통이 가중되었다.

이런 상황에서 러일전쟁이 끝난 뒤인 1905년, 일본은 을사늑약을 맺어 대한제국의 외교권을 박탈하고 한국통감부를 두어 식민지 작업에 박차를 가했다. 의병들은 국권 수호를 위해 다시 봉기했다.

시민운동의 시작, 만민공동회

이 무렵 의병과는 구분되는 시민운동이 전개되었다. 1896년에 〈독립신문(獨立新聞)〉이 창간되고 독립협회가 조직된 것이다. 여기에 참여한 구성원은 서재필(徐載弼)·이상재(李商在) 등을 중심으로 한 이른바 개화 지식인들이었다. 이들은 언론과 집회를 통해 자주독립을 외쳤고 그 과정에서 독립회관과 독립문을 건립했다.

특히 독립협회에서는 1897년부터 1년 동안 34회에 걸쳐 활발한 토론회를 벌였다. 청중은 하급 벼슬아치, 유학을 다녀온 신청년, 학교의 교사와 학생, 종로의 장사꾼 등이었다. 주제는 인습의 개량, 단발령의 시행 여부, 러시아의 이권 개입 문제 등 범위가 꽤나 넓었다.

다음 해에 들어서는 종로에서 만민공동회를 열어 공개 석상에서 시민 토론을 벌였다. 이해 3월 10일 오후 2시 종로 백목전 다락 앞으로 1만여 명이 모여들었다. 이들은 러시아의 내정 간섭을 규탄하고 나서 "아라사 놈들은 물러가라"는 구호를 외쳤다.

대중 집회는 일본이 경부 철도 부설권을 따냈을 때도 벌어졌고 대한제국의 내정 문제에도 간여했다. 고종은 때때로 이들의 요구를 들어주려 했으나 외국의 간섭으로 그 한계를 드러내고 있었다. 이들은 요구 조건을 들고 고종이 머무는 덕수궁 대한문 앞으로 몰려가 철야 농성을 벌였다. 그럴 때면 시민들은 의연금을 내놓기도 하고 주먹밥이나 물을 날라오기도 했다. 때때로 연좌데모도 벌어졌는데 비리로 얼룩진 군부대신 심상훈(沈相薰), 탁지대신 민영기(閔泳綺)를 쫓아낼 적에는 5일 동안 밤을 새웠다.

1898년 10월 27일에는 서울 종각 앞에서 만민공동회가 열렸다. 여기에는 고관들도 참석했다. 이들의 요구 조건은 헌의(獻議) 6조였는데 그 내용은 외국의 간섭을 배제하고 광산·철도 등 이권을 함부로 내주지 말 것, 예산과 결산을 공개할 것 등이었다. 시민들은 사흘이 넘게 철야를 한 끝에 고종의 재가를 받아냈다.

만민공동회의 발언권이 거세지자 수구파는 이들이 대한제국을 공화제로 만들어 대통령을 새로 뽑고 대신을 직접 임명하려 한다는 등 모략의 말을 늘어놓았다. 만민공동회에서 실제로 그런 논의를 벌인 적도 있었다. 그리하여 이상재·남궁억(南宮檍) 등 독립협회 인사 17명이 체포되기도 했다. 시민들은 항의 데모를 벌였고 경무청과 친위대에서는 데모를 방해하며 압제했다. 더욱이 황국협회에서는 보부상 패를 동원해 만민공동회 집회에서 폭력을 행사했다. 시민들도 몽둥이와 칼로 무장하고 맞서 싸웠다. 결국 양쪽에서 사망자가 여러 명 나왔고 부상자가 속출했다. 그러자 고종은 황국협회의 해산을 도모했고 독립협회의 윤치호(尹致昊)는 만민공동회의 활동을 억제하기도 했다. 마지막 단계에서 만민공동회는 무장을 하고 광화문 집회를 열었는데 친위대가 들이닥쳐 총칼로 무장한 시민을 공격했다. 이 일이 있은 뒤 윤치호는 만민공동회의 해산을 선언했다.

만민공동회는 꼬박 1년 동안 많은 활동을 벌여 시민운동을 이끌었으나 순수한 민중 운동이라고 규정하기에는 애매한 부분이 있었다. 다만 19세기 민족 운동의 한 줄기를 이룩했으며 오늘날 광화문 시위의 원조임에는 틀림이 없다 하겠다.(이이화, 《이이화 한국사 이야기 19 - 500년 왕국의 종말》, 한길사, 2015)

국권 수호 운동과 2차 의병 봉기

활빈당(活貧黨)은 1900년대에 반제국주의 슬로건을 내걸고 활동한 무장봉기 집단이다. 이들은 조선 후기의 비밀결사체와 마찬가지로 조직을 비밀에 부쳤는데 삼남 지방, 특히 경상도 청도·영천·경주 등 예전부터 도둑 떼가 주로 출몰하던 지역에서 활동을 전개했다. 활빈당은 1900년에 들어 국정과 민원(民冤)에 관한 13개 조목의 개혁안을 발표했는데 여기서 외국의 침탈에 대한 대책도 제시했다. 첫째는 곡식의 유출로 곡가가 뛰어오르고 있으니 방곡 정책을 철저하게 시행하라는 것, 둘째는 외국 상인이 개항장 이외의 시장에 함부로 드나들지 못하도록 출입을 막으라는 것이었다. 가난한 농민과 도성의 시민을 보호하기 위한 대비책이었다. 미곡의 유출과 외국인의 상권 침해로 일본의 시장 독점 현상이 나타나고 있었던 것이다.

공주에는 미곡을 외국인에게 파는 행위를 금지하고 이를 어기는 자가 있으면 목숨을 끊고 가옥을 불태우겠다는 방문이 나붙었다. 고부에도 쌀을 파는 자는 왜와 같은 무리로 봐서 쳐 없애겠다는 방문이 나붙었다. 전라도 일대에서는 풍년이 들었는데도 목포와 영산포를 통해 곡식이 반출되면서 곡가가 치솟았다. 미곡 유출이 2차 의병의 주요한 동기가 되었던 것이다. 이 때문에 남원에서는 전해산(全海山, 전봉준의 아들이라는 설이 떠돌았음) 등이 농민을 동원해 의병을 일으키기도 했다.

1905년에 들어 이른바 을사늑약으로 대한제국의 외교권이 박탈되었다. 일본군은 만주를 거쳐 한반도로 진출한 러시아를 견제하고자 1904년에 러일전쟁을 일으켰다. 이 전쟁을 승리로 이끈 뒤 일본은 그동안 공을 들이던 대한제국을 접수하고 이어 한국통감부를 설치해 한국을 식민지로 만드는 공작을 진행시켰다. 일본의 총리를 지낸 이토 히로부미(伊藤博文)가 서울로 와서 한국통감부의 초대 통감이 된 뒤 먼저 한국의 외교권을 접수했다. 이 과정에서 을사늑약이 생겨난 것이다.

이 소식이 전해지자 먼저 서울에서 큰 소동이 일어났다. 〈황성신문(皇城新聞)〉에서는 주필 장지연(張志淵)이 쓴 "시일야방성대곡(是日也放聲大哭)"(오늘에야 목 놓아 통곡하노라)이라는 글을 게재했다. 여기에는 "500년 종묘사직을 다른 사람에게 바치고 2,000만 생령을 다른 사람의 노예로 만든 그들 개와 돼지"라는 표현이 있었다. 이 때문에 〈황성신문〉이 폐간되고 장지연이 구금되자 이번에는 〈대한매일신보(大韓每日申報)〉에서 주필 박은식이 열렬한 반대 논설을 게재했다.

이어 이상설(李相卨) 등이 을사늑약의 폐기를 상소하는 운동을 일으켰는데 당시 조선 시대를 통틀어 가장 많은 112건의 상소가 빗발쳤다. 고종이 거처하는 덕수궁 대한문 앞은 시위대로 들끓었다. 민영환(閔泳煥)을 비롯해 조병세(趙秉世)·홍만식(洪萬植) 등이 연달아 유서를 남기고 자결했다. 또 을사오적을 죽이자는 운동도 일어났다. 나인영(羅寅永)은 오적 암살단을 조직해 위장한 폭탄을 보내기도 하고 권총으로 저격을 시도하기도 했다. 소극적 행동으로는 문제를 하나도 풀 수 없다는 반성이 일면서 무력으로 항쟁하자는 움직임이 일었다. 이리하여 또다시 전국에서 의병 항쟁이 일어났다.

민종식(閔宗植)은 1906년 봄부터 의병을 모집했다. 그는 여흥 민씨 문벌의 벼슬아치로 이조참판까지 역임했지만 을미사변 이후 관직을 버리고 충청도 정산으로 낙향했다. 이후 을사늑약이 체결된 뒤 의분을 이기지 못해 의병 활동에 나섰다. 1,000여 명이 넘는 그의 의병

부대는 홍산에서 기병한 뒤 5월 19일에 홍주성을 공격해 차지했다. 이들은 현지의 일본군과 경찰 그리고 진위대(鎭衛隊, 지방의 각 진에 둔 군대)를 모두 물리치며 홍주성에서 완강하게 버텼다. 그러자 서울에 주둔하던 일본군 보병과 기병 등 대대 병력이 현지로 내려와 5월 31일에서 6월 1일 새벽까지 전투가 벌어졌다. 일본군은 새벽에 동문과 북문을 폭파한 뒤 성안으로 돌입했다. 의병들은 백병전을 벌여 일본 군 14명을 사살했지만 의병 또한 83명이 죽고 145명이 잡혔다. 전라 도 줄포 해안으로 후퇴한 민종식은 그곳에서 일본인 상가를 소각하 고 일본 경찰의 주재소를 습격하기도 했다.

유생인 최익현(崔益鉉)은 1906년 5월 23일 태인 무성서원에서 기병했다. 그는 일본과의 통상조약과 단발령에 격렬하게 반대하다가 을사늑약이 체결되자 전라도 태인으로 내려가서 의병 부대를 조직 했던 것이다. 이들 80여 명은 전주로 진출해 서울로 올라가려다가 방향을 돌려 순창에 이르렀다. 이때쯤 그의 부대는 2,000여 명으로 늘어나 있었다. 전주의 진위대가 몰려와 공격하자 최익현은 스스로 나와 체포되었다. 이후 일본 헌병대에 구금되어 있다가 쓰시마 섬으 로 끌려가 유폐되었다. 그는 그곳에서 단식을 하다가 풍토병에 걸려 죽어서 의병들의 분기를 더욱 고무시켰다. 당시 최익현의 시신이 부 산에서 서울로 운구될 때 그가 단식 끝에 죽었다는 소문이 떠돌면서 민중의 분노를 더욱 부채질했다.

강재천(姜在天)은 임실에서 의병 300여 명을 모아 기병한 뒤 12월 21일에 남원으로 진출했다. 이후 구례·담양 등지를 석권하면서 일 본군 주재소를 습격하기도 하고 장성군을 기습 공격해 큰 피해를 입 히기도 했다. 또 양한규(梁漢奎)는 의병 100여 명을 거느리고 남원의 진위대를 기습 공격하다가 전사했다. 하지만 호서·호남의 의병은 차츰 기력이 소진하고 있었다.

한편 경상도에서도 봉기가 잇따랐다. 진보·울진·영양·풍지 등지에서 봉기가 있었다. 유생 김도현(金道鉉)이 이끄는 의병 부대는 강렬한 의지로 큰 호응을 받았다. 영남 지방은 전통 유림이 많은 곳이어서 충의의 정신이 강했다. 특히 일월산은 경상도와 강원도의 접경 지역에 자리 잡고 있어서 의병의 근거지가 되었다. 경기도와 강원도에서도 봉기가 있었지만 다른 지역에 비해 느슨했다고 볼 수 있을 것이다.

이 시기에는 1차 의병 때와는 달리 경상도 내륙과 강원도 그리고 경기 북부 지역에서 명화적이나 활빈당이란 이름을 내건 세력들이 합류했다. 이들은 앞장서서 전투를 벌였고 양반 토호를 습격하는 데도 열을 올렸다. 민중이 의병에 참여하는 형태의 하나였다. 이 밖에도 주로 평민 의병장이 이끄는 부대에 합류했던 것으로 보인다.

2차 의병 때도 모순적인 양상은 있었다. 향촌에서는 문중 간에 지방 권력을 두고 오랜 기간 다툼을 벌이면서 앙숙이 된 사례가 많았다. 1차 의병 때와 마찬가지로 의병장이 다툼을 벌이던 문중의 마을을 습격해 약탈하는 일이 벌어졌다. 이런 보복 또는 복수극은 부분적이기는 하지만 대일 항전에 하나의 생채기가 되었다.

헤이그 특사와 고종의 퇴위

이런 과정에서 1907년 6월에 큰 사건이 일어났다. 헤이그 특사 사건이다. 고종은 네덜란드 헤이그에서 만국평화회의가 열린다는 정보를 입수한 뒤 일본의 침략 정책을 폭로하고 국권 회복을 열강에 호소하고자 한국 대표로 이상설·이위종(李瑋鍾)·이준(李儁)을 보냈다. 하지만 이들은 일본의 방해로 외교권이 없는 대표라고 해서 회의에 참석조차 하지 못했다. 이들은 불어·독어 등 유럽어로 된 성명서를 돌리기도 하면서 각국 대표들을 붙들고 호소했다. 그러다가 이준이 현지에서 분사하고 말았다. 국내에서는 이준이 칼로 배를 갈라 내장을 꺼내 들고 연설하다가 쓰러졌다는 헛소문이 돌아 더욱 분기가 치솟았다.

이토 히로부미는 이를 빌미로 삼아 고종을 퇴위시키고 순종을 황제로 추대하도록 공작했다. 고종의 양위식은 7월 20일에 거행되었다. 순종은 연달아 커피를 마셔 몽롱한 상태에서 시녀들이 입혀주는 황제의 복장을 차리고 자리에 앉았다. 그리고 창덕궁에 유폐되어 커피만 마시면서 나날을 보냈다.

같은 해 7월 24일에 일본은 서울 시내 골목마다 일본군을 배치하고 이완용(李完用)을 동원해 이른바 정미칠조약을 맺게 했다. 이완용은 이미 호의호식하며 살자고 마음을 먹고 있었으니 순종과는 처지가 달랐다. 이 조약은 내정을 완벽하게 접수하는 내용으로 채워져 있었다. 별 힘도 없는 군대를 해산한다는 조항도 들어 있었다.

이 조약에 따라 8월에 한국통감부의 방침대로 군대해산이 단행되었다. 해산식은 동대문 훈련장에서 거행되었다. 이에 시위대 대대장 박승환(朴昇煥)이 항의의 표시로 권총 자살을 하자 구식 군대가 들고 일어나 훈련원과 서소문 일대에서 항전을 벌였으나 일본군의 공격에 뿔뿔이 흩어지고 말았다. 이때 시위대 3,450여 명 가운데 반수쯤이 항전에 참여했다. 또 강화 등 지방 진위대도 강제 해산되었다. 독자의 군대가 없다면 그 나라는 쭉정이에 지나지 않는다. 군국(軍國)

조선, 아니 한국은 껍데기가 되었다.

이 두 사건은 조금 잠잠하던 의병 활동에 기름을 부었다. 더욱이 해산 군인의 다수는 의병 활동으로 전환해서 의병의 역량이 크게 고양되었다.

마지막 항쟁, 3차 의병

1907년 8월에 들어 다시 전국에서 의병이 일어났다. 이들은 맹렬한 활동을 벌이며 남김없이 의기를 보여주었다. 13도 의병의 연합이 이루어졌고, 특히 평민 의병들의 활동이 두드러졌다.

하지만 여기까지였다. 일본이 벌인 '남한 대토벌 작전'으로 대량 학살이 진행된 뒤 의병 활동은 마무리되었다. 독립 전쟁이 되지 못한 채 남은 의병들은 해외로 옮겨가서 독립 항쟁으로 전환했다.

대두되는 연합 전선의 필요성

먼저 보은 속리산에서 1,000여 명의 유생 의병대가 일어났다. 이들은 충청도와 경상도 내륙 지방을 중심으로 활동을 벌였다. 여기에 해산 군인 수백 명이 합류했다. 강원도 원주에서는 유생 이인영(李麟榮)이 총대장이 되어 의병 부대를 이끌고 경기도 양주 방면으로 진출해 활동을 벌였다.

경기도 포천에서는 벼슬아치였던 허위(許蔿)가 강화 진위대 군사들과 합류해 임진강 언저리를 아지트로 삼고 일본 수비대에 큰 타격을 주었다. 경기도 양주에서 일어난 의병이 양평·영평 등지에서 활동을 전개했으며, 현덕호(玄德鎬)는 구식 군인으로 구성된 의병 부대를 지휘하며 개성 등지를 휩쓸었다. 강원도와 황해도 일대에서도 의병 활동이 전개되었다.

전라도에서는 고광순(高光洵)이 동복(지금의 화순) 지방을 중심으로 의병 활동을 전개하다가 지리산으로 진출해 활동 범위를 넓혔다. 그는 결국 지리산 연곡사 골짜기에서 일본군의 공격을 받고 전사했다. 기삼연(奇參衍)은 장성 수록산에서 의병을 일으킨 뒤 임실·함평·무주 등지로 활동 범위를 넓혀갔다. 민종식은 충청도 해안 지역에서 활동하다가 범위를 확대해 경상도와 전라도를 넘나들었다. 그는 의병 부대를 이끌고 공주·회덕·연산·금산·진산·무주·진잠 등지에서 맹활약했다.

이즈음 의병 대장들 사이에서 국권 회복의 뜻을 관철하려면 연합 전선을 형성해 서울 진공 작전을 펼쳐야 한다는 논의가 있었다. 먼저 원주의 유생 의병장인 이은찬(李殷瓚) 등이 의병을 거느리고서 문경에 살고 있는 이인영을 찾아갔다. 이인영은 명망이 높은 유림이었는데 1차 의병 시기에 활동을 전개했다가 당시에는 병든 아버지를 돌보고 있었다.

이은찬은 이인영에게 연합 부대의 총대장으로 추대할 테니 수락해달라고 요청했다. 하지만 이인영은 유교에서 가르친 효가 나라보다 먼저라는 말로 거절했다. 그러자 이은찬 일행은 구국을 위해 마지막으로 떨쳐 일어나야 한다는 말로 나흘 동안 설득해서 마침내 응낙을 받았다. 이인영은 이들과 함께 원주로 나와서 관동창의대장에 올랐다. 그리고 전국의 의병장들에게 격문을 보내 연합해서 작전을 전개하자고 제의했다. 그는 연달아 김세영(金世榮)을 서울로 보내 각국의 영사들에게 정의와 인도를 바라는 영사들이 한국 독립을 도와 달라는 내용의 호소문을 전달했다. 또 해외 동포들에게 보낸 격문에서 일본은 인류의 적이라고 규정한 뒤 한국의 의병 단체를 국제공법에 따른 교전 단체로 인정받을 수 있도록 도와달라고 요청했다.

이 격문에 따라 전국의 의병들은 양주로 모여들었다. 전라도의 문태수(文泰洙), 충청도의 이강년, 강원도의 민긍식(閔肯植), 경상도의 신돌석, 평안도의 방인관(方仁寬), 함경도의 정봉준(鄭鳳俊), 경기도의 허위, 황해도의 권중희(權重熙) 등이었다. 그 수는 해산 군인을 포함해 1만여 명이었다. 주민들의 협조가 커서 양곡도 모자람이 없었고 의기도 충천했다.

13도 연합 부대 형성

13도 창의대장으로 추대된 이인영은 각 의병 부대와 상의해 의병진의 이름을 정하고 부대를 편성했다. 1907년 11월이었다. 총대장에는 이인영, 군사장에는 허위 등이 올랐고 각 지역의 의병 대장이 정해졌다. 그런데 여기에 신돌석만 빠져 있었다.

이인영은 먼저 300여 명을 이끌고 망우리 고개를 넘어 동대문 바깥에까지 이르렀다. 이때 일본군이 몰려와 전투를 벌였으나 무기의 열세와 병력의 부족으로 대항할 수가 없어서 후퇴하고 말았다. 더욱이 후속 부대가 오지 않아서 더 전투를 벌일 수 없었다. 13도 연합 부대라는 이름치고는 너무나 허무하게 무너진 것이다.

당시 연합 부대는 서울의 일본인들에게 큰 공포감을 불러일으키고 애국 시민들의 기대를 부풀게 했지만 성과는 아무것도 없었다. 지금 제기동 일대에 허위의 호를 딴 '왕산로'라는 도로명만이 남아서 아련히 그 사정을 알려준다. 이인영은 양주에서 다시 거사를 도모하다가 아버지의 부음이 전해지자 장례를 치르기 위해 문경으로 돌아갔다. 의병장들은 장례가 끝나고 다시 돌아올 것을 요청했지만 이인영은 삼년상을 치르는 게 자식의 도리를 다하는 것이라고 말하며 끝까지 복귀하지 않았다. 이게 유림들이 보여주는 작태였다. 결국 이인영은 1909년 6월에 일본 헌병에게 잡혀 서울에서 처형당했다.

서울 공략 작전이 실패로 돌아간 뒤 13도 의병진도 해산했다. 허위의 의병 부대는 임진강 언저리에서 활동을 전개했는데, 납세를 거부하게 하고 양곡의 반출을 금할 것을 독려하고 군량미를 징수하고 통신 시설을 파괴했으며 한인 순사와 헌병 보조원을 협박했다. 하지만 허위도 1908년 6월에 체포되어 교수형을 당했다.

한편 이강년이 거느린 의병 부대는 소백산·일월산 언저리로 내려와서 항전을 계속했다. 강원도·충청도·경상도를 넘나들면서 활동을 전개했지만 1908년 7월에 이강년이 잡히고 말았다. 해산 군인 출신인 민긍식은 강원도의 고을에서 활동하다가 1908년 2월 치악산에서 잡혔다. 기삼연은 함평·담양 일대에서 활동하다가 1908년 1월에 체포되고 말았다.

일본군은 마침내 1909년 9월부터 10월 말까지 이른바 '남한 대토벌 작전'을 폈다. 이 무렵 호남 지역에서 의병 활동이 더욱 거세지자 싹쓸이 작전을 펼친 것이다. 당시 호남에서는 의병장 50여 명, 의병 4,000여 명이 활동을 벌이고 있었다. 그 가운데서도 안규홍과 심남일(沈南一)이 이끄는 부대의 활동이 맹렬했다. 일본군은 2,000여 명으로 구성된 보병 2개 대대와 현지의 경찰, 헌병 보조원도 동원했다. 토벌대는 육지에서는 산악 지대를 중심으로 수색했고 해안가에서는 민가와 무인도까지 샅샅이 뒤졌다.

일본군은 토벌 작전을 벌이면서 정보를 얻기 위해 이임과 면임(面任, 지방의 면에서 공공사무를 담당하는 사람) 등 향촌에서 일을 보는 사람이나 지주 같은 유지들을 이용했다. 주민을 이용한 반간계(反間計, 이간책)를 쓴 것이다. 주민들은 의병이 있는 곳과 숨어 있는 의병의 이름을 일러바쳤다. 주막의 주모인 아줌마·할머니들도 겁을 집어먹고 의병이 있는 곳을 알려주었다. 의병은 색출하는 대로 즉시 처형했고 협조를 하지 않는 주민도 살상했다. 골골마다 아비규환의 지옥이 연출되었다. 살아남은 소수의 의병들은 근거지를 잃고 만주 땅으로 달아나기도 했다. 동학 농민전쟁 시기의 '남조선 대토벌 작전'이 1차 제노사이드였다면, 이 시기 '남한 대토벌 작전'은 2차 제노사이드였다고 할 수 있을 것이다.

평민 의병장 신돌석과 안규홍의 활약

한편 13도 연합 부대를 편성하고 부서를 정할 때 평민 의병장이 모두 빠졌던 것은 김백선의 경우와 같은 맥락에서 살펴볼 수 있다. 후기 의병 항쟁에서 맹렬하게 활동한 신돌석은 평민, 안규홍은 머슴살이하던 신분으로 의병장에 추대되어 큰 성과를 올렸다. 두 평민 의병장의 사례를 알아보자.

신돌석은 자신의 재산을 팔아 동지들을 모으고 나서 대장기(大將旗)를 앞세우고 일어났다. 그는 의병 활동을 벌이면서 틈틈이 동지들을 찾아다녔다. 특히 이강년·박상진(朴尙鎭) 등과 어울려 새로운 의병 활동에 대해 상의를 계속했다. 한번은 청도 지방을 지나다가 일본 군인들이 전선을 설치하는 꼴을 보고 공병 5명을 때려눕힌 뒤 전선을 뽑아버리기도 했다. 또 부산항으로 잠입해 일본 배 한 척을 뒤집어엎기도 했다고 전해진다. 이런 사정으로 일본군은 그를 잡으려고 혈안이 되었고, 이때부터 그의 목에 많은 상금이 걸린 것으로 보인다.

신돌석은 특히 1907년에 들어 경상도에서 많은 의병을 모았다. 그의 휘하는 3,000여 명을 헤아리게 되었다. 이때 그의 용기와 전술과 담력이 한껏 발휘되었다. 신돌석의 부대는 밤낮을 가리지 않고 징과 꽹과리를 울리며 기습을 감행했다. 그리하여 청송에 주둔해 있던 일본군은 퇴각했고 영양의 일본군과도 격전을 벌여 몰아냈다.

신돌석의 명성이 자자하자 해산 군인 등 의병들이 더욱 많이 모여들었다. 그의 부대는 신출귀몰했다. 경주 전투에서 그는 총탄이 엄지손가락을 관통했지만 아무런 기색을 보이지 않고 항전하여 많은 적을 생포하고 사살하기도 했다. 그의 발길은 평해·영해·청송·영덕·영양·진보 등 경상도 바닷가를 휩쓸었고 위로는 강원도 일대까지 뻗쳤다. 이 무렵 그에게는 '태백산 호랑이'라는 별명이 붙었다.

1907년 겨울, 전국의 의병들이 연합해서 서울로 진격하기로 했다. 그도 의병 1,000여 명을 거느리고 경상도 동해 일대의 의병 대표로 이 전투에 참여하기로 했다. 그가 양주에 도착했을 때 13도 총대장으로 이인영이 추대되고 각지 의병장으로 부대가 편성됐다. 그런데 신돌석은 이 진용에서 빠져 있었다. 썩은 양반들이 평민 출신인 그를 의병장으로 삼을 수 없다고 제외시켰던 것이다. 맥없이 고향에 돌아온 그는 영해 일대를 해방 지역으로 만들고 일월산·백운산 일대를 거점으로 삼아 항전을 거듭했다. 그러나 일본군의 공격도 치열했다. 곧 추운 겨울이 오자 의병들이 흩어지고 군량미도 부족한 상태여서 부대를 지탱할 수가 없었다. 신돌석은 일단 의병을 해산하고 다음 해 봄에 다시 봉기하기로 했다.

1908년 겨울, 운명의 계절이었다. 그는 옛 부하이자 고종사촌인 김상열(金相烈, 일명 김자성(金子聖))을 만나러 영덕 눌곡으로 갔다. 그를 맞이한 김상열 형제는 음모를 꾸몄다. 신돌석의 시체를 일본군에 바쳐 상금을 타내려는 속셈이었다. 신출귀몰의 장수는 많은 술을 들이켜고 깊은 잠에 빠져들었다. 이때 김상열 형제가 도끼를 들고 그의 몸을 내리쳤다. 허망한 죽음이었다.

신돌석은 무수한 일화와 전설을 남겼다. 이것은 모두 그에 대한 동경의 표현이자 그를 영웅으로 받들려는 의지의 소산이었다. 신돌석의 본명은 신태호(申泰浩)다. 그는 자작농 수준의 재산을 지닌 향반이었는데 엉뚱하게도 머슴으로 알려져 있다. 낙후된 고을에 살았고 이름이 독특해서 이런 소문이 돌았던 것으로 보인다.

정작 머슴 출신의 의병장은 따로 있었다. 바로 호남 출신의 의병장 안규홍이다. 그는 가난한 집안에서 자라 어릴 적부터 머슴살이를 했다. 그의 호는 담산(澹山)인데 호남 사투리로 '담살이'에서 따왔다고 한다. 그는 머슴살이를 하면서 힘도 기르고 담력도 키웠다.

강인성(姜仁成)이라는 의병장이 강원도에서 활동하다가 일본군에 쫓겨 호남으로 내려왔다. 안규홍은 이 의병 부대에 합류했다. 강인성은 의병 활동을 벌이면서 민가에 들어가 약탈을 일삼는 등 부정행위를 저질렀다. 안규홍은 몇 차례 말리다가 말을 듣지 않자 강인성을 처단했다. 그리고 나서 의병장에 추대되었다. 그가 의기남아였음을 알려주는 일화다.

1907년 봄, 안규홍은 보성군 동소산에서 거병하여 광양·장흥·낙안 등지를 돌면서 활동을 펼쳤다. 그의 공격 대상에는 일본 헌병만이 아니라 일본 어민도 포함되었다. 이곳 해안가에 일본 어민이 진출해 우리 어민의 어업 활동을 방해하고 있었다. 언젠가는 지리산 주변을 지키는 일본 헌병들이 대원사(大源寺)에 주둔하고 있다는 사실을 알고 공격해서 수십 명을 사살하는 전과를 올리기도 했다.

1908년에는 전해산과 심남일 등 다른 의병 부대와 연합 작전을 펼쳐 남평 등지에서 많은 전과를 올렸다. 임실 출신의 전해산은 유림으로 최익현의 제자였으나 이때만큼은 평민 의병장과 연합해서 작전을 폈던 것이다. 이들의 목표가 '침략자 일본의 구축'이라는 데 맞추어져 있어서 가능한 일이었다. 특히 호남에서는 쌀이 일본으로 유출되어 쌀값이 폭등했고 일본제 광목의 공급으로 농가의 목화 산업이 마비되었으며 일본 어민들이 어업 이권을 앗아가는 일도 벌어졌다.

안규홍은 1908년 5월 서봉산 전투에서 큰 성과를 거두었다. 또한 연달아 우리 해안을 측량하는 일본군 부대를 습격하기도 하고 근처를 경비하는 일본 헌병을 처단하기도 했다. 그럼에도 그는 13도 연합 부대에 끼지 못했다.

한국통감부에서는 의병 활동이 남쪽에서 맹렬하게 전개되자 동학농민전쟁 당시와 같이 '남한 대토벌 작전'을 벌여 의병을 바다 쪽으로 밀어붙이려고 했다. 안규홍의 의병 부대는 맹렬하게 저항하다가 마침내 1909년 9월에 전개된 '남한 대토벌 작전' 시기에 잡히고 말았다. 3년여의 활동이 마감된 것이다. 그는 동지들과 함께 서울로 끌려와 처형되었다. 머슴 출신인 안규홍의 설화는 영남의 신돌석과 함께 민중의 입에서 떠다녔다.(의병 관련 내용은 이이화의《조선 후기의 정치사상과 사회변동》(한길사, 1994)과 국사편찬위원회의《한민족 독립운동사 1 - 국권 수호 운동 1》(국사편찬위원회, 1987)을 참고할 것)

민중 운동으로서의 의병 활동

의병 활동을 민족 독립운동의 관점에서 벗어나 민중 운동사적 관점에서 새롭게 평가해보자.

목숨을 걸고 대일 항쟁을 벌인 1차 의병은 독립 투쟁의 전초 단계로서 높이 평가된다. 의복의 개정과 단발령 반포를 단순히 관습의 개량이 아니라 주체 붕괴의 단초라고 본 데서 정신사적 맥락과 연결지을 수 있다. 하지만 척사위정의 관념을 벗어나지 못한 점은 한계로 지적된다. 또한 구체적인 적대 대상에 개화 정부가 포함되었다는 점, 항쟁 과정에서 상민 등 하층 세력을 견제하려고 했다는 점 등이 동력을 분산시키고 전략상의 차질을 빚었다.

당시 중심 세력, 곧 전통 유림과 동학 농민 세력 그리고 개화 세력 사이에는 미묘한 삼각관계가 형성되어 있었다. 전통 유림은 신분제도의 철폐 등 체제 변혁을 요구하는 동학 농민 세력과 묵은 봉건 체제를 전면적으로 뜯어고치려고 하는 개화 세력을 모두 적으로 생각했다. 동학 농민 세력은 온갖 전통적 모순을 지키며 독점적 특권을 누리는 전통 유림을 타도할 지배 세력으로, 또 일본 침략 세력과 야합해 개화 정책을 펴는 개화파를 적으로 생각했다. 개화 세력 또한 기성 질서를 고수하려는 전통 유림과 개화에 반대하는 동학 농민 세력을 적으로 생각했다. 이런 대립 관계가 서로 모순을 내포한 채 1차 의병의 사기를 꺾었던 것이다.

전통 유림이 새로운 변혁에 대응하지 못하고 19세기의 변수를 외면한 것은 봉건제도를 재정비해서 강화하려는 목적만은 아니었다. 그들은 봉건 체제의 구조적 모순과 부조리조차도 묵인 또는 옹호하려고 했으며 더욱이 '애민', '위민'이라는 중세기적 용어를 공허하게 남발하면서도 구체적 개선에는 관심을 두지 않았다. 그리하여 19세기 민중 운동 과정에서 나타난 요구들을 봉건 체제의 모순과 부조리라기보다는 근본적인 질서를 파괴하는 난적으로 인식했던 것이다. 평민들이 생존권을 요구하고, 나아가 신분 상승으로 양반층과 같은 기회와 사회적 조건을 누리려 한 것이 역사의 필연임을 몰랐다는 증거기도 하다.

이런 위기감 속에서 일본 침략 세력이 등장했고, 그 항거 과정에서 복잡하게 뒤얽힌 이들의 현실 인식이 노출되었다. 따라서 1차 의병은 후기 의병과 그 성격에서 상당한 차이가 있으며 그만큼 이율배반의 자기모순을 내포하고 있었다.

2·3차 의병 활동에서는 국권 수호의 의지가 더욱 강렬하게 작용했다. 대한제국은 황제의 나라를 표방하며 자주국을 지향했지만 근본적으로는 조선왕조의 연장이지 국권재민(國權在民)의 국민국가가 아니었다. 봉건 체제를 유지하려는 대한제국의 움직임이 호응을 얻기는 어려웠다. 하지만 일제의 구체적 침략 정책이 등장하자 유림만이 아니라 활빈당 등 다양한 세력이 의병 활동에 참여했고 평민 농민층도 하층부를 형성했다. 유림 의병장들은 이런 시대 상황에서도 여전히 봉건 질서를 지키려고 했으나 이미 그 영향력이 현저히 줄어 있었다. 19세기 초를 지나면서 민활하게 움직이던 민중 조직이 의병

에 참여해 활력을 불어넣었고 투쟁력도 강화되었던 것이다.

의병의 기본 구성원들은 애국이나 위민 의식보다 일본의 이권 침탈과 미곡 유출 같은 생존권 위협에 더 민감했다. 또 일본과 서양 국가의 상품이 시장에 범람하는 모습을 보고 더욱 위기감을 느꼈다. 게다가 일본인들이 곳곳을 횡행하면서 광산 자원을 개발하거나 토지를 빼앗아가거나 특수 생산품을 독점하거나 농가 부업인 목화 생산마저 위축시키거나 어업 이권마저 앗아가는 꼴을 보고 더욱 적대감을 갖게 되었다. 일종의 배외 운동이라고 불러도 좋을 것이다.

그래서 2·3차 의병 활동은 당면의 문제에 더 초점을 맞추어 전개되었고 그만큼 희생도 더 따랐다. 봉건 질서 안에서 전개된 민중 운동은 일제라는 새로운 변수 앞에서 무너졌고, 그 방향도 국권 수호와 독립운동으로 전환되었던 것이다. 규모와 항쟁의 수준으로 볼 때 의병 전쟁으로 규정하기에는 많은 한계를 지니고 있었다. 그 결과, 식민지 시기의 민중 운동은 그 방향과 지향이 왕조 시대와는 다르게 나타났다.

개성 인삼 훔쳐가는 일본인

(작자: 박은식, 출전: 《한국통사》)

인삼은 우리나라 특산품인데 개성에서 생산하는 것이 가장 상품(上品)이다. 해마다 홍삼을 제조한 뒤 중국에 내다 팔아 300만 원이 넘는 이익을 보면서 가장 큰 재원이 되고 있다. 광무 3년(1899) 9월, 한국에 거류하는 일본인 40~50명이 배를 타고 신당과 강녕포 등지로 들어간 뒤 몰래 삼포(蔘圃, 삼밭)에 잠입해 훔쳐가려 했지만 경리(警吏)가 발견하고 쫓아 보냈다.

한성 판윤 김영준(金永準)이 일본 공사관의 영사에게 조회해 "이는 일본 도둑들이다. 청컨대 철퇴하게 해서 걱정거리를 제거해달라"고 했지만 들어주지 않았다. 또 일본인 도둑들이 한복 차림으로 위장하고 삼포에 들어가서 수백 근을 채취하다가 경리에게 잡힌 적도 있었다. 이들을 일본 순사에게 보냈지만 죄를 묻지 않았다.

그 뒤 일본 도둑들이 수백 명으로 늘어났다. 이들은 함부로 삼포에 들어가서 4,000여 간이나 몰래 채취했다. 경리가 도둑들을 잡으려 했지만 도리어 칼을 휘두르고 창을 겨누면서 겁을 주었다. 우리 조정에서 이를 가지고 일본 공사관과 교섭을 벌였지만 미루면서 해결해주지 않았다. 이때 개성 사람들이 날마다 외부에 호소하기를 "광무 원년에 일본 사람들이 함부로 채취해간 인삼 물량이 1만 7,944간이요, 2년에는 5만 8,721간에 이르며 금년에는 또 9,842간에 이릅니다. 그런데도 이들은 무기를 들고 멋대로 돌아다니면서 도둑질을 하고 겁을 주고 있습니다"라고 했다. 그래도 일본인들은 모르는 척하면서 막지 않았다.

〈영국신보〉에서는 "일본 사람들이 한국에서 값을 비싸게 치는 인삼 뿌리를 도둑질해가 그들 내지에서 행상을 하는 불법을 저지르니 한국 사람들이 연달아 바로잡아달라고 호소했다. 하지만 일본 사람들은 들은 척도 하지 않고 도리어 한국 사람들에게 벌을 주고 있다. 이 같은 일본의 정책은 일찍이 그들이 '한국 독립'을 부르짖어왔는데 지금 그것을 파기한 셈이다"라고 했다.

주: 본래 글은 한문으로 엮여 있다. 여기서 말하는 〈영국신보〉는 영국인 어니스트 베델(Ernest Thomas Bethel, 한국명 배설(裵說))이 경영하던 〈대한매일신보〉로 보인다. 대한제국 시기에 일본이 자행한 이권 침탈의 단면을 생생하게 보여준다.

1776년   정조 즉위, 규장각 설치.

1791년   신해통공(辛亥通共) 실시.

1778년   노비추쇄관 폐지.

1791년   천주교도 윤지충(尹持忠)·권상연(權尙然) 처형.

1800년   정조 죽고 순조 즉위, 정순대비 수렴청정.

1801년   내시 노비 3만 7,000여 명 해방. 신유박해.

1802년   김조순의 딸, 왕비 책봉.

1805년   김조순 집권, 안동 김씨의 문벌 정치 시작.

1808년   함경도 북청과 단천에서 민란.

1811년   황해도 곡산부 민란, 관서 농민전쟁(홍경래의 난) 발발.

1812년   관서 농민전쟁 진압.

1813년   양제해 등의 주도로 제주도에서 민란.

1814년   쌀값 폭등으로 서울에서 폭동 발발.

1816년   호남의 조만영(趙萬永) 등 전국에 암행어사 파견.

1818년   정약용《목민심서》완성.

1826년 충청도 청주 괘서 사건.

1833년 쌀값 폭등에 따른 도성민의 저항.

1834년 순조 죽음, 헌종 즉위.

1837년 충청도 대흥 괘서 사건.

1839년 천주교도 순교, 기해박해.

1840년 황해도 곡산부 민란.

1844년 서울에서 민진용 등 모반.

1846년 김대건(金大建) 신부 순교.

1849년 헌종 죽고 철종 즉위.

1851년 경기도·충청도·경상도 유생, 서얼허통 요구. 뚝섬 민란. 황
        해도에서 채희재 등 역모.

1860년 최제우 동학 창시. 도성 목수들의 포도청 습격.

1862년 삼남 농민 봉기. 삼정이정청 설치.

1863년 철종 죽고 고종 즉위, 흥선대원군 집정. 남해 민란.

1864년 최제우 처형. 경기도·충청도·황해도에서 화적 횡행.

1865년 경복궁 중건, 원납전(願納錢) 징수.

1866년 미국 상선 제너럴셔먼호 대동강에서 불탐. 프랑스 함대의
        강화도 침입으로 병인양요 발발.

1868년 《정감록》 빙자 역모 사건 발각.

1869년 전라도 광양과 경상도 고성에서 민란.

1871년 미국 함대의 강화도 침입으로 신미양요 발발. 사액서원 47
        처만 남기고 서원 철폐. 최시형·이필제 등 경상도 영해에
        서 민란. 이필제 조령에서 체포·처형.

1873년 고종 친정 선포, 여흥 민씨의 문벌 정치 시작.

1875년	경상도 울산에서 민란.
1876년	한일수호조약 체결, 일본인 개항장 중심 거류. 전국에 명화적 횡행.
1877년	전라도 영암에서 변란 음모자 장혁진·최봉주 등 처형.
1878년	함경도 서수라에 비류 침입. 화적 두목 수십 명 처형.
1879년	경상도 울산에서 민란. 전국에 전염병 만연.
1881년	척사윤음(斥邪綸音) 반포. 황해도 장련에서 민란.
1882년	군인 폭동인 임오군란 발발. 흥선대원군 청나라로 납치.
1883년	경상도 동래에서 민란. 도성에서 쌀값 폭등에 따른 항의 민란.
1884년	갑신정변 발발. 민태호(閔台鎬) 등 처형. 전라도 완도 가리포에서 민란.
1885년	경기도 여주와 강원도 원주에서 민란.
1886년	노비 세습제 폐지.
1888년	함경도 북청과 영흥에서 민란.
1889년	강원도 정선·인제와 전라도 광양에서 민란. 방곡령(防穀令) 발동.
1891년	제주도와 강원도 고성에서 민란.
1892년	동학교도들이 전라도 삼례에서 교조 신원과 관리 탐학에 항의. 함경도 등 곳곳에서 민란.
1893년	동학교도들이 광화문 앞에서 복합 상소. 충청도 보은과 전라도 원평에서 동학교도 수만 명 집회. 경기도 개성과 황해도 황주 등지에서 민란. 전라도 고부에서 전봉준 주도로 사발통문과 민란.

1894년   동학 농민전쟁 발발. 청일전쟁의 승리로 일본군이 경복궁 점령. 친일 개화 정부 수립과 갑오개혁 공포. 전국에 걸친 농민군 봉기. 전라도 순창에서 전봉준 검거.

1895년   한성 전옥서에서 전봉준 처형. 일본 낭인과 외교관들의 민비 살해, 을미사변. 단발령 단행.

1896년   제1차 의병. 러시아 공사관으로 옮긴 고종이 친러 정권 수립. 독립협회 결성과 독립문 건립, 〈독립신문〉 발행.

1897년   대한제국 선포와 고종 황제 등극식.

1898년   만민공동회 활동 전개. 충청도 태안군 안면도에서 수적 수천 명 횡행.

1899년   전라도 고부에서 영학당(英學黨) 봉기.

1900년   삼남 지방 화적들, 활빈당 조직으로 구국 활동 전개.

1904년   러일전쟁 발발, 일본 승리.

1905년   을사늑약으로 외교권 박탈. 한국통감부 설치 뒤 일본 고문 정치 시행. 장지연의 "시일야방성대곡"이 〈황성신문〉에 게재.

1906년   충청도·전라도 등지에서 의병 봉기.

1907년   대구에서 국채보상운동 시작, 전국으로 확대. 헤이그 특사 사건. 고종 양위, 순종 즉위. 군대해산. 전국적으로 의병 봉기.

1908년   13도 연합 부대, 서울 진공 작전 실패. 의병장 허위·이강년 등 체포. 평민 의병장 신돌석·안규홍 등 살해됨.

1909년   안중근, 하얼빈 역에서 이토 히로부미 살해. 이해에만 1만 7,000여 명의 의병이 살해됨.

1910년   안중근 처형. 한일병합조약으로 일본에 합병. 집회·결사의 금지로 독립지사들 해외로 망명.